KB102562

인도 철학사

길희성 "종교와 영성 연구" 전집 7

인도 철학사

2019년 3월 22일 초판 1쇄 펴냄
2022년 4월 15일 재판 1쇄 펴냄

지은이 | 길희성
펴낸이 | 김영호
펴낸곳 | 도서출판 동연
등 록 | 제1-1383호(1992. 6. 12)
주 소 | 서울시 마포구 월드컵로 163-3
전 화 | (02)335-2630
전 송 | (02)335-2640
이메일 | yh4321@gmail.com
블로그 | https://blog.naver.com/dong-yeon-press

ISBN 978-89-6447-707-6 94150
ISBN 978-89-6447-700-7 (전집)

길희성 "종교와 영성 연구" 전집 7

인도 철학사

| 길희성 지음 |

동연

일러두기_산스크리트어(범어)의 표기법과 발음

1. 장모음 ā, ī, ō, ū는 구분하여 표기했으나, 한글로는 '아', '이', '오', '우'로 적었다.

2. 자음 ḥ, ṃ, ṇ, ñ, ṣ, ṭ는 단순히 h, m, n, s, t로 표기했다. 그러나 예외로 ś는 그대로 표기하고, 그다음에 오는 모음에 따라 샤, 쉐, 쇼, 슈 등으로 적었다.
   예: 샹카라(Śankara), 쉐샤(Śesa), 쉬바(Śiva), 아쇼카(Aśoka), 슈드라(Śūdra), 슈라바스티(Śrāvasti)

3. 그러나 Upaniṣad는 Upanisad로 표기하고 '우파니샤드'로, Kṛṣṇa는 Krsna로 표기하고 '크리슈나'로 적었다.

전집 발간에 즈음하여

며칠 전 세브란스 병원에서 건강검사를 마치고 집으로 돌아오는 길에 차 안에서 동연 출판사 김영호 사장과 전화 통화를 할 기회가 있었다. 마침 그분도 세브란스 병원에 입원 중이라는 말을 듣고 깜짝 놀랐다. 다시 한번 생로병사의 고통을 말씀하시면서 인생의 지혜를 일깨워 주셨던 부처님의 말씀이 생각났다. 사실, 입원이 여의치 않아 거의 뜬눈으로 병실에서 검사를 기다리며 지내다 보니, 온통 환자들과 가운을 입은 의료진만을 볼 수밖에 없었다. 그러다 보니 내가 산 지난날의 모습을 회상하게 되었다. 지금은 근 80년을 산 셈이니, 이제 흙 속에 묻혀도 여한이 없겠다는 생각, 세상에는 몸이 아파 고통을 받는 사람이 너무 많구나 하는 생각이 새삼스럽게 들었고, 하느님께서 나의 삶을 비교적 순탄케 이끌어 주셨구나 하고 감사하는 마음도 절로 생겼다. 무엇보다도 병마에 고통스러워서 소리를 지르는 사람들을 보면서, 병마의 고통을 간접적으로나마 느껴보는 것도 그리 나쁘지 않은 경험이라는 생각이 들어, 내가 그동안 받은 많은 복을 너무 당연시하며 철없는 삶을 살았다는 반성도 하게 되었다.

여하튼 김영호 사장님의 쾌차를 빌면서 대화를 마쳤다. 그동안 나의 부족한 책들을 내시느라 노고가 많았던 분도, 소나무, 세창, 서울대학교 출판부, 민음사 그리고 철학과현실사 등의 사장님들과 편집진에게 깊이 감사한다. 특히 애써 만들어 출판한 책을 이번 전집에 포함시킬 수 있도록 흔쾌히 동의해 주신 너그러우심에 대해 감사하지 않을 수 없다. 아무쪼록 이 너그러움과 어려운 여건 속에서도 저의 책을 사랑하는 마음으로 전집 발간을 해주시는 동연의 김영호 사장님의 용단이 합하여, 우리나라의 열악한 출판계와 학계의 발전에 큰 기여가 되기를 기대한다.

전집 발간을 계기로 그동안 출판한 책들과 글들을 모두 다시 한번 읽어 보게 됨에 따라 눈에 띄는 오자, 탈자를 바로잡았다. 또 불가피한 경우에는 약간의 수정을 가하거나 아예 새 문장/문단으로 대체하기도 했다. 전집 발간은 자서전 쓰는 것과 유사하다. 자기가 쓴 글이라도 마음에 드는 글과 안 드는 글이 있기 마련이지만, 마치 정직한 자서전을 쓰는 사람이 자기가 살면서 저지를 잘못된 행동을 감추어서는 안 되듯이, 전집을 내는 것도 이제 와서 자기 마음에 안 든다고 함부로 누락시킬 수 없다. 이런 점에서 자서전과 전집은 정직을 요한다.

지금까지 자기가 쓴 줄도 모르고 있던 글도 있고, 자기 뜻과는 다른 논지를 편 글도 있을 수 있지만, 할 수 있는 대로 다 전집에 담으려 했다. 그러다 보니 전집의 부피가 커질 수밖에 없고, 마음에 안 드는 글은 빼려 하니 독자들을 속이는 것 같았다. 고심 끝에 양극단을 피하려 했지만, 결과는 만족스럽지 못했고, 결국 후학들이나 독자들의 판단에 맡기게 되었으니, 너그러운 양해를 구한다.

참고로, 현재까지 나온 책 9권과 앞으로 출판을 계획하고 있는 책 18권과 나머지 10권가량—아직도 공저 4권과 종교학 고전 번역서 3권을 전집에 포함시킬지 여부를 결정하지 못하고 있다—의 이름들은 다음과 같다는 점을 알려 드린다.

종교와 영성 연구 전집 (총 27권: 잠정적)

1. 『종교 10강 - 종교에 대해 많이 묻는 질문들』
2. 『종교에서 영성으로 - 탈종교 시대의 열린 종교 이야기』
3. 『아직도 교회 다니십니까? - 탈종교 시대의 그리스도교 신앙』
4. 『지눌의 선 사상』
5. 『일본의 정토 사상 : 신란의 절대 타력 신앙』
6. 『마이스터 에크하르트의 영성사상』
7. 『인도 철학사』
8. 길희성 역주, 『범한대역 바가바드 기타』
9. 『보살예수: 불교와 그리스도교의 창조적 만남』
10. 『포스트모던 사회와 열린 종교』 (이하 출간 예정)
11. 『신앙과 이성 사이에서』
12. 『인문학의 길: 소외를 넘어』

13-15. 『불교 연구』 1 · 2 · 3

16-18. 『영성 연구』 1 · 2 · 3

공저

19. 길희성, 김승혜 공저 『선불교와 그리스도교』(바오로딸, 1996)
20. 길희성 외 3인 공저, 『풀어보는 동양사상』(철학과현실사, 1999)
21. 길희성 외 3인 공저, 『전통, 근대, 탈근대의 철학적 조명』(철학과현실사, 1999)
22. 길희성, 류제동, 정경일 공저, 『일본의 종교문화와 비판불교』(대한민국학술원, 2017)

종교학 고전 번역

23. 루돌프 옷토, 『성스러움의 의미』, 길희성 역(분도출판사, 1987)
24. 윌프레드 캔트웰 스미스, 『의미와 목적』, 길희성 역(분도출판사, 1991)
25. 게르하르드 반델레우, 『종교현상학』, 길희성, 손봉호 공역(분도출판사, 199?)

기타

26. 『대담 및 단상』
27. 『영적 휴머니즘』(증보개정판, 동연, 2022)

개정판을 펴내며

이 책은 인도 철학의 간략한 사적 개관과 함께 각 학파의 철학 사상을 소개하고 있다. 인도의 철학적 전통은 그 장구한 역사와 심오한 사색, 사상의 다양성과 영향력 그리고 산출된 문헌의 방대함에서 세계 어느 문화권에서 형성된 철학에 뒤지지 않는다. 따라서 인도는 물론 서유럽과 일본의 많은 학자들이 연구해 온 지 오래지만, 우리나라에서는 인도 철학의 연구가 지극히 미약한 상태이다. 이것은 불교가 우리나라의 문화적 전통의 한 근간을 이루고 있다는 사실에 비추어 볼 때 매우 유감스러운 일이다. 잘 알려진 대로, 비록 불교가 인도에서 발생하여 세계적 종교로 발전했지만, 불교의 근본 관심 및 세계관은 어디까지나 인도 고유의 사상적 전통에 뿌리를 두고 있으며 여타 인도 철학 사상과 교류하는 가운데 형성되었다.

필자는 대학에서 인도 철학사를 강의할 때마다 학생들에게 영어로 된 참고 서적들을 교재로 소개하면서 늘 미안함과 곤혹스러움을 느끼곤 했다. 그러던 중 1980년대 초 대우재단의 도움으로 미흡하나마 한 권의 인도 철학 개론서를 펴냈다. 하지만 워낙 방대한 인도 철학의 문헌들을 충분히 섭렵하는 것은 결코 쉬운 일이 아니며 일생을 두고 과제로 삼아도 부족한 일이었다. 천학비재한 필자에게 인도 철학사에 대한 하나의 포괄적인 책을 쓴다는 것은 너무나도 힘에 부치는 일이었다. 자연히 어떤 부분은 필자가 좀 더 잘 아는 분야이기에 비교적 수월하게 썼고 다른 부분은 그렇지 못했다. 다행히 인도 철학에 대해 서구어 및 일본어로 된 많은 훌륭한 개설서와 학파별 입문서들이 있었으므로 큰 도움을 받았다. 당시 워낙 시급한 과제라는 생각에 서둘러 졸저를 내면서 앞으로 기회가 허락하는 대로 보완과 개정에 힘쓸 것임을 스스로에게 다짐했고 독자들에게도 약속했다. 그러나 책이 나온 지 30년의 세월이 흘렀지만, 약속을 지키지 못했다. 은퇴 후에는 시간이 넉넉하리라 생각했지만, 이도 여의치 않아 차일피일 시간을 보내고 이제야 겨우 다시 손을 보고 개정판을 내게 되었다.

개정판이라고 해도 최소한의 수정 작업에 그쳤다. 우선 1980년대 초에 쓴 책을 지금 다시 읽어 보니 우리 학계의 글쓰기 스타일이 많이 바뀌었다는 인상이 강하고, 나 자신의 문체가 다분히 '구식'임을 의식하게 되었다. 또 그때는 왜 그렇게 한자를 많이 사용했는지 이해가 되지 않을 정도로 안 써도 될 한자를 너무 많이 사용했다는 사실에 나 자신도 놀랐다. 특히 요즈음 젊은 세대는 학교에서 한자를 전혀 배우지 않은 세대도 있어 비교적 간단한 한자도 읽지 못하는 실정이라는 말을 많이 들었다. 따라서 이번 개정판은 무엇보다도 불필요한 한자를 모두 없애고 처음 혹은 한참 지나서 잊을 만한 경우에만 한자를 병기했다. 또 인도 고전어인 범어(梵語, Sanskrit)의 사용도 최소한으로 줄여 가독성을 높이려고 노력했다. 아울러 내용도 일부 명료하지 못한 부분을 바로잡고 보충하는 작업도 했다. 또 참고문헌 목록에는 우리나라 학자들과 일본 학자들의 대표적인 단행본 연구서들을 추가했다.

인도인들의 전통적 사고가 역사의식이 약하고 다분히 비역사적이라는 것은 잘 알려진 사실이다. 이것은 그들의 전통적인 철학적 사고에 잘 드러나 있다. 무엇보다도 인도인들의 전통적 사고와 인생관 내지 세계관을 보면 눈에 보이는 현상 세계나 물질계를 중시하지 않았다는 사실을 누구나 곧 알 수 있다. 물질계에 대한 폄하는 인간의 몸과 현실 세계에 대한 폄하 그리고 육체적 욕망에 대한 금욕주의와 직결된다. 또 현실 세계에 대한 경시는 시간과 역사의 세계에 대한 경시로 이어지기 때문에 인도 철학사를 특징짓는 두드러진 현상 가운데 하나가 역사의식의 결여라는 점은 어찌 보면 당연하다. 이 때문인지는 몰라도 인도 철학사를 공부하는 사람에게 무척 곤혹스러운 일은 인도 철학을 주도한 많은 사상가들과 그들의 저서 그리고 경전과 주석서 등 주요 문헌들이 만들어지게 된 연도나 역사적 상황에 대한 정보가 매우 빈약하다는 사실이다. 서양 철학은 물론이고 중국 철학에 비해서도 이 점은 인도 철학만의 두드러진 현상이고, 공부하고 연구하는 사람에게 많은 어려움을 주고 있다.

이와 같은 역사의식의 결핍은 인도인들의 종교, 즉 바라문교 내지 힌두교의 성격과 무관하지 않다. 모든 종교가 그렇지만 힌두교는 특히 무상하고 고통스러운 시간과 역사의 세계를 넘어 영원한 구원/해탈을 갈망하는 성격이 강하다. 인도인들은 구원을 역사와 물질계로부터 영혼/정신의 해방, 즉 해탈(moksa)이라고 불렀다. 인도의 전통적 철학은 생사윤회의 세계를 벗어나는 해탈을 최고의 가치 내지 관심사로 삼았다. 학파들의 차이도 주로 이 해탈을 어떻게 이루는가 하는 방법의 차이에서 온다. 이런 점 때문에 인도 철학은 종교적 철학이고, 종교는 철학적 종교가 된다. 인도에서는 종교와 철학이 서구 문화에서처럼 명확히 구별되지 않는다는 뜻이다.

여하튼 역사성이 약한 인도 철학사는 개별 철학자들을 중심으로 전개되기보다는 학파(darsana)별로 전개되었고, 개별 사상가나 경전 혹은 주석서들 가운데서 연도를 모르는 저술도 허다하다. 따라서 학파별로 철학 사상을 다루는 경우라 해도 주로 문헌을 중심으로 해서 학파들의 대략적 연대를 추측할 수밖에 없고, 문헌 중심이라 해도 철학자 개인이 처했던 역사적 상황이나 철학적 문제의식에 비추어 그들의 저서와 사상을 논하기보다는 그가 속한 학파의 권위가 되는 경(經, sūtra)에 대한 주석(bhāsya), 주석에 또 주석을 가한 복주(復註) 중심으로 사상의 발전을 개관하는 경우가 많다. 앞으로 인도 철학사 연구에서 이러한 근본적인 제약이 어떻게 그리고 얼마나 극복될지는 예측하기 어렵지만, 그다지 크게 기대하기는 어려울 것 같다. 적어도 서양 철학사에 익숙한 분들에게는 인도 철학사는 역사적 측면에서 부족한 점이 많고 실망스러운 면도 적지 않다. 이러한 인도적인 특수 사정에 대해서 독자들의 너그러운 이해가 있기를 바랄 뿐이다.

2019년 2월

강화도 심도학사에서

길희성

차례

제II부 인도 철학의 체계적 발전기

제III부 교파 철학

제IV부 현대 인도 사상

제1부

인도 철학의 형성기

제1장

인도 철학의 성격

1. 인도 철학의 이해

철학은 경이감에서 출발한다고 흔히 말하지만, 철학이란 단순히 인간의 순수한 지적 욕구를 만족시키려고 영위되는 것은 아니다. 철학적 사유의 배후와 근거를 살펴볼 것 같으면, 철학은 삶의 궁극적 문제들과 근본적 관심사들의 해결을 위한 끊임없는 모색이다. 그리고 인간이 추구해 온 삶의 문제들과 관심사란 두말할 것도 없이 그들이 처해 있는 문화적 전통과 역사적 상황에 따라 많은 차이와 다양성을 보여 준다. 전통적인 인도 철학 역시 인도인의 전통적 사회와 문화 그리고 그들이 추구해 온 삶의 가치와 이상을 떠나서 이해될 수 없다.

인도인들은 전통적으로 인간이 마땅히 추구해야 할 네 가지 가치(purusārtha)를 말해 왔다. 즉, 욕망(kāma), 부(artha), 법도(dharma) 그리고 해탈(moksa)이다. 이 네 가지는 모두 인간 존재 자체가 필연적으로 지니고 있는 요구에 바탕을 두고 있다. 욕망이란 인간의 본능적으로 지니고 있는 성적 즐거움과 만족을 추구하는 것으로서 이를 통해 인간의 종족 번식이 이루어진다. 부란 행복한 삶의 필수 조건이 되는 물질적 토대의 풍요를 의미하며, 법도란 사회적 존재인 인간의 삶에 없어서는 안 될 도덕적 질서를 가리키며, 해탈이란 인간이 유한한 삶을 넘어서 영원한 삶을 향유하려는 종교적 갈망에 바탕을 둔 가치이다.

인도 철학을 연구하는 거의 모든 학자는 인도 철학의 지배적 관심사는 무엇보다도 해탈의 추구에 있다고 의견을 모으고 있다. 즉, 어떻게 하면 인간이 불완전하고 고통스럽고 유한한 삶을 초월하여 절대적이고 영원한 자유를 얻을 수 있는가 하는 것이 인도인의 철학적 사유의 배후에 깔려 있는 최대 관심사라는 것이다. 이렇게 보면 인도 철학은 강한 종교적 성격을 지니고 있다. '종교적'이라는 말은 서구 문화에서처럼 어떤 초월적인 신에 의해 주어지는 초이성적인 계시에 대한 신앙을 의미하는 것이 아니라, 철학적 활동의 궁극적 목표가 생사유전(生死流轉, samsāra)의 덧없고 괴로운 세계를 벗어나는 해탈이라는 최고의 가치(summum bonum, nihśreyasa)를 추구하는 데 있음을 뜻한다.

주지하는 대로 서구 철학은 그리스의 문화 전통에서 유래했고 종교는 히브리적 · 성서적 전통에 바탕을 두고 있기 때문에 철학과 종교 사이에는 항시 긴장 관계가 존속해 왔다. 신과 세계, 신과 인간, 자연과 초자연, 종교와 문화, 계시와 이성 혹은 신앙과 이성이 확연히 구분되었고 따라서 서구의 전통은 근본적으로 이중성을 지니고 있다. 인도에서는 철학과 종교 사이에 그러한 대립 관계가 성립하지 않았다. 인도/힌두교에도 '계시'(śruti) 관념이 없지는 않았고 인도 종교들은 대체로 신의 계시로 간주되는 베다의 권위를 인정하고 거기에 근거를 둔 철학 사상이냐 아니냐에 따라 정통(āstika, 경건한)과 비정통(nāstika)을 구별했다.

하지만 힌두교, 즉 인도의 토착 종교는 그 근본 성격상 어떤 초이성적인 신의 계시에 근거를 둔 신앙의 종교이기보다는 오히려 인간의 지혜와 신비적 체험에 바탕을 둔 경향이 강하다. 따라서 서구 지성사를 주도하다시피 한 이른바 신앙(faith)과 이성(reason), 신의 계시에 입각한 초자연적(supernatural) 진리와 인간의 이성에 따른 자연적(natural, rational) 진리의 대립이라는 문제가 첨예하게 대두되지는 않았다. 다른 말로 바꾸어 말하면, 인도의 종교는 철학적 종교이며 인도의 철학은 종교적 철학이라 해도 좋을 정도로 양자의 구별은 큰 문제가 되지 않았다.

인도인들 혹은 힌두들(Hindus)[1]의 해탈에 대한 갈망을 충분히 이해하기 위해서는 먼저 그들이 어떻게 인간의 삶의 상황을 이해하고 있었는가를 고찰할 필요가 있다. 인도인은 인생을 나고 죽음(生死)이 끝없이 반복되는 윤회(輪回, samsāra)의 삶으로 이해했다. 인생은 지금의 삶이 유일한 삶이 아니라 식물의 세계와 같이 계속해서 생과 사의 과정을 되풀이하며 여러 형태의 삶을 영위한다고 믿었다. 인간이 행한 행위(業, karma)는 뿌린 씨앗(bīja)과 같아서 반드시 그 열매(phala), 즉 결과를 보고야 말며 이 결과, 즉 업에 대한 보상(業報)이 현세에서 다 주어지기 어렵기 때문에 또 하나의 혹은 하나 이상의 내세에서 그 결실을 맺게 된다는 것이

1 본래 '힌두'(Hindu)라는 말은 먼 옛날 페르시아인들이 인도에 와서 인더스강 유역에 사는 사람들을 가리키는 페르시아 말이었지만, 후세로 와서 인도의 토착적 종교 일반을 가리키는 말로 사용되었다. 따라서 오늘날은 불교(Buddhism)－비록 인도에서 발생하고 형성된 종교이지만 지금은 인도라는 지역을 벗어나 '세계 종교'가 된－를 제외한 인도의 전통적이고 토착적인 종교 일반을 서구어로 힌두교(Hindu- ism)라 부르게 되었다. 하나의 종교 이름으로 통용되게 된 것이다. 힌두교는 보다 좁은 의미로는 바라문교(Brahmanism)라고 부르기도 하는데, 베다 중심으로 한 힌두교 경전과 문헌들, 사상과 철학을 정립하고 전수해 온 사람들이 사성 계급 가운데 주로 바라문(婆羅門, Brāhmana, Brahmin) 계급이었기 때문에 그렇게 불리기도 하지만, 바라문교를 포함하여 훨씬 더 포괄적 호칭인 힌두교가 더 적합하다.

다. 따라서 인도인의 인생관에 의할 것 같으면, 삶(life)과 죽음(death)은 반대가 되는 현상이 아니다. 인간은 단지 죽는다고 자기가 산 삶에 대한 책임을 피할 수 있는 것도 아니다. 죽음의 반대는 또 하나의 태어남(生)으로 이어지기 때문이다.

서구의 전통적 인간관은 대체로 이분법적이다. 즉, 사람은 영혼(soul)과 육체(body)로 구성되어 있다. 이와는 달리 인도의 인간관은 무아설(anātman)을 주장하는 불교를 제외하면 대체로 인간은 세 가지 요소를 가지고 있다고 본다. 인도인은 우파니샤드(Upanisad) 이래 인간에게는 몸(mind)과 마음(soul)을 초월하는 영원불멸의 자아(self, ātman)가 있다고 생각했다. 이 참자아는 윤회의 세계에서 고통당하는 천차만별의 개별적 자아(individual self)와 달리 모든 인간에 공통된 보편적 자아(universal self)이다. 그리고 이 참자아를 몸과 마음으로 구성된 현상적 자아와 명확하게 구별하여 혼동 없이 인식하는 것이 힌두교에서 최고의 지혜로 간주된다. 반면에 현상적 자아는 몸과 마음의 복합체로서 우리의 상식적 · 경험적 세계를 사는 자아를 의미한다.

인도 철학은 몸과 마음 사이의 어떤 본질적 차이를 인정하지 않는다. 따라서 서구에서와 같은 이원론적 인간관은 발달하지 않았으며, 그 대신 참자아인 본질적 자아와 현상적 자아 혹은 형이상학적 자아와 형이하학적 자아의 구별이 결정적으로 중시되었다. 인간이 윤회의 세계에서 고통당하는 것은 자신의 참자아를 알지 못하고 스스로를 현상적 자아, 즉 거짓 자아와 동일시하기 때문이라고 보았다.

참자아의 성격, 참자아와 현상적 자아의 관계에 대해서 인도의 철학 학파들과 체계들은 각기 다른 견해를 보이지만, 이 두 가지 자아를 혼동하는 무지를 인간이 해결해야 할 최대의 과제로 삼는다는 점은 공통적이다. 따라서 참자아를 인식함으로써 윤회에 얽혀 있는 현상적 자아로부터 해방되어 영원한 자유를 누리는 것, 즉 해탈이 인도 철학의 근본적인 관심사이다. 눈에 보이는 현상 세계를 넘어 보이지 않는 영원한 실재와 참자아를 탐구하는 형이상학적 사유가 인도 철학의 근간을 이룬다.

2. 인도 형이상학의 성격

러셀은 그의 『서양 철학사』에서 형이상학에 대해 다음과 같이 말하고 있다.

> 세계의 성격과 구조에 관해서는 여러 가지 가설이 가능하다. 형이상학에 있어서 발전이라고 할 것이 있었다면 그것은 이러한 가설들이 점진적으로 다듬어지고 그 함축되었던 바가 전개되어 나오고, 경쟁이 되는 가설들의 추종자들에 의해 제기되는 반대들에 응수하기 위해서 그 가설들이 각각 재구성되는 데 있다. 이러한 체계들 하나하나에 따라서 우주를 생각하는 법을 배우는 것은 상상만 해도 즐거움이며 독단주의에 대한 해독제이다. 더욱이 이 가설들이 하나도 증명될 수 없다고 해도 각각의 가설을 그 자체로서, 또 다른 알려진 가설 등과 모순 없이 만들려면, 무엇이 필요한지를 발견하는 것은 진정한 지식이다.

형이상학에 대한 이러한 러셀의 견해를 인도 철학에도 그대로 적용할 수 있다. 형이상학이란 우주의 궁극적 실재 내지 세계 전체에 대한 체계적이고 포괄적인 해석이며, 이 해석은 하나의 가설적 성격을 지니고 있다. 근대 과학이 발달하기 이전에는 이러한 해석의 체계가 문자 그대로 받아들여져서 일종의 사이비 과학 같은 역할을 했지만, 오늘날에는 형이상학 체계를 과학적 진리나 인식으로 인정하기는 어렵다. 그렇다고 어떤 서구 철학자들처럼 형이상학을 '무의미한' 것으로 매도하는 극단적인 입장 역시 형이상학을 문자 그대로 이해하는 문자주의만큼이나 어리석은 일이다.

과학적 지식이 경험적으로 실증되는 세계 내지 세계의 부분적 인식에 국한되는 것이라면, 형이상학은 근본적으로 이와는 의도가 다르다. 형이상학은 인간이 삶의 궁극적 의미를 찾으며 생의 방향을 설정하는 데 필요한 세계 전체에 대한 지적 파악 내지 실재의 이해를 제공하는 데 근본 관심이 있다. 사람은 누구나 암묵적이든 명시적이든 이러한 모종의 형이상학적 견해를 가지고 산다.

인도인의 형이상학적 사고는 절대적 자유와 해탈이라는 이상을 앞에 놓고, 인간 존재와 세계의 모습이 어떠하기에 혹은 실재가 무엇이기에 이러한 절대적 자유가 가능할까 하는 종교적 관심에서 이루어진 것이다.[2] 앞으로 고찰하겠지만 인도 철학의 학파들은 이러한 관심에서 세계의 궁극적 실재, 궁극적 실재와 현상 세계의 관계, 현상 세계에 얽매여 있는 인간의 모습, 또 어떻게 하면 이 현상 세계를 극복하고 영원한 실재를 접하고 하나가 될 수 있을까 하는 문제에 대해 다양한 견해를 제시했다.

---

2 인도 철학에 대한 이러한 해석을 시도한 저서로 Karl H. Potter, *Presuppositions of India's Philosophies*(Englewood Cliffs, New Jersey: Prentice-Hall, Inc., 1963) 참조.

3. 인식론과 논리학

인도 철학이 이처럼 강한 종교적 성격을 지닌 형이상학적 이론을 전개했다고 하여 비판적인 인식론적 성찰을 무시했다고 생각해서는 안 된다. 사실 그 반대로 인도의 학파들 대부분은 자신의 형이상학적 세계해석을 뒷받침하기 위해 실재의 인식과 불가분리의 관계를 지닌 인간의 인식 문제 일반에 대한 고찰을 무시하지 않았고, 올바른 논리의 전개에 대해서도 서양 철학의 논리학 못지않게 관심을 가져왔다.

무엇이 타당한 인식의 방법 내지 규범(pramāna)인지에 대해 인도의 학파들은 다양한 학설을 제시했다. 인도 철학은 대체로 감각기관을 통한 사물의 직접경험(pratyaksa)과 이에 근거한 추론(anumānaki) 그리고 믿을 만한 타인의 증언(śabda), 특히 베다의 계시적 권위 등을 타당한 인식의 방법으로 인정했다. 타당한 인식의 방법이 무엇인지에 따라 보이지 않는 형이상학적 실재에 대한 견해가 달라질 수밖에 없었다.

이상과 같은 관점에서 볼 때, 인도 철학은 한편으로는 종교적 관심에 입각한 형이상학적 사변의 깊이를 지니는가 하면, 다른 한편으로는 인식론과 논리학의 엄격하고 비판적인 논증을 통해 형이상학적 사변에 대해 객관적 진리성을 뒷받침하고자 노력했다.

4. 인도 철학의 네 시기

인도 철학은 크게 네 시기로 나누어 볼 수 있다. 제1기는 기원전 약

1500년부터 기원전 200년경에 이르는 형성기이다. 무엇보다도 이 시기에 인도의 최고 성전인 베다가 형성되었다. 특히 베다의 끝부분에 있는 우파니샤드는 후세의 체계적인 철학 학파들에서 발견되는 중요한 사상들을 거의 모두 담은 가장 철학적인 문헌이다. 고대 인도 문화의 총집합체라고도 할 수 있는 대서사시 『마하바라타』(*Mahābhārata*)는 기원전 200년경에는 형성되어 있었는데, 그 안에서 우리는 여러 가지 철학적 사상을 찾아볼 수 있다. 특히 『마하바라타』의 일부분인 『바가바드 기타』(*Bhagavad Gītā*)는 힌두교의 바이블이라고 불릴 정도로 유명한 성전으로, 비록 체계화되고 일관된 논리에 의거한 철학적 문헌은 아니지만 여러 가지 중요한 철학적 내용을 담고 있다.

또한 이 시기에 불교나 자이나교 같은, 베다와 바라문(Brāhmana) 계급의 권위를 인정하지 않는 비바라문적 철학이 등장하여 정통 바라문교를 위협하고 자극을 주기도 했다. 특히 인도 최초의 통일 왕조인 마우리아 왕조(기원전 320~183년경) 때에는 불교가 아쇼카(Aśoka, 재위 기원전 269~232) 왕의 귀의를 받아 인도 전역뿐만 아니라 인근 지역에까지 전파되면서 하나의 세계 종교로 성장하게 되었다.

인도 철학의 제2기는 기원전 200년경부터 기원후 1000년경에 이르는 체계적 발전기이다. 불멸 후부터 발생한 붓다의 교리를 둘러싼 해석의 차이가 철학적으로 첨예화 · 심화되어 20여 개의 부파 불교로 분열되었고, 그중 유력한 부파들은 자기의 철학적 입장을 논서(abhidharma)로 체계화시켰다. 가장 대표적인 것이 상좌부(上座部, Theravāda)와 설일체유부(說一切有部, Sarvāstivāda)의 논서들이다.

이러한 불교의 철학적 활동에 자극을 받아 바라문교 내에서도 다양한 사상이 각기 독립적으로 체계화되었고, 자기의 철학적 입장을 경(sūtra)으로 간략하게 정리했다. 미맘사(Mīmāmsā) 학파의 『미맘사경』(*Mīmāmsā-sūtra*), 베단타(Vedānta) 학파의 『브라마경』(*Brahma-sūtra*), 정리(正理, *Nyāya*) 학파의 『냐야경』(*Nyāya-sūtra*), 승론(勝論, *Vaiśesika*) 학파의 『바이쉐시카경』(*Vaiśesika-sūtra*), 수론(數論, *Sāmkhya*) 학파의 『상키야송』(*Sāmkhya-kārikā*), 요가(Yoga) 학파의 『요가경』(*Yoga-sūtra*) 등은 모두 이 시기의 전반기에 만들어진 문헌들로서 인도 철학 정통 육파(六派)의 근본 경전들이다. 이들 철학적 경전은 내용이 지극히 간략하고 함축적이어서 그 자체로서는 쉽게 이해하기 어렵기 때문에 자연히 이에 대한 주석서들이 만들어졌고, 이들 주석서 또한 많은 복주(復註)를 만들어 냈다.

인도 철학의 이론적 발전은 주로 이러한 주석 활동을 통해 이루어졌다. 이것은 서양 철학이 다분히 개인 철학자 중심으로 이루어진 것과 좋은 대조를 보여 준다. 인도나 중국 같은 전통성이 강한 문화에서는 개별 철학자들이 아무리 새로운 사상을 전개한다고 할지라도 반드시 그가 속한 학파를 중심으로 그 학파에서 권위로 여기는 경전이나 주석서에 다시 주석을 가하는 형식을 취했다. 인도인은 본래부터 역사의식이 약하다고 말하지만, 이와 같이 전통을 중시하는 학파 중심적인 철학 활동은 인도 철학 사상의 무명성과 비역사성에 적지 않은 영향을 주었다. 인도 철학사에서 대다수 중요한 철학자들과 그 저서들의 연대를 정확하게 알 수 없다는 사실은 결코 우연이 아니다.

인도 철학의 제2기에는 또한 대승불교가 흥기하여 많은 대승 경전을 낳았고 이와 더불어 대승불교의 사상과 교학이 발달하여 중관(中觀, Mādhyamika), 유가행(瑜伽行, Yogācāra) 같은 학파들이 성립되었다. 이들 대승불교의 철학들은 바라문교의 정통 철학 학파들과 활발한 철학적 논쟁을 벌이는 가운데 서로 영향을 주고받으면서 인도 철학의 발전에 큰 영향을 끼쳤다.

인도 철학의 제3기는 11세기부터 18세기 초에 이르는 기간으로, 이 시기는 정치적으로는 인도가 이슬람교도의 침공을 받아 그들의 정치적 지배하에 들어가게 된 때이다. 불교는 이미 인도 본토에서는 거의 사라졌으며 베다 종교와 사성 계급 제도를 기반으로 한 정통 바라문교는 토착적인 여러 종족의 종교적 관습이나 신앙과 습합하여 현재 우리가 힌두교(Hinduism)라고 부르는 포용적이고 대중적인 종교로 자리를 굳히게 되었다. 무엇보다도 비슈누(Visnu)와 쉬바(Śiva) 신에 대한 신앙 운동이 인도 전역에 퍼지게 됨에 따라 철학도 자연히 영향을 받아 다분히 교파적인(sectarian) 신학적 구원론의 성격을 강하게 띠게 되었다. 물론 이 기간에도 제2기 체계적 발전기의 각 학파들은 계속해서 철학적 활동을 전개하여 많은 주석서와 입문서 내지 개론서를 산출했지만, 인도 철학의 창조적 시기는 이미 지났다 해도 과언이 아니다.

마지막으로 18세기 중반 이후부터 영국의 인도 지배를 거쳐 현재까지의 기간을 인도 철학의 제4기로 잡을 수 있다. 이 시기는 서유럽의 사상과 학문을 접한 인도의 지성인들이 자신의 종교적 · 철학적 · 문화적 전통을 새로이 발견하는 시기이다. 이에 힘입어 힌두교의 개혁 운동도 활발히 진행되었고 인도 철학의 세계관을 외부 세계에 널리 소개하는 운동도 전개되었다. 그러나 철학적으로는 오로빈도(Sri Aurobindo)를 제외하고는 이렇다 할 만한 인도 특유의 철학을 전개하지는 못했다.

제2장

베다의 철학 사상

1. 베다의 성격

인도 철학 사상의 기원은 힌두교의 최고 성전이며 대부분의 정통 철학 학파가 그 권위를 인정하고 있는 베다(Veda)에서 찾아볼 수 있다. 베다를 산출하고 전승한 사람들은 기원전 1500년 전후로 인도의 서북부를 침입하여 원주민을 정복하고 새로운 삶의 근거를 마련한 아리안족이었다. 그들은 원래 지금의 코카사스 지방의 북쪽 초원지대에서 살던 유목민으로 인도유럽 언어 계통의 종족들 중 일부였다. 기원전 2000년경 초원지대를 떠나 서쪽으로 간 인도유럽 종족들은 유럽의 여러 민족을 형성했으며, 동쪽으로 이동한 아리안족은 한편으로는 이란/페르시아 지역에 정착하고 다른 한편으로는 아프가니스탄을 거쳐 인도 서북부로 들어왔다. 그들은 이륜마차를 타고 청동으로 만든 무기를 들고 싸우는 씩씩한 전사들로 기원전 1500~1000년 무렵 오하(五河, Panjāb) 지방을 점령하고 베다 종교와 문화를 이룩했다. 그들의 언어는 인도유럽 언어 계통의 산스크리트어(Sanskrit)였다.

베다는 오랜 세월을 두고 형성된 복잡한 문헌으로, 대략 현재의 형태를 갖춘 것은 200년경 전후로 추정된다. 베다는 원래 고대 인도인이 신들에 대한 예배와 제사를 목적으로 만들었다. 그러나 신들에 대한 제식(祭式)이 점점 복잡해짐에 따라 이를 주관하는 사제의 직분도 네 그룹(hotr, udgātr, adhvaryu, brahman)으로 나뉘었고, 베다도 이 그룹들이 사용하는 용도에 따라 『리그 베다』(*Rg Veda*), 『사마 베다』(*Sāma Veda*), 『야주르 베다』(*Yajur Veda*), 『아타르바 베다』(*Atharva Veda*) 네 종으로 집성되었다. 이 가운데 종교적으로 가장 중요하고 또 어느 정도 철학적 가치를 지니는 것은 『리그 베다』와 『아타르바 베다』이다.

각각의 베다는 오랜 세월을 두고 형성된 결과 자연히 시대의 추이를 반영하는 여러 층의 문헌으로 구성되는데, 따라서 네 종 베다는 각각 네 층으로 되어 있다. 첫째 층은 주로 신들에 대한 찬가와 기도인 만트라(mantra)를 수집한 본집(本集, Samhitā)이고, 둘째 층은 제의 방식과 의미를 자세히 설명하고 논하는 산문으로 된 브라마나(Brāhmana)이다. 셋째 층은 비밀 제식이나 신비적 교의를 담은 아라냐카(密林書, Āranyaka)이며, 넷째 층은 철학적 내용이 가장 풍부한 우파니샤드이다. 바라문교의 전통에 따르면, 앞의 두 층은 주로 제의를 중심으로 하는 인간의 행위와 의무가 주요 내용이므로 행위편(karma-kānda), 뒤의 두 층은 철학적 내용이 중요한 부분을 이루고 있으므로 지식편(jnāna-kānda)이라고 부른다. 네 층 가운데 우파니샤드는 인도 철학 사상의 원천과도 같은 매우 중요한 문헌으로 베다의 맨 끝에 있다고 해서 베단타(Vedānta)라는 별칭도 갖고 있다.

인도 사상을 연구하는 학자들은 본집은 시인들이 지었고, 브라마나는 사제들의 산물이며, 우파니샤드는 철학자들로부터 왔다고 말한다.

각 부분의 특징을 잘 드러낸 말이다. 아라냐카는 브라마나의 제사 중심적 사상에서 우파니샤드의 철학적·형이상학적 사변으로 넘어가는 과도기를 대표하는 문헌으로서 그 성격 또한 뚜렷하지 않고 종종 브라마나나 우파니샤드와 구별하기 어려울 때도 있다. 이제 각 부분에 나타난 철학적 사유를 고찰해 보기로 한다.[1]

2. 『리그 베다』의 철학적 사유

고대 인도인은 자연의 세계에 무한한 신비감과 경이감을 가졌다. 그들은 자연 현상을 현대인이 보는 것처럼 엄격한 인과법칙에 지배되는 기계적인 체계로 보지 않고 생동하는 신비스러운 힘에 지배되는 살아 있는 존재로 보았다. 그들은 위대한 자연 현상의 배후에 어떤 살아 있는 인격적 힘이 있다고 생각했으며 기도와 찬양과 제사를 통해 그 힘들과 인격적인 관계를 가지려고 했다. 이와 같이 인격화된 자연의 힘들이 『리그 베다』에 실린 1,028개 송가의 대상인 신(deva)들이다. 이 신들은 자연계에서 그들이 차지하는 활동 영역에 따라 세 종류로 구분된다. 즉, ① 우주 질서의 보호자라고 불리는 바루나(Varuna), 하늘의 신 댜우스(Dyaus), 태양신 미트라(Mitra)와 수리야(Sūrya) 같은 하늘에 속하는 신들, ② 천둥과 폭풍의 신 인드라(Indra), 폭풍우의 신 마루트(Marut), 바람의 신 바유(Vāyu) 같은 공중을 장악하는 신, ③ 제사 때 없어서는 안 되는 불

1 '베다'라는 말은 두 가지 뜻으로 사용된다. 협의로는 본집만 가리키지만, 광의로는 브라마나와 우파니샤드를 모두 포함한다. 여기서는 우선 좁은 의미로 사용한다.

의 신 아그니(Agni), 제주(祭酒) 신 소마(Soma), 땅의 신 프르티비(Pṛthivī) 같은 지상의 신들이다. 이러한 자연의 신들 이외에도 베다 시인들은 인간의 삶 속에서 신비한 현상으로 여겨지는 것들도 인격신화해서 찬양했다. 예를 들어 말(언어)의 신 바크(Vāc), 기도의 주(主) 브라스파티(Bṛhaspati) 같은 존재들이다. 베다 시대 사람들은 생물과 무생물, 인격과 사물, 정신과 물질, 실체와 속성이 아직 확연히 구별되지 않은 세계관을 갖고 살았다고 할 수 있다.[2]

신들이 지배하는 자연은 우발적이고 무질서한 세계가 아니라 일정한 규칙성을 지니고 있다는 것을 베다 시인들은 인식했으며, 이 우주의 법칙성을 르타(ṛta)라는 개념으로 표시했다. 르타는 산스크리트어의 동사 √ṛ, 즉 '간다'는 뜻을 지닌 말에서 온 것으로 사물이 자연적으로 취하는 일정한 길(course)을 뜻한다. 중국의 도(道) 개념과 유사하다. 이미 언급한 바루나는 바로 이 우주의 질서 및 인간의 도덕적 질서를 관장하는 신으로 고대 인도인의 상당한 철학적 사고력을 나타내는 신이라 하겠다. 이런 이유 때문인지 『리그 베다』에서 바루나 숭배는 그다지 성했던 것 같지 않으며 오히려 아리안족이 전쟁의 신으로 여기는 폭풍의 신 인드라나 제사에 없어서는 안 될 불의 신 아그니가 더욱 많은 베다 시대 사람들의 종교적 관심을 끌었다.

그러나 베다에서 우리의 주목을 끄는 현상은 이와 같이 세계를 여러 힘에 지배되는 것으로 보는 다신교적 사유 방식을 넘어 자연의 여러 현상이나 힘의 배후에 어떤 통일적 존재의 힘 내지 원리 같은 것이 있다는 의식이 나타난다는 점이다. 이 통일적 원리는 프라자파티(Prajāpati, 생명

2 H. v. Glasenapp, *Die Philosophie der Inder*(Stuttgart: Alfred Kröner Verlag, 1974), 25.

의 주)나 비슈바카르만(Viśvakarman, 만물을 만든 자)과 같이 세계의 조물주로 이해되기도 했고, 또는 아무런 인격적 성격을 띠지 않는 추상적 · 형이상학적 개념인 일자(一者, tad ekam)로 표현되기도 했다. 프라자파티는 원래 다른 신들의 칭호로 사용되다가 나중에는 독립적인 신으로 널리 숭배되었으며, 비슈바카르만 역시 인드라나 태양신 같은 신들의 별칭이었던 것이 독립적으로 인격화되어 세계의 조물주로 숭배되었다.

『리그 베다』에 나타난 일원론적인 형이상학적 사유의 가장 좋은 예는 <창조의 송가>(Hymn of Creation)라고 부르는 다음과 같은 철학적 시다.

> 태초에는 유도 없었고 비유(非有)도 없었다. 공기도 없었고 그 위의 하늘도 없었다.……죽음도 그때는 없었고 불사(不死)도 없었으며 밤이나 낮의 표징도 없었다. 일자(一者)만이 그 자체의 힘에 의하여 바람도 없이 숨 쉬고 있었고, 그 외에는 아무것도 없었다. 처음에는 어둠이 어둠에 가리어져 있었고 어떠한 표징도 없이 이 모든 것이 물이었다. 허공에 의해 덮여진 것, 그 일자가 열에 의해 생겨났다. 처음에 그 일자 속으로 욕망이 들어갔다. 생각의 산물, 그 최초의 씨앗, 현인들이 마음에 지혜로 찾으매 비유(非有) 속에서 유(有)의 연결을 발견했다.……창조적 힘과 비옥한 힘이 있었고, 아래에는 에너지 위에는 충동이 있었다.……신들도 이 세계의 창조 후에 태어났다. 그러니 누가 이 세계가 어디로부터 생겼는지 알겠는가? ……가장 높은 하늘에서 세계를 살피는 자, 그만이 알겠지. 아니, 그도 모르는지도 모른다.[3]

---

3 S. Radhakrishnan and C. A. Moore(ed.), *A Sourcebook in Indian Philosophy*(Princeton, New Jersey: Princeton University Press, 1957), 23-24에서 번역.

이 창조의 송가는 내용과 표현에 불명확한 점이 많으나 여기서 말하는 일자(一者)란 어떤 인격적 의지를 지닌 신이 아니며, 세계도 신의 창조 행위에 의해서 만들어졌다기보다는 하나의 궁극적인 최초의 원리로부터 전개되었음을 시사한다. 그리고 신들도 이 세계의 창조 후에 생겼다고 함으로써 다신교적 세계관을 초월하고 있다는 사실도 주목할 만하다. 물론 아직 이 일자라는 형이상학적 실재가 우파니샤드에서처럼 완전히 탈인격화된 추상적 개념에는 이르지 못하고 있다는 사실은 '숨', '욕망' 등의 표현에서도 알 수 있다. 그뿐만 아니라 이 일자가 열에 의해 발생되었다는 것은 아직도 일원론적 사유가 철저하지 못함을 가리키고 있다. 그러나 『리그 베다』의 다른 한 곳에서 "하나의 실재를 시인들은 여러 가지로 부른다"[4]고 하여, 다신이 보다 궁극적인 하나의 실재에 대한 다양한 표현에 지나지 않는다는 일원론적 사유를 분명히 보여 주고 있다.

베다 신들은 우주의 자연 질서뿐만 아니라 인간의 화복과 도덕 질서까지 관장한다. 그들은 인간의 제사 행위와 도덕적 행위의 선악에 따라 적당한 상벌을 내린다. 그러나 이 도덕 질서는 어디까지나 신과의 관계에서 이해되고, 우파니샤드 이후에서처럼 엄격한 비인격적 인과율의 성격을 지닌 업(karma)의 법칙에 지배되는 것은 아니다. 인간은 행위의 결과를 사후 세계에서 얻는다는 사상이 있었으며, 선한 사람은 천상에서 신들과 혹은 조상들과 함께 영원히 행복한 삶을 누린다고 베다인들은 생각했다. 다른 한편으로 인간은 죽으면 그의 눈은 태양, 숨은 바람, 말은 불, 귀는 사방(四方), 마음은 달로 돌아간다고 하는 사고, 즉 인간을

---

4 *Rg Veda*, I. 164. 46: "ekam sad viprā bahudhā vadanti."

소우주로 보는 사상도 찾아볼 수 있다. 사후의 삶을 믿은 것 같으나 불멸하는 영혼에 관한 개념은 찾아보기 어렵다. 인간은 현세에서 지은 업에 따라 끝없이 윤회의 세계에서 생사를 되풀이한다는 사상이나, 거기에 수반되는 해탈의 이상은 아직 『리그 베다』에서는 찾아볼 수 없다. 대체로 베다적 세계관은 낙천적이고 현세적이라고 볼 수 있다.

3. 브라마나의 철학적 의의

브라마나는 본집을 설명하고 해석한 주석서로, 주로 제사의 방식과 의미에 관한 것을 내용으로 하는 문헌이다. 정확한 연대는 알 수 없지만, 기원전 900년경부터 700년 사이에 형성된 것으로 추정된다. 그중에서 양적으로 가장 방대하고 내용상 가장 중요한 것은 『야주르 베다』에 속해 있는 『샤타파타 브라마나』(*Śatapatha-brāhmana*)이다. 브라마나는 내용상 제사의 방식과 규범을 취급하는 부분인 의궤(Vidhi), 본집에 실린 여러 송가(만트라)의 의미와 어원 및 제사의 기원과 전설 등을 말해 주는 부분인 석의(釋義, Arthavāda)로 구분된다.

브라마나의 사상 가운데 무엇보다도 우리의 주목을 끄는 것은 제사의 만능화로서, 제사가 모든 사상적 관심의 초점이 되고 있다는 사실이다. 이것은 시간이 갈수록 점점 더 강화된 바라문, 즉 사제 계급의 사회적 지위와 종교적 권위를 반영한다. 제사는 본래 신에 대한 감사의 표시이거나 신들의 후의를 기원하는, 어디까지나 신 중심의 행위였다. 하지만 제사 의식이 점점 전문화되고 정교해짐에 따라 제사 자체가 관심의 대상이 되었으며, 사람들은 제사 자체의 효능을 믿는 나머지 신들조차도 제사 없이는 아무런 힘이 없다고 믿게 되었다. 우주의 질서를 유지하는 것은 신들이 아니라 바로 올바른 제사 행위 그 자체이며, 제사는 우주적 힘을 지녔다고 생각하기에 이른 것이다. 나중에 고찰하겠지만, 정통 철학 학파 중 하나인 전(前)미맘사(Pūrva-mīmāmsā) 학파는 이러한 사상을 계승한 학파로서, 심지어 신의 존재조차 아무런 의미를 지니지 않는다고 생각하기에 이르렀다.

제사를 우주적 의미를 지닌 것으로 생각하는 사상은 『리그 베다』에 이미 나타나 있다. 예컨대 『리그 베다』 10권 90송은 신들이 한 우주적 인간(Purusa)을 제물로 드림으로써 세계가 생겨났다는 신화를 말하고 있다. 즉, 그의 눈에서 해, 마음에서 달, 입에서 인드라와 아그니, 숨으로부터 바람의 신 바유, 배꼽에서 공중권(空中圈), 머리에서 하늘, 발에서 땅 그리고 귀에서 사방이 생겨났다는 신화이다. 그뿐만 아니라 베다와 사성계급도 이 제사로 인해 생겨났다고 한다. 즉, 바라문(Brāhmana)은 그의 입이었고, 크샤트리야(Kshatriya)는 그의 두 팔, 바이샤(Vaisya)는 그의 두 넓적다리, 슈드라(Śūdra)는 그의 발이었다는 것이다.

이 송가는 여러 가지 상징적 의미를 지녔지만, 무엇보다도 최초의 제사 행위 자체가 우주 창조와 질서의 근본임을 암시하고 있다는 점을 주목할 만하다. 세계는 대우주, 인간은 소우주라는 의미도 들어 있다. 브라마나에서는 이런 제사주의적인 우주관이 더욱더 발전하여 제사 의식을 구성하는 여러 요소를 우주의 여러 신들이나 힘들과 상징적으로 상응시켜 제식이 우주 질서 자체의 근본이 되며 제식의 힘이 우주의 힘 자체를 유지하고 있다는 생각을 표현하고 있다. 그리고 제식을 주관하는 바라문 계급도 신들과 동등한 위치의 존재로 간주되고 있다. 『샤타파타 브라마나』는 "신에는 두 종류가 있다. 신은 신이고, 학식에 있어 베다에 통달하여 환하게 알고 있는 바라문은 인간들 가운데 신이다"라고까지 말한다.[5]

이러한 제사주의적인 사고와 세계관에서 인도의 사상과 철학에 결정적인 중요성을 지니게 된 두 가지 개념이 싹트게 되었다는 사실에 우리는 주목해야 한다. 첫째는, 브라만(Brahman, 梵)이라는 단어로서, 우주 만물의 통일적 원리이며 궁극적 실재를 가리키는 개념이다. 이 개념은 베다에 이미 나오는데, 본래 신들에게 바치는 송가나 기도 내지 주술에 사용되는 말 혹은 그 말에 들어 있는 신비한 힘을 가리켰다. 그러다 제식 자체의 권능을 강조하는 브라마나에 와서는 제사에서 사제들이 사용하는 말을 의미하게 되었고, 이 말은 세계를 산출하고 유지하는 제사의 핵심이기 때문에 만물과 신들의 배후에 있는 근원적인 실재 내지 힘을 가리키는 의미를 지니게 되었다. 『샤타파타 브라마나』는 "참으로 이 세계는 최초에 브라만이었다. 그것이 신들을 창조했고, 그 후 신들로 하여금 이 세계에 거하게 했다. 아그니는 땅 위에, 바유는 공중에, 수리야는 하늘에"[6]라고 묘사한다. 브라만이 신들과 구별되어 그들이 지닌 힘의 근원이 되는 더 궁극적 힘 내지 실재라는 것이다. 브라만은 동시에 제사를 주관하는 바라문 계급에도 내재하고 있는 신성한 힘이기도 하다. 이러한 브라만 개념은 우파니샤드에 이르러 더욱 심화 · 발전되어 인도 철학에서 결정적으로 중요한 개념이 되었다.

---

5 *Śatapathe Brāhmana*, II. 2.2.6.

6 *Śahapatha Brāhmana*, XI. 2.3.1.

브라마나 사상에서 두 번째로 주목할 점은 엄격한 행위의 인과율에 대한 믿음이다. 브라마나에서 '행위'는 주로 제사 행위를 말하는데, 올바른 방법으로 행한 행위는 자연의 법칙과 마찬가지로 신의 뜻에 관계없이 자동적으로 그 결과를 초래하게끔 되어 있다는 생각이 생겨나게 되었다. 『리그 베다』에서 자연의 법칙을 의미하던 르타(rta, course) 개념은 브라마나에 와서는 무엇보다도 올바른 제사 의식과 제사 행위로 하여금 그에 합당한 결과를 필연적으로 초래하게끔 하는 행위의 질서 내지 법칙을 의미하게 되었다. 인도 철학의 세계관과 인생관에 대전제가 되다시피 하는 카르마(karma, 業)의 법칙에 대한 믿음은 본래 이러한 브라마나의 제사주의적인 사고에 기원한 것임을 알 수 있다.

제사주의적인 사상 외에도 브라마나에서는 다양한 철학적 사유가 발견된다. 예를 들어 현상 세계를 성립시키는 근본 5원소설의 시초를 볼 수 있으며, 인간을 정신과 육체로 구분하여 이해하면서 전자를 아트만(ātman, 자아), 마나스(manas, 意根), 프라나(prāna, 숨) 등의 이름으로 부르고 있다. 이 개념들에 대한 사유는 브라마나 이후에 더욱 발전되어 각기 특수한 의미를 지니게 되었지만, 그 시도가 브라마나에 있음을 주의할 필요가 있다. 특히 아트만과 같이 중요한 개념이 숨과 거의 동의어로 사용되고 있다는 사실도 매우 의미 있다. 우리는 우파니샤드에도 아직 이와 같은 사상이 남아 있는 것을 발견할 수 있다.

제3장

우파니샤드의 철학

1. 우파니샤드의 성격

베다와 브라마나에서 이미 보이기 시작한 세계의 통일적 원리에 대한 고대 인도인들의 사유는 우파니샤드에 와서 절정에 이른다. 눈에 보이는 다양한 경험적 현상을 궁극적인 실재로 보지 않고 그 근저에 보이지 않는 통일적인 실재를 탐구하려는 형이상학적 사유이다. 이 사유는 종교적으로는 인격화된 자연 현상으로서의 신들이 지닌 여러 형상이나 성격을 초월하여 그들의 배후에 있는 보다 더 근본적인 하나의 신 혹은 신성에 대한 추구로 나타난다. 특수한 성격과 모습을 지닌 여러 신들은 아직도 현상계에 머물러 있는 유한한 존재들로서, 모든 우주 만물의 궁극적 원리를 추구하는 우파니샤드 철인들의 마음을 더 이상 충족시킬 수 없었기 때문이다.

그들이 추구하는 철학적 사유의 목표는 '그것을 앎으로써 다른 모든 것들을 알게 되는' 단 하나의 근원적인 실재 그 자체였다. 우파니샤드는 이런 고대 인도인의 형이상학적 갈망과 사고의 산물로서, 그 후로 인도 철학과 종교 전체에 결정적인 영향을 끼치게 되었다. 베다 끝에 위치하고 있다고 하여 베단타(Vedānta), 즉 베다의 끝 또는 목적이라고도 불리며, 육파 철학의 하나인 베단타 철학의 기반을 이룰 뿐 아니라 다른 모든 학파들에도 지대한 영향을 끼치게 되었다.

이미 언급한 대로 베다는 내용상 인간의 행위, 특히 제사의 의무와 규정을 다루는 행위편과 형이상학적 지식을 다루는 지식편으로 대별되어 왔다. 우파니샤드는 후자에 속하는 문헌으로서, 형이상학적 사유 외에도 아직도 브라마나에서와 같은 제의에 관한 여러 가지 사변들이 섞여 있지만, 그 철학적 의의는 어디까지나 형이상학적 사유에 있다.

우파니샤드의 형이상학적 사유는 결코 단순한 지적 호기심에서 나온 것이 아니라, 항시 변하는 유한하고 고통스러운 현상 세계 자체를 초월하여 영원한 실재에 도달하려는 새로운 종교적 갈망에 입각한 것이었다. 우파니샤드에 와서는 고대 인도인들은 인간의 운명이란 카르마의 법칙에 의하여 윤회(輪廻)의 세계에서 끝없이 나고 죽음(生死)을 되풀이할 수밖에 없다고 생각하게 되었다. 마치 풀벌레가 한 잎사귀에서 다른 잎사귀로 옮겨 가듯이 사람은 한 생이 끝나면 다른 모습으로 다시 태어나야만 한다는 것이다.

따라서 우파니샤드 철인들의 관심은 어떻게 해야 이런 목적 없는 무의미하고 고통스러운 생사의 되풀이에서부터 해방되는 해탈(解脫, moksa)을 통해 절대적인 생명을 얻을 수 있는가에 초점을 모으게 되었다. 이러한 우파니샤드 철인들의 종교적 갈망을 가장 잘 표현해 주는 우파니샤드의 구절은 "비실재로부터 실재로, 어두움으로부터 빛으로, 죽음으로부터 영생으로 나를 인도하소서"[1]라는 기도문이다.

---

1 *Brhadaranyaka Upanisad* I. 3.28: "asato ma sad gamaya, tamso ma jyoti gamaya,

끝없는 생사의 되풀이로부터 벗어나기 위해서는 전통적인 올바른 행위든 도덕적인 행위든 혹은 제사의 행위든 모두 업의 힘이 소진되면 효력을 상실하기 때문에 행위로는 영생을 얻을 수 없고, 오직 절대적이고 불변하는 실재 자체를 아는 지식(jnāna)을 통해서만 영생이 가능하다는 것이 우파니샤드의 통찰이다. 행위란 어떤 것이든 반드시 그 결과를 초래하게끔 되어 있기 때문에, 아무리 선한 행위라 할지라도 우리를 계속해서 윤회의 세계에 속박하는 결과를 가져올 따름이기 때문이다. 선한 업보를 받는다 해도 이 현상 세계 자체를 벗어나지는 못한다. 따라서 우파니샤드의 철인들은 절대적인 삶의 발견을 위해서는 행위가 아니라 우주의 영원하고 절대적인 실재 자체를 아는 지식이 필요하다는 것을 깨닫게 되었다. 따라서 우파니샤드에서는 제사 행위를 중심으로 한 브라마나의 행위 위주의 종교가 극복된다.

우파니샤드에서 말하는 지식이란 우리가 일상적으로 경험하는 현상 세계(phenomenal world)를 대상으로 하는 일상적 지식이 아니라, 우주의 깊은 궁극적 실재를 아는 깨달음을 주고 인간에게 해탈과 절대적 생명, 즉 영생을 줄 수 있는 비밀을 아는 신비한 지식이다. 우파니샤드의 철인들은 이 신비한 지식을 아무에게나 함부로 전달하지 않았고, 스승과 제자의 특별한 관계 아래 비밀리에 이 성스러운 지식을 전수했다.

'우파니샤드(Upanisad)'라는 말은 '가까이 앉는다'는 뜻을 지닌 말로써, 스승과 제자가 가까이 앉아 대화를 하면서 비의적인 지식을 전수한다는 뜻에서 온 이름이다. 따라서 우파니샤드의 진리 탐구는 주로 대화 형식으로 전개되며, 우리는 이 대화들을 통해 우파니샤드 철인들이 세계

---

mrtyor mam amrtam gamaya."

와 인간의 궁극적 실재와 운명에 대한 지혜를 추구하는 철학적 정열과 영원한 삶을 바라는 종교적 갈망을 여실히 엿볼 수 있다. 그리고 이러한 대화에 참가하는 사람은 바라문 계급의 사람들뿐만 아니라 크샤트리야나 여성들도 있었다는 사실도 주목할 만하다.

우파니샤드는 오랜 기간에 걸쳐 형성된 다양하고 방대한 문헌으로서, 현재 우파니샤드라는 이름을 지닌 문헌은 약 150종 내지 200여 종에 이르고 있다. 그러나 그중에서 베다나 브라마나 문헌에 소속되어 있는 주요 고전적 우파니샤드는 약 13편으로서, 시기적으로 보아 기원전 700년에서 기원후 200년 사이에 형성되었다고 추정되며, 따라서 동일한 우파니샤드에도 다양한 사변과 사상이 발견되며 결코 하나의 일관된 사상이 지배하고 있는 것은 아니다.

우선 『브르하드아라니아카 우파니샤드』(*Brhad-āranyaka Upanisad*)와 『찬도기야 우파니샤드』(*Chāndogya Upanisad*)로 대표되는 초기 우파니샤드의 중심 사상을 고찰해 보기로 한다.[2]

---

2 도이센(Paul Deussen)의 추정에 따르면 다음과 같은 것들이 초기 우파니샤드에 속한다.

브르하드아라니아카(Brhad-āranyaka): 백 야주르 베다 소속

챤도기야(Chāndogya): 사마 베다 소속

타이티리야(Taittirīya): 흑 야주르 베다 소속

아이타레야(Aitareya): 리그 베다 소속

카우시타키(Kausītaki): 리그 베다 소속

케나(Kena): 사마 베다 소속

이상은 연대순으로 열거되었지만, 이는 어디까지나 도이센의 추측일 뿐이고 절대적으로 확실한 것은 아니다. P. Deussen, *The Philosophy of the Upanishads*(London, 1906), 22-26 참조.

2. 초기 우파니샤드의 철학

우파니샤드의 궁극적인 지식은 브라만(Brahman)을 아는 지식이다. 브라만은 원래 브라마나에서 제사에 쓰이는 성스러운 말 혹은 이 말의 성스러운 힘을 나타내는 말이었음을 우리는 이미 보았다. 우파니샤드에 와서는 이 개념이 더욱더 형이상학적으로 발전하여, 제의와 관련된 의미는 거의 없어지고 우주의 궁극적 실재 내지 힘을 의미하는 말로 널리 쓰이고 있다. 브라만은 모든 현상계의 근저 또는 핵심이며, 보이는 다양한 세계의 배후에 있는 어떤 궁극적이고 통일적인 실재이다. 만유가 거기서 왔고, 거기로 다시 돌아가게 되는 만유의 근원이며 귀착지이다. 『찬도기야 우파니샤드』의 철인 웃달라카(Uddālaka)는 브라만에서 현상세계가 전개되어 나오는 과정을 다음과 같이 설명하고 있다.

최초에는 이 세계는 둘도 없는 일자(一者)인 유(有, sat)뿐이었다. 어떻게 비유로부터 유가 생길 수 있겠는가? 이 일자가 다(多)가 되고 싶어 불(tejas)을 방출했고 불은 물(apas)을, 물은 음식(anna)을 방출했다. 그다음 일자가 이들 셋 속으로 살아 있는 내적 자아(jīva-ātman)로서 들어가 그 셋을 섞어서 각각 또 셋을 만들어 내어 만물의 이름(nāman)과 형상(rūpa)을 산출했다. 불과 물과 음식의 색깔은 각각 빨간색과 하얀색과 까만색이고 이들은 진실된 것(satya)으로서, 이들로부터 나온 차별적인 것들은 말(vāc)에 의해 이름이 주어진 변형(vikāra)에 지나지 않는다. 그리고 인간에 들어와서는 이 세 요소의 가장 미세한 부분이 각기 마음(manas), 숨(prāna) 그리고 말(vāc)이 되었다.[3]

---

3 *Chāndogya Upanisad*, VI. 2-6의 요약.

웃달라카의 이러한 우주론적 사변은 분명히 다양한 만물의 본질을 이루는 하나의 통일적 실재가 깔려 있음을 말하고 있으며, 이와 동시에 현상 세계의 다양성을 세 가지 요소들의 혼합으로 설명하려는 노력을 보이고 있다. 이러한 생각은 나중에 상키야(Sāmkhya, 數論) 학파에 의해 물질계를 구성하는 사트바(sattva), 라자스(rajas), 타마스(tamas)의 3요소설로 발전하게 된다. 웃달라카는 한 걸음 더 나아가서 우주론적 사변을 인간에 대한 고찰에 연결시켜 우주와 인간의 본질이 동일한 것임을 시사하고 있다.

한편 『타이티리야 우파니샤드』(*Taittirīya Upanisad*)에는 만물의 모태와 같은 브라만으로부터 전개되어 나온 현상 세계의 존재론적 질서를 인간 존재를 중심으로 하여 다섯 단계로 구분하여 설명하고 있다. 즉, 브라만은 인간에 있어서는 다섯 층(pancakośa)으로 된 자아(ātman)로 나타난다. 그중 가장 낮은 층을 이루는 것은 음식으로 이루어진(annamaya) 자아이다. 그 위로는 동식물에 공통된 생명으로 이루어진(prānamaya) 자아, 동물에게도 가능한 지각 활동으로 구성된(manomaya) 자아, 인간만 소유하고 있는 인식 활동으로 된(vijnānamaya) 자아, 가장 높고 깊은 단계인 희열로 이루어진(ānadamya) 자아를 말하고 있다. 이 마지막 희열로 된 자아란 곧 인간의 가장 깊은 곳에 내재하는 브라만 자체이다.

우파니샤드는 우주의 궁극적 실재인 브라만과 브라만의 현현인 현상 세계의 관계를 여러 가지 비유로써 설명하고 있다. 예를 들면 거미와 거미로부터 나온 거미줄, 금과 금으로 만든 여러 가지 물건들, 불과 불꽃들, 진흙과 진흙으로 만든 그릇들, 혹은 악기와 악기에서 퍼져 나오는 소리 같은 비유들이다. 이 비유들이 암시하고 있는 바는 일(一)과 다

(多)의 관계로서, 일을 알면 다를 알 수 있으며, 일은 불변하는 실재이고 다는 변화하는 현상들로서 사실은 단지 이름과 형태(nāmarūpa)에 지나지 않는다는 것이다. 유명한 샹카라(Śankara)의 불이론적(不二論的) 베단타(Advaita Vedānta) 학파에서 주장하는 것처럼 현상 세계를 실재하는 것이 아니라 단지 우리의 무지(avidyā)가 만들어 환술(māyā)에 지나지 않는다는 견해는 아직 우파니샤드에 분명히 나타나지는 않지만, 암시적으로는 존재한다. 특히 『슈베타슈바타라 우파니샤드』(*Śvetāśvatara Upaniṣad*) 같은 후기의 우파니샤드는 브라만을 인격신 이슈바라(Īśvara, 主, 주님)로 파악하며, 이 세계는 마술사(māyin) 같은 신의 환술에 의해 나타나 보이는 것이라고 한다.

그러나 다른 한편으로는 잡다한 현상 세계가 브라만으로부터 전개되어 나온 것이라거나 혹은 그 변형인 만큼 환술/환상일 수는 없고 오히려 브라만과 근본적으로 다르지 않다고 보는 일종의 범신론적 사상도 발견된다. 모든 것이 브라만의 현현이고 브라만이 만물의 배후 또는 속에 내재한다고 보기 때문이다. 결론적으로, 우파니샤드에는 세계를 브라만의 전개로 보는 전변설(轉變說, parināmavāda)과 세계는 브라만이라는 유일 실재를 근거로 하되 단순히 가상으로 보이는 것에 불과하다는 가현설(假現說, vivartavāda)이 둘 다 존재한다. 전자는 베다나 브라마나에서 이미 발견되는 우주발생론(cosmogony)적 사고에 기초한 것이며, 후자는 우파니샤드 특유의 철학적 기여라고 볼 수 있다. 둘 다 우주의 궁극적이고 영원한 실재인 브라만과 유한하고 변하는 현상 세계의 관계를 파악하려는 이론이다.

우파니샤드 철학의 가장 중요한 통찰은 무엇보다도 브라만에 대한 우주론적 사변을 넘어 이 우주의 궁극적 실재가 곧 인간 존재의 본질과 동일하다는 시각에 따라 파악하려고 했다는 데 있다. 즉, 우주의 궁극적 실재인 브라만은 다름 아닌 인간 자신의 깊은 실재라는 관점 아래 우파니샤드의 철인들은 실재 탐구의 방향을 자아 탐색으로 돌린 것이다. 이 방향 전환은 종래의 외향적인 우주론적 사변으로부터 내향적인 인간의 자기성찰로 전환하는 것을 의미하는 것으로서 우파니샤드의 불멸의 사상적 공헌이다. 이러한 전환을 대표하는 철인은 『브르하드아라니아카 우파니샤드』에 나오는 철인 야즈나발키아(Yājnavalkya)의 아트만론이다. 『찬도기야 우파니샤드』에 나오는 철인 웃달라카의 유론(有論)과 쌍벽을 이루는 사상이다.

이 전환은 사회적으로는 제사 의식을 관장하면서 성스러운 힘 브라만을 거의 독점하다시피 한 바라문 계급의 종교적 권위에 대한 반발로도 이해될 수 있다. 우파니샤드에는 바라문 계급 출신이 아닌 많은 철인들이 등장하고 있다는 사실이 이를 시사하고 있다. 그들은 종래 바라문들이 독점한 제사를 매개로 해야만 했던 종교 생활에 회의를 품고 독자적으로 자기 자신의 영원한 자아를 찾음으로써 우주의 궁극적인 실재에 직접 접하고자 하는 노력을 했다.[4] 특히 야즈나발키아가 자기 아내 마이트리(Maitrī)와 나눈 철학적 대화는 이 점에서 파격적이다.

우파니샤드는 인간의 참자아를 아트만(ātman)이라 불렀다. '아트만'은 문자 그대로 '자아'(self)라는 뜻으로, 문제는 무엇이 참으로 인간의 불변하는 자아인가 하는 것이 우파니샤드 철인들의 최대 관심사였다. 우리는 이 문제에 대하여 종종의 사변들을 우파니샤드에서 찾아볼 수 있다.

4 도이센은 특히 Ksatriya 계급 가운데서 우파니샤드의 비의적 진리가 처음 전수되었다고 본다. Deussen, *The Philosophy of the Upanishads*, 16-22 참조.

예를 들어, 우선 인간 존재의 근거로서 자주 숨(호흡, prāna)이 거론되고 있는 것을 본다. 왜냐하면 숨은 인간의 다른 모든 감각기관의 활동보다 더 긴요하고 잠시도 정지할 수 없는 것이기 때문이다. 그러나 숨은 인간의 정신적 기능을 설명하지 못한다는 약점이 있다. 따라서 때로는 숨 대신에 의근(意根, manas), 의식(vijnāna), 지혜(prajnā) 등이 인간의 본질적 자아로 거론되기도 한다. 그러나 이 문제에 대한 우파니샤드 사변의 정점은 이 모든 것이 불충분한 것임을 깨닫고 인간의 참자아란 위에서 말한 육체나 정신적 요소와 달리 그것보다 더 밑바닥에 깔려 있는 깊은 정신적 실재라는 것을 깨닫는 데 있다.

이러한 한층 심화된 사변은 『만두키야 우파니샤드』(*Māndūkya Upanisad*)에 나오는 의식/자아의 네 가지 상태에 대한 이론에 잘 나타나 있다.

첫째는 우리가 깨어 있는 상태의 자아이다. 즉, 우리의 감각기관이 외계와 접촉해서 활동하고 있는 상태이다. 이 상태에서는 자아는 우리의 몸과 동일시되며 자아가 가장 은폐된 상태라고 할 수 있다.

둘째는 꿈을 꾸는 상태로써 이때에는 우리의 감각기관과 몸은 쉬고 있지만 우리의 마음, 즉 내적 감각기관(manas)과 의식은 계속 활동하고 있어서 깨어 있을 때의 체험을 재료로 해서 미세한 대상 세계를 임의로 만들어 내는 상태이다. 이 상태 역시 오래가지는 않고 변하기 때문에 참자아의 상태는 아니고 우리의 마음이 자아와 혼동되는 상태이다.

세 번째 자아의 상태는 이보다 더 깊은 상태로서, 아무런 꿈도 꾸지 않는 깊은 수면(susupti) 상태이다. 여기서는 모든 감각기관이나 의식 작용이 사라지고 대상도 사라지게 된다. 즉, 주관과 객관의 대립과 교섭이 초월되고 모든 다양성과 제한성이 사라진 행복하고 평화스러운 상태이다. 그렇다고 이것이 아무런 의식이 없는 전적인 무의식의 상태도 아니다. 가변적이고 특정한 제한된 의식이 아닌 무한한 순수식(cit)만이 우리의 정신 활동의 밑바닥에 깊이 깔려 있는 상태이다. 『찬도기야 우파니샤드』의 웃달라카는 이 깊은 수면의 상태를 곧 자아가 순수하게 그 자체를 되찾은 완전한 상태로 간주한다. 마치 한 마리의 새가 이리저리 날아다니다가 마침내 자기 보금자리에 돌아와서 쉬고 있는 상태에 비유하고 있다.[5]

그러나 『만두키야 우파니샤드』 같은 후기 우파니샤드에서는 이 숙면보다도 더 깊은 의식의 제4(turīya) 상태를 완전한 상태로 말하고 있다. 이 네 번째 자아의 상태는 희열(ānanda)의 상태로서, 세 번째의 깊은 수면의 상태와 같이 주 · 객의 대립을 초월하고 모든 유한한 정신적 활동이 그친 상태이다. 이 상태야말로 자아가 아무런 방해 없이 순수하게 드러나는 지극한 희열의 상태이다. 자아가 특정한 대상 없이 순수의식으로서 스스로 밝게 빛을 발하는(svayamprakāśa) 상태이다. 이 상태는 보통 경험으로서는 주어지지 않고 요가와 같은 정신적 훈련을 통하여 주어지는 신비한 체험의 세계이다.

우파니샤드의 철인 야즈나발키아에 따르면, 자아는 인간의 모든 인식 행위나 정신적 활동의 배후에서 항시 그것을 지켜보는 증인(sākṣin)과도 같은 절대적 주체로서, 결코 우리의 인식 대상이 될 수 없다고 한다. 왜냐하면 그 자체가 인식이며, 듣고 판단하고 하는 다른 모든 인식 활동의 배후에 있는 절대적 주체이기 때문이다. 단지 직관에 의해서 알려질 수밖에 없는 깊은 실재이다. 따라서 어떤 설명이나 정의도 불가능

---

5 *Chāndogya Upaniṣad*, VI. 8. 1-2; VIII. 11. 1.

하다. 오로지 부정적 방법으로 '무엇도 아니고 무엇도 아니다'(neti neti)라는 부정의 길(via negativa) 외에는 다른 어떤 방법으로도 표현할 수 없는 상태임을 야즈냐발키아는 강조하고 있다.

아트만은 어떤 차별성이나 개별성을 용납하지 않는, 모든 인간에게 공통된 보편적 자아(universal self)이며 곧 우주 만물의 정수이기도 하다. 웃달라카는 그의 아들 슈베타케투(Śvetaketu)에게 이 진리를 여러 가지 비유로써 가르치고 있다. 꿀이 여러 나무들로부터 채취되지만 하나의 본질이듯이, 강물들이 동에서 오든 서에서 오든 하나의 바닷물을 이루듯이, 아트만에는 아무런 개별적 차별성이 없다는 것이다. 이 아트만은 인간의 참자아일 뿐만 아니라 우주 만물의 자아, 곧 브라만과 조금도 차이가 없다. 아트만은 인간뿐만 아니라 모든 존재의 공통된 본질을 이루는 것이다. 소금이 물에 녹으면 물의 어느 부분을 맛보나 똑같이 소금 맛을 내듯, 아트만은 존재하는 모든 것에 편재하는 공통된 본질이라는 것이다.

인간을 포함한 모든 세계는 하나의 궁극적 실재, 즉 아트만 혹은 브라만에 참여하고 있다. 말하자면, 브라만은 우주의 아트만이고 아트만은 인간에 내재하는 브라만이다. 이것이 바로 우파니샤드 사상의 진수라고 불리는 범아일여(梵我一如)의 사상이며, 이 범아일여의 진리를 깨닫는 것이 우파니샤드에서 말하는 최고의 지식이다. "네가 곧 그것이다"(tad tvam asi) 혹은 "나는 브라만이다"(aham brahma asmi)라는 우파니샤드의 유명한 구절들은 이 진리를 말해 주는 위대한 선언(mahāvakyam)이다.

베다나 브라마나 시대에도 이미 인간을 소우주로 보는 견해가 종종 발견되지만, 우파니샤드에 와서 이 사상은 더욱 철학적으로 승화되어 대우주의 실재가 다름 아닌 소우주로서의 인간의 실재와 동일하다는 사상으로 귀결된다. 브라만이 이렇게 인간의 깊은 자아로 파악된 결과, 브라만의 본성이 불변하는 순수존재(sat), 순수식(cit), 순수희열(ānanda)로 파악되게 되었고, 이와 동시에 인간 본질은 무한하고 영원한 우주의 본질과 완전히 하나로 파악되었다. 우파니샤드 이래 이 범아일여의 진리는 인도 철학의 가장 위대한 통찰로 인정을 받게 되었고, 베단타학파뿐 아니라 여타 학파들에게도 지대한 영향을 미치게 되었다. 심지어 대승불교의 불성(佛性) 사상이나 심즉불(心卽佛)을 말하는 선불교의 사상도 결국 이 아트만 사상의 변형에 지나지 않는다는 견해도 가능하다.

자기 자신이 곧 브라만이라는 진리를 깨닫는 사람은 모든 욕망과 두려움에서부터 해방된다. 자기 자신 외에 따로 원하거나 두려워할 다른 아무 대상도 존재하지 않기 때문이다. 따라서 이러한 사람은 모든 업으로부터 자유로워지며 사후에는 다시 환생하는 일이 없이 브라만 자체와 하나가 되어 절대적이고 영원한 생명, 즉 살아 있는 현세에서 해탈(生解脫, jīvanmmukti)을 얻게 된다. 그러나 다른 한편으로는 아직도 『리그 베다』나 브라마나의 우주론적 사고에 따라 해탈한 자가 윤회를 벗어나 사후에 조상들의 길(pitryāna)을 따라 조상들에게 간다든지 혹은 신들의 길(devayāna)을 따라 브라만에 이른다는 생각도 우파니샤드에 있다.

3. 중·후기 우파니샤드의 철학

이상에서 우리는 초기 우파니샤드의 주요 사상을 대략 살펴보았다. 이제는 『카타 우파니샤드』(*Katha Upanishad*), 『슈베타슈바타라 우파니샤드』(*Śvetāśvatara Upanisad*) 등과 같은 중기 우파니샤드의 사상을 검토해 본다.[6] 이들 중기 우파니샤드는 대체로 기원전 500년에서 200년경 사이에 만들어진 것으로 간주되며, 그 형식으로 볼 때는 산문 대신 주로 운문으로 된 것이 특징이다. 또 그 부피도 『브르하드아라니아카 우파니샤드』 등과 같은 것에 비하면 훨씬 짧고 내용이 비교적 간단하다는 특색도 있다. 사상적으로는 초기 우파니샤드에서 아직도 많이 발견되고 있는 브라마나의 제사주의적이고 우주론적인 사변이 현저히 줄어들었다. 특히 『카타 우파니샤드』에서 철학적으로 새롭고 중요한 것은 상키야 철학과 요가 철학의 근원적 사상이 등장한다는 사실이다.

『카타 우파니샤드』는 아트만을 마차의 주인에 비유하고 있다. 우리의 몸은 마차, 지성(buddhi)은 마부, 마음(意根, manas)은 고삐, 감각기관들(indriya)은 말 그리고 감각기관의 대상들(visaya)은 말이 달리는 길에 비유하고 있다. 지혜 있는 자는 항시 마음의 고삐를 제어하고 감각기관의 말을 잘 몰아 목적지에 도달하여 다시는 윤회의 세계에 태어나지 않지만, 무지한 자는 그 반대로 생각과 감각기관에 이끌려 윤회의 세계에 전생(轉生)하게 된다고 한다. 여기서 '제어'라는 말은 요가(yoga)와 동일한 동사 'yuj'에서 파생된 명사로서, 난무하는 감각기관들이 대상에 의해 휘둘리지 않도록 다잡아서 초연한 평정을 유지하도록 하는 수행을 가리킨다. 이것은 거의 모든 인도 철학 학파들에서 해탈을 위한 필수적 실천 수행의 핵심이다.

---

6 중기에 속하는 우파니샤드로는 이 둘 이외에도 『이샤 우파니샤드』(*Īśā Upanishad*), 『문다카 우파니샤드』(*Mundaka Upanishad*) 등이 있다. 『문다카 우파니샤드』는 *Atharva Veda*에 소속되어 있고 나머지 셋은 모두 *Yajur Veda*에 속해 있다.

이러한 실천의 방법과 동시에 이를 밑받침해 주는 형이상학적 원리들에 대한 사변도 『카타 우파니샤드』에 등장한다. 세계 전체를 점차적으로 높은 존재론적 원리에 따라 해석하여 요가라는 정신 통일과 집중 훈련을 통해 가장 높은 실재에 접하도록 하기 위한 이론적 뒷받침을 제공한다. 즉, 감각기관보다는 대상 세계, 대상 세계보다는 의근, 의근보다는 지성, 지성보다는 대아(mahātman), 대아보다는 미현현(未顯現, avyakta) 그리고 미현현보다는 정신(purusa)이 더 높은 실재로 언급된다. 이러한 사상은 나중에 상키야 철학에서 하나의 정돈된 세계 전변(轉變, parināma)의 이론으로 정립되게 된다. 상세한 것은 후에 검토한다.

다만 여기서 한 가지 언급되어야 할 점은, 중기 우파니샤드에는 아직도 정신(purusa)과 물질(prakrti)의 이원론적 세계관은 나타나지 않는다는 사실이다. 정신은 물질보다 높은, 그러나 그것과 존재론적으로 동일선상에 있는 것으로 파악되고 있으며 신 혹은 브라만과 동일시되고 있다. 다시 말해서 우파니샤드에는 무신론적 이원론은 찾아보기 어렵다는 말이다.

중기 우파니샤드의 또 하나의 중요한 문헌은 『슈베타슈바타라 우파니샤드』이다. 『카타 우파니샤드』보다 좀 더 나중에 만들어진 기원전 2~3세기경의 것으로 추정된다. 이 우파니샤드에는 요가 실천에 관하여 『카타 우파니샤드』보다 더욱 상세한 설명이 발견된다. 이를테면 요가를 수련하는 장소, 정좌, 호흡 조절, 요가의 실습에 따른 초자연적 능력 등을 말하고 있다. 그뿐만 아니라 요가의 궁극적 목표는 신을 아는 인식에 있고, 신의 인식은 개인 영혼들을 물질계의 속박으로부터 해방시킨다고 한다. 신은 모든 것을 지배하는 유일 실재로서, 만유를 창조하고 그 안에 내재하며 마지막에는 만유를 다시 회수하는 우주의 대주재자

(Maheśvara)이다. 인간은 그의 은총(prasāda)으로 신과 그 위대성을 보며, 그를 신애(bhakti)하는 자는 진리를 알 수 있다는 신애 사상도 등장한다.

본래 초기 우파니샤드에는 브라만이 대체로 탈인격적인 형이상학적 실재로 이해되고 있지만, 여기서는 분명히 온 세계를 지배하는 인격신으로 간주되고 있다. 특히 그를 베다의 신 가운데 하나인 루드라(Rudra)로 부르고 있으며, 루드라는 후에 쉬바(Śiva) 신과 동일시되는 신이다. 『슈베타슈바타라 우파니샤드』의 강한 유일신 사상과 신애 사상은 서력 기원전 3~4세기경부터 대중적 신앙 운동으로 등장하기 시작한 쉬바와 비슈누 숭배의 영향을 받은 것으로 간주되며, 이러한 경향은 대서사시 『마하바라타』(*Mahābhārata*), 특히 그 일부인 『바가바드 기타』에 와서 더욱 본격적으로 모습을 드러낸다.

중기 우파니샤드의 인격적 브라만의 이해와 더불어 또 한 가지 주목할 점은 『카타 우파니샤드』와 『문다카 우파니샤드』에 나타나 있는 아트만/브라만의 계시 사상이다. 즉, 아트만은 어떤 가르침이나 지적 능력으로도 알 수 없는 실재지만, 그가 선택한 자에게만 스스로를 드러낸다고 하는 사상이다.[7]

지금까지 우리는 『카타 우파니샤드』나 『슈베타슈바타라 우파니샤드』 등과 같은 중기 우파니샤드 사상의 특징들을 살펴보았지만, 이들보다도 더 늦게 산출된 일군의 후기 우파니샤드들도 있다. 『프라슈나 우파니샤드』(*Praśna Upanisad*), 『마이트리 우파니샤드』(*Maitrī Upanisad*), 『만두키야 우파니샤드』(*Māndūkya Upanisad*) 같은 우파니샤드들이 이 그룹에 속하며 대략 기원전 200년에서 기원후 200년 사이에 형성된 것으로 추

---

7 *Ktha Upanisad*, I. 2. 23; *Mundaka Upanisad*, III. 1. 3.

측된다. 여기서는『마이트리 우파니샤드』의 사상만을 간단히 언급하기로 한다.

『마이트리 우파니샤드』에는 대체로『카타 우파니샤드』등에 나타나고 있는 상키야 철학의 맹아가 더욱 분명하게 개념적으로 발달되어 있다. 예를 들어, 상키야(Sāmkhya) 학파에서 말하는 개인적 정신(purusa) 개념이 명확히 정립되어, 물질(prakrti, pradhāna)로 된 개체아(bhūtātman)와 확실히 구별되고 있으며, 윤회의 주체로 간주되는 미세한 몸, 즉 세신(lingaśarīra)의 개념도 등장한다. 또 만유를 구성하고 있는 세 요소(sattva, rajas, tamas)의 이론도 발견되며, 요가 철학의 근본이 되는 수행의 여덟 가지 요소를 말하는 팔지설(八支說)에 가깝게 그 가운데 여섯 요소들이 언급된다.

이상에서 고찰한 중 · 후기 우파니샤드들을 통해 우리가 분명히 알 수 있는 것은 물질과 정신 두 원리로 우주 만물과 인간의 해탈을 설명하는 상키야 철학과 요가 철학은 필시 체계적인 인도 철학 학파 가운데 가장 오랜 역사를 지닌 철학적 사유일 것이라는 사실이다. 이것은 아마도 해탈의 종교로서 실천적 요소가 강한 불교의 영향 아래 이에 상응할 만한 해탈의 방법과 이론을 명확하게 제시할 필요를 느낀 바라문 사상가들의 대응책이 아니었을까 생각된다. 하지만 우파니샤드의 상키야 사상과 요가 사상은 나중에 형성된 본격적인 무신론적 · 이원론적 사상이 아니라 어디까지나 브라만 내지 인격신 신앙이라는 일원론적 사상의 테두리 내에서 움직이고 있다는 사실 또한 주목할 만하다.

제4장

비바라문계 철학의 발흥

1. 역사적 배경

인도 서북부로부터 들어와서 인더스강과 야무나강 사이에 자리를 잡고 바라문 계급의 주도하에 발전한 아리안족의 베다 문화는 기원전 6~7세기경부터는 인도 동쪽으로 확대되어 가기 시작했다. 이 시기에는 철기문화의 수입으로 여태껏 밀림지대였던 곳이 개간되어 농작지가 확대되고 생활이 윤택해짐에 따라 갠지스강 중류에는 여러 곳에 상공업을 중심으로 한 도시 문화가 건설되었다. 이와 더불어 종래에 촌락과 씨족을 중심으로 하는 유대관계를 기반으로 형성되었던 바라문교의 지위도 자연히 흔들리게 되었다. 더욱이 아리안족의 동점에 따라 원주민과의 인종적 혼혈도 생기게 되어 전통적 바라문교의 약화는 한층 더 가속화되었다. 이러한 사회적 변화에 수반해서 바라문의 사회적 특권이나 베다의 종교적 권위를 인정하지 않는 불교나 자이나교 같은 새로운 자유사상 운동들도 생겨나게 되었다.

이 시기는 또한 인도가 정치적으로도 큰 변화를 겪는 때였다. 종래의 군소 부족 국가들은 마가다(Magadha)나 코살라(Kosala) 같은 강대한 왕국들에 의해 정복당하고 병합되었으며 이에 수반한 정치적 · 사회적 혼란과 불안이 극심한 시기였다. 뿐만 아니라 도시 문화와 상공업의 발달에 따라 안정적인 사회적 유대관계를 잃은 도시 상공인들은 한편으로는 새로이 주어진 개인적 자유와 세속적 향락의 기회를 누리는가 하면, 다른 한편으로는 인생의 무상함과 무의미함을 더욱 절실히 느끼기도 했다. 불교와 자이나교는 바로 이러한 도시인들의 새로운 종교적 욕구에 부응하면서 사회적 · 경제적 기반을 확보하게 된 종교였다.

우리는 불교와 자이나교 외에도 많은 유사한 운동들이 있었음을 불교나 자이나교 문헌들에서 찾아볼 수 있다. 이들 자유사상에 기반한 새로운 종교 운동들을 주도한 사람들은 바라문들과는 달리 출가 사문(沙門, śrāmana)이라는 새로운 형태의 종교 지도자들이었다. 그들은 일정한 주거나 장소에 구애받지 않고 촌락이나 도시에 유행하면서 걸식으로 생계를 유지하며 수행과 포교에 전념하는 출가승들이었다. 그들의 주위에는 자연히 그들의 메시지에 귀를 기울이고 따르는 무리들이 모여 승가(僧伽, Samgha)라는 생활 공동체가 형성되었다. 이 공동체들은 사회적 신분의 차별 없이 누구나 다 참여할 수 있는 개방적인 성격을 띤 집단들이었다.

불교나 자이나교를 제외하고는 이들 군소 종교 운동들의 사상은 충분히 전해지고 있지는 않지만, 우리는 불교나 자이나교 경전들을 통해 그들의 자유롭고 창의적인 철학적 사고와 메시지의 모습을 엿볼 수 있다. 불교 경전에는 소위 육사외도(六師外道)라 하여 붓다(Buddha) 당시에 그의 가르침과 어긋나는 사상을 전파하고 다니던 지도자들이 있었다는 사실을 알 수 있다. 우리는 먼저 이들의 가르침을 간략히 살펴본 후 붓다의 교설과 자이나교의 창시자 마하비라(Mahāvīra)의 사상을 절을 달리해서 고찰할 것이다.

2. 육사외도

팔리어(Pāli)로 된 소승 경전의 하나인 『사문과경』(*Sāmannaphala-suttanta*)에 의하면,[1] 첫 번째로 푸라나 카사파(Pūrana Kassapa)라는 사람은 살생, 투도(偸盜), 음일(淫佚), 망언 등의 행동을 스스로 하거나 남에게 하도록 가르쳐도 악이 아니며 악한 업보를 받지 않는다는 업의 법칙을 부정하는 무도덕설(akiriyavāda, 無作說)을 주장했다고 한다.

두 번째로 마칼리 고살라(Makkhali Gosāla)라는 사람은 인간의 도덕적 그리고 인격적 상태에는 아무런 원인이나 이유가 없으며 인간을 포함한 모든 중생의 상태는 단지 운명(niyati)과 그들이 속한 종(samgati) 그리고 그들의 천성(bhāva)에 의해 결정되기 때문에 자신의 행위나 노력은 아무 소용없다는 운명론 내지 결정론을 주장했다.

그는 본성론(svabhāvavāda)적인 결정론자로서, 인간은 자신의 현재와 미래에 대하여 아무런 책임을 질 필요가 없다고 말한다. 그는 윤회와 업을 인정했지만 지혜로운 자나 어리석은 자를 막론하고 누구나 다 똑같이 일정 기간 생사의 세계에서 정해진 양의 고통과 즐거움을 맛보기

---

1 F. Max Müller ed., *Dialogues of the Buddha*, Part I(*Sacred Books of The East*, vol. I). 한역 『아함경』에도 이 경이 번역되어 있다. 『大正新修大藏經』 1, 107-109. 그러나 누가 어떤 설을 주장했는가에 관해서는 팔리어 경전과 어긋남이 있다. 여기서는 팔리어 경과 그 밖에 다른 문헌들에 근거한 학자들의 연구에 의거해서 소개한다.

마련이며, 아무도 이것에 영향을 주거나 바꿀 수 없다는 교설을 폈다. 해탈이란 이 주어진 기간이 끝나는 것을 말하고 그때야 비로소 고통의 종식이 가능하다고 본다. 마칼리 고살라는 인간이 운명과 천성의 절대적인 지배를 믿는 철저한 결정론자였지만, 동시에 이러한 요소들 말고는 인간의 상황에 대해 다른 아무런 원인도 인정하지 않기 때문에 무인론자(ahetuvādin)이기도 했다. 고살라의 주장을 따르는 자들은 사명파(邪命派, Ājīvika)라고 불렸다. 그의 견해나 행적은 자이나 경전에도 전해지고 있으며, 자이나교의 창시자인 니간타 나타풋다(Nigantha Nātaputta, 존칭은 Mahāvira)와 일시 수행을 같이한 일도 있었다. 사명파는 제법 오랫동안 명맥을 유지해 온 흔적이 남아 있다.[2]

세 번째 자유사상가는 아지타 케사캄발라(Ajita Kesakambala)인데, 그는 감각적 유물론을 내세웠다. 그에 따르면 인간은 지(地) · 수(水) · 화(火) · 풍(風)의 사대(四大)로부터 생겼으며 현명한 자나 어리석은 자나 누구든 죽으면 신체가 파멸되고 아무것도 남는 것이 없다는 단멸론(uccheda-vāda)을 주장했다. 그는 감각만이 유일한 인식의 원천이며 업의 법칙을 부인하는 무업설(natthikavāda)을 주장하고 사후 세계를 부정했다.

네 번째로 파쿠다 카차야나(Pakudha Kaccāyana)는 세계는 지, 수, 화, 풍, 고(苦), 낙(樂), 개인 영혼/자아(jīva-ātman)라는 불변하는 일곱 가지 요소로 구성되어 있고, 행위의 주체가 되는 존재란 없다는 물질주의적이고 무인격적 세계관을 설했다. 그에 의하면 어떤 사람이 예리한 칼로 남의 머리를 둘로 쪼개도 사실 아무도 그의 생명을 앗아간 자가 없으며 단지

---

2 A. L. Basham, *History and Doctrines of the Ājīvikas: a vanished Indian Religion*(London, 1951) 참조.

칼이 일곱 가지 요소들의 틈 사이로 침투하여 들어간 것에 지나지 않는다고 한다. 행위와 사건을 철저히 비인격적인(impersonal) 과정으로 설명하는 세계관이다.

다섯 번째로 산자야 벨라티풋타(Sanjaya Belattiputta)는 내세와 업보에 대하여 인식상 회의론을 주장했다. 즉, 업이란 것이 존재하는가라고 물으면 그는 그렇다고 하지 않고 그렇지 않다고도 하지 않고, 그렇지 않은 것도 아니고 그렇지 않지 않은 것도 아니라는 식으로 대답해야 한다는 것이다. 그는 마가다 왕국의 수도 왕사성에서 살았으며, 붓다의 유명한 제자 사리풋타(Sāriputta)와 목갈라나(Moggallāna)도 처음에는 그의 제자였다고 한다.

이상의 5가지 이론에서 특별히 유의해야 할 점은 그들이 대체적으로 물질주의적 인간관을 가졌고 우파니샤드에서 말하는 인간의 깊은 영적 자아, 즉 아트만이나 우주의 궁극적 실재인 브라만 등의 개념을 인정하지 않았다는 사실이다. 윤회나 사후 세계에 대해서도 회의적이었고 심지어 도덕적 가치 내지 법칙도 부정하는 입장을 표방했다는 사실이다. 이러한 입장들은 모두 종래의 바라문주의에 의해 정립된 사회윤리 질서와 종교 사상에 대한 반발 혹은 비판으로 이해할 수 있을 것 같다. 나중에 고찰하겠지만 붓다의 교설도 한편으로는 이런 사상들과 궤를 같이하며, 다른 한편으로는 도덕적 회의주의나 단멸론을 부정하는 이른바 '중도적' 입장을 제시했다. 이러한 비판적 · 자유주의적 사상의 전통을 후세에 좀 더 철학적으로 체계화하여 정리한 학파가 다름 아닌 차르바카(Cārvāka) 학파이다.

3. 차르바카의 철학

'차르바카'란 말의 원래 의미는 분명치 않으나, 차르바카는 인도 철학사에서 유물론과 회의주의 및 향락주의를 대표하는 학파로 알려져 있고, 불교나 자이나교 등을 포함한 다른 모든 학파에서 비난과 비판의 대상이 되어 왔다.[3] 세상 사람들의 천박하고 상식적인 견해를 따르는 철학이라 하여 순세파(順世派, Lokāyata)라고도 부른다. 이 학파가 주장하는 사상은 학파 자체의 문헌이 별로 남아 있지 않고 주로 비판자들의 저서를 통해 알려져 있기 때문에 반드시 객관적이라고 보기는 어렵지만, 대체로 다음과 같은 철학적 입장을 내세웠음을 인도 철학사가들은 말하고 있다.[4]

① 지 · 수 · 화 · 풍이 만물을 구성하는 요소들이다.

② 몸과 감각기관과 감각의 대상들은 이 4요소들의 상이한 결합들에 의한 결과이다.

③ 의식이란 물질로부터 생긴 것이다. 마치 발효된 누룩으로부터 술의 취하

3 일설에 의하면 '차르바카'는 유물론적 철학을 가르친 어떤 철학자의 이름이라 하고, 어떤 견해에 따르면 유물론자들이 "먹고 마시고 즐기라"('carv', 즉 '먹는다'는 동사에서 유래)는 철학을 가르치기 때문에 주어진 이름이라고도 한다. 그 밖에 다른 견해들도 있다.

4 불교나 자이나교의 경전을 제외하고 순세파의 철학에 대하여 다음과 같은 주요 자료들이 남아 있다: 8세기의 자이나교 학자 하리바드라 수리(Haribhadra Sūri)가 편찬한 『육파철학집성』(*Saddarśanasamuccaya*), 14세기의 베단타 철학자 마다바(Mādhava)의 『제철학강요』(諸哲學綱要, *Sarvadarśanasamgraha*), 7세기 순세파 철학자 자야라쉬 브핫타(Jayarāśi Bhatta)의 『진리재난의 왕』(*Tattvopaplavasimha*).

는 성질이 생기는 것과 같다.

④ 영혼이란 의식이 있는 몸에 지나지 않는다.

⑤ 향락만이 인생의 유일한 목적이다.

⑥ 죽음만이 해방이다.

차르바카 학파는 인식론에서 직접적 지각(pratyaksa)만이 타당한 인식의 방법이라고 주장하면서, 인도 철학 학파들의 대다수가 인정하고 있는 추론(anumāna)의 타당성을 부정한다. 추론이란 직접적인 경험에 의해 알려진 것으로부터 모르는 것을 미루어 알려는 인식 방법으로서, 확실성이 없다고 비판한다. 연역적 추론은 결론이 아직 입증되지 않은 대전제, 즉 일반 명제로부터 추리를 통해 나오는 결론이기 때문에 선결 문제 미해결의 오류를 범하고 있다는 것이다. 문제는 어떻게 대전제, 예를 들어 "연기가 나는 곳에는 불이 있다"라든가 "모든 사람은 죽는다"라는 일반 명제를 옳은 것으로 알 수 있는가 하는 것이다.

차르바카에 따르면 보편적 진술의 타당성은 우리의 지각 범위 내에서만 타당하다. 그러나 '연기'와 '불'의 관계를 모든 경우에 다 관찰한 사람은 없다. 다른 말로 하면, 귀납적 추리에 의한 결론에는 비약이 있다는 것이다. 대전제의 핵심은 두 현상 사이의 필연적이고 보편적인 주연(周延, vyāpti)관계[5]가 성립되어야 하는데, 귀납적 추리는 이러한 관계를 전제할 뿐 입증하지는 못한다는 것이다. 불과 연기 사이의 인과 관계에 호소해도 소용이 없다. 왜냐하면 바로 이 인과 관계를 아는 것도 귀납적 추리이고, 바로 이 추리 자체가 문제시되기 때문이다. 그렇다고 타

---

5 나중에 냐야(Nyāya) 철학을 소개할 때 설명할 것이다.

인의 증언에 의해서 이 보편적 관계를 알 수 있는 것도 아니다. 타인의 증언의 타당성 자체가 추론에 의해서 알려지기 때문이다. 이상과 같은 차르바카 철학의 추론에 대한 회의는 서양 철학사에서 잘 알려진 흄(D. Hume)의 귀납적 추리와 인과율에 대한 회의론과 흡사하다.

차르바카는 권위 있는 사람들의 증언(śabda)이라는 것도 인식의 타당한 방법으로 인정하지 않는다. 왜냐하면 우선 우리가 누구의 말을 들을 때 우리는 왜 그것을 믿는지를 밝힌다. 그러자면 자연히 추론이 개입되기 마련인데, 이러한 추론의 타당성이 이미 부정되었기 때문이다. 다른 한편 직접 누구의 말을 들어 무엇을 알 경우에는 그것은 직접적인 지각으로 보아도 타당하다. 따라서 베다의 권위가 인정되지 않음은 이러한 견해에서 두말할 여지가 없다.

형이상학적 진술이나 진리에 대한 차르바카의 입장은 이와 같은 인식론의 당연한 결과로 따라 나온다. 즉, 이 학파는 직접적 지각의 대상이 되지 않는 존재들의 실재를 모두 부인한다. 신의 존재, 영혼의 존재 그리고 업의 법칙, 생전의 혹은 사후의 존재 등을 인정하지 않는다. 차르바카 철학은 주장하기를 이런 것들은 사제 계급이 무지한 사람들을 속여 자신들의 이익을 추구하려는 의도에서 만들어 낸 허구라고 한다.

차르바카는 또 이러한 세계관에 어울리는 윤리관을 서슴없이 편다. 인생의 최고 목표는 이 세상에서 육체의 고통을 최소한으로 줄이며 쾌락을 최대한으로 즐기는 데 있다고 본다. 이 이상 다른 도덕 법칙도 존재하지 않고, 이 세상에서 고통을 완전히 극복하려는 해탈의 이상은 불가능한 것이라고 비판한다. 우리가 이 세상에 사는 한 쾌락과 고통은 반드시 섞이기 마련이고, 그렇다고 그것이 두려워서 쾌락과 고통의 피안의 세계를 찾는 것은 어리석은 일이다. 껍데기 때문에 알맹이를 버리는 것과 같다고 한다. 따라서 바라문교가 제시하는 인간이 추구해야 할 네 가지 목표 내지 가치(purusārtha), 즉 욕망(kāma), 부(artha), 의무/법도(dharma), 해탈(moksa) 가운데 차르바카는 첫 번째 가치인 욕망만 인정한다. 부는 어디까지나 욕망을 충족시키기 위한 수단이기 때문에 욕망을 최고 가치로 간주하는 것이다.

차르바카 철학은 놀랍게도 현대적 면을 많이 가지고 있는 과격한 사상임이 틀림없다. 고대 인도인의 사유의 자유를 입증해 주는 좋은 예라고 할 수 있다. 여하튼 인도의 정통 철학 학파들이 앞을 다투면서 차르바카의 견해를 논파하려는 것은 쉽게 이해할 수 있는 일이다. 문제의 제기와 해결에서 너무나 과감하고 분명하기 때문이다. 비록 학파로서는 오래 존속하지 못했지만, 차르바카가 다른 학파들의 철학적 사유를 자극해 왔다는 점에서 인도 사상에 특수한 공헌을 했다는 점을 인정해야 할 것이다. 사실 어떤 의미에서 전통 인도 철학은 이 차르바카 학파가 제기한 문제를 얼마나 성공적으로 해결하고 답했는가에 그 사활이 달렸다고 해도 과언이 아닐지도 모른다.

4. 원시 자이나교의 사상

붓다와 동시대 인물로 자이나교의 창시자 바르다마나(Vardhamāna)가 있었다. 그는 인도 북부 바이샬리(Vaiśālī) 부근에서 기원전 549년에 한 귀족 가문에서 태어났다. 그는 30세에 출가하여 2년간 고행과 명상에 전념한 후 모든 옷을 벗어 버리고 벌거벗은 고행자로서 12년간 심한 고행의 생활을 했다. 드디어 한여름 밤에 완전지(完全知, kevala-jnāna)를 얻어 독존위(獨存位, kaivalya)에 올랐다. 그 후로 그는 마하비라(Mahāvīra), 즉 '위대한 영웅' 혹은 지나(Jina), 즉 '승리자'라는 칭호를 얻고 인도 여러 곳을 유행하며 포교하다가 72세를 일기로 파트나(Patna) 부근에서 생을 마쳤다. 대체로 붓다와 비슷한 생을 보냈으나 극심한 고행을 했다는 점에서 차이를 보인다.

자이나교의 전통에 의할 것 같으면, 마하비라는 그 이전에 있었던 많은 지나들, 즉 '여울을 만드는(건너는) 자(Tīrthankara)'라고 불리는 사람들의 후계자로서 제24조에 해당한다고 한다. 마하비라 이전의 지나들은 모두 전설적 존재들이고 다만 제23조 파르슈바(Pārśva)만이 기원전 8세기경에 살았던 실존 인물로 간주된다. 그는 4개 조로 된 수행 계율을 가르쳤다고 한다. 즉, 살생 · 투도 · 음행 · 망언을 금했다. 마하비라는 거기에 소유를 금하는 다섯 번째 계율을 더해서 소위 오대서(五大誓, mahāvrata)라는 자이나교의 근본 윤리 강령을 제정했다.

마하비라는 생존 시부터 이미 유력한 교단을 형성했지만, 전해지는 말에 따르면 그가 죽은 후 교단이 여러 번 분열을 거듭했다. 그중에서 특히 백의파(白衣派, Svetāmbara)와 공의파(空衣派, Digambara)의 분열은 유명하다. 기원전 4세기 말 찬드라굽타(Candragupta) 왕 재위 시의 일로서, 마가다 지방에 기근이 생기자 제6대 교단장 바드라바후(Bhadrabāhu)는 일부 수도승과 함께 갠지스강 유역에서 인도 중부의 데칸 지방으로 피난했다. 후에 돌아와 보니 그 지방에 남아 있던 스툴라바드라(Sthūlabhadra)를 우두머리로 한 승려들이 독자적으로 성전(聖典) 편찬을 했을 뿐 아니라 생활 규범에서도 타락상을 보였다고 한다. 즉, 몸에 흰옷을 걸치고 생활했다는 것이다. 이로부터 한 오라기의 실도 몸에 걸치지 않는 공의파와 흰옷을 입는 백의파로 교단이 분열되었다는 것이다.[6]

여하튼 백의파나 공의파 모두 바드라바후 이후로는 바르다마나로부터 전해 내려오던 성전에 대한 완전한 지식이 산일되게 되었다고 한다. 바드라바후가 죽자 백의파의 지도자 스툴라바드라는 파탈리푸트라(Pātaliputra)에서 큰 결집 회의를 열어 성전을 12부문(anga)으로 재편하여 백의파들에 의해 받아들여졌다고 한다. 그러나 공의파는 성전이 전멸되었다고 주장하면서 그들 스스로가 만든 대체 경전을 사용하게 되었다. 백의파는 기원후 5~6세기에 발라비(Valabhī)라는 곳에서 재차 결집 회의를 개최해서 그들의 경전을 최종적으로 확정하고 성문화했다. 이 자이나교의 성전은 반(半)마가디어라는 일종의 속어로 쓰여 있고, 마하비라 이후 거의 1,000년이나 지나 편찬되었기 때문에 순수한 마하비라의 가르침만을 전한다고는 보기는 어렵다. 그러나 후세에 체계화된 자이나교 교리서들의 사상을 제외하면 우리는 대략 다음과 같이 원시 자이나교의 가르침을 서술할 수 있다.[7]

붓다와 마찬가지로 마하비라의 최대 관심사는 고통스러운 윤회의 세계로부터 해방되는 것이었다. 그러나 마하비라는 윤회의 세계에 묶인 인간의 상황을 붓다와 다르게 이해했다. 그는 세계에는 수없이 많은 영원한 명아(命我, jīva, 개인아)들이 각각 그들을 내포하고 있는 물체나 몸의

---

6 비판적 연구에 의하면 이 분열은 기원후 1세기 말경에야 비로소 최종화된 것으로 간주된다. 양파의 교리상의 차이는 사실상 거의 없다. 그리고 공의파 수도승들도 후에 사람들 앞에서는 옷을 입었다.

7 대체로 Erich Frauwallner, *Geschichte der indischen Philosophie*, Vol. I을 따른 서술이다.

크기에 따라 한계를 지닌 채 존재한다고 보았다. 명아의 종류도 그들이 거하고 있는 물체에 따라 무수히 많다고 한다. 자이나교의 세계관에 의하면 돌이나 흙 같은 것도 모두 살아 있는 생명체이며 그 안에 명아를 가지고 있다고 믿는다. 명아는 우리의 모든 정신 작용의 주체이며 행동의 주체이다. 명아들의 본래 성품은 모두 동일하여 무한한 지(知, jnāna), 견(見, darśana), 력(力, vīrya), 안(安, sukha)의 성품을 가지고 있지만 신(身) · 구(口) · 의(意)의 업으로 인해 이러한 성품이 가리어지면서 서로 간에 차이를 나타내게 된다고 한다.

마하비라는 업을 명아에 달라붙는 일종의 미세한 물질(pudgala)로 간주했으며, 이 물질 때문에 명아가 제 성품을 제대로 발휘하지 못하게 된다고 본다. 업은 인간의 여러 가지 다른 행위들의 원인이 되고, 새로운 다른 몸을 받아 여러 다른 환경에 다시 태어나게 만드는 원인이 된다. 현세에서의 생의 과정을 통하여 이 전생에 쌓인 업은 점점 진하게 되며, 다른 한편으로는 새로운 업이 명아로 유입(āśrava)된다. 이렇게 유입된 업의 물질(karma-pudgala)이 명아에 접착하여 속박(bandha)을 초래하는 것은 사탁(四濁), 즉 분(忿, krodha) · 만(慢, māna) · 기(欺, māyā) · 탐(貪, labha)이라는 격정들이며, 자이나교에서는 이것들을 '카사야'(kasāya), 즉 어떤 끈적끈적한 접착제 같은 일종의 물질로 본다. 다시 말해서 명아가 격정의 자극을 받아 업을 짓게 되면, 이 업은 어떤 물질의 형태로 명아에 들러붙게 된다는 것이다. 따라서 그러한 명아는 업신(karma-śarira)이라는 업의 물질로 구성된 미세한 몸을 가지고 윤회한다고 한다.

이러한 윤회의 사슬에서 해방되는 해탈은 어떻게 가능한가? 물론 명아가 업으로부터 자유로워져야 한다. 그러기 위해서는 우선 더 이상 새로운 업의 유입이 없도록 차단(samvara)해야 한다. 그 방법은 도덕적 행위와 더불어 감각기관의 활동을 제어해서 격정과 업을 줄여야만 한다. 그런 다음 이미 유입된 업을 소멸(nirjarā)해야 한다. 이를 위해서 가장 중요한 방법은 고행(tapas)이다. 의식적으로 행하는 고행을 통해서 이미 쌓여 있는 업이 자연적 소멸보다 더 빨리 소멸된다고 생각하기 때문이다. 명아가 업으로부터 정화되면 다시는 환생하는 일이 없고, 자이나교 우주관에 따라 우주 맨 꼭대기로 승천해서 거기서 영원하고 행복한 전지(全知)의 삶을 영위한다고 한다. 이것이 해탈이다.

5. 원시 불교의 사상

원시 불교의 철학적 사상을 알 수 있는 자료로서 가장 완벽하게 전하여 오는 것은 팔리어로 된 상좌부(Theravāda) 전통의 경(經) · 율(律) · 론(論) 삼장(三藏, Tripitaka)이다. 그중에서도 붓다의 설법을 전하고 있는 경이 가장 중요하다.[8] 붓다의 교설이 구전 단계를 지나 대체로 오늘의 것과 같은 형태를 갖추게 된 것은 기원전 1세기경이라고 본다.

따라서 오랜 구전 과정을 거치는 동안 부처님 자신이 설했다고 보기 어려운 후세의 여러 종교적 · 철학적 사상이 많이 혼입된 것은 불가피하다. 따라서 지금에 와서 진정한 붓다 자신의 가르침을 정확하게 가려

---

8 팔리어 경전에서 경장은 다섯 개의 부집(nikāya)으로 나뉘어 있다. 즉, Digha Nikāya(漢譯 長阿含), Anguttara Nikāya(增一阿含), Majjhima Nikāya(中阿含), Samyutta Nikāya(雜阿含) 그리고 Khuddaka Nikāya(小部)이다.

낸다는 것은 거의 불가능하다 해도 과언이 아니다. 그러나 여러 경들을 통해 공통적으로 그리고 거의 동일한 표현으로 거듭 설해지고 있는 설법들은 대체로 붓다 자신에서 연유한 것으로 보아 무방하다. 예를 들어 사성제(四聖諦), 팔정도(八正道), 오온(五蘊), 십이지연기(十二支緣起), 사념처(四念處) 같은 교설은 모두 붓다 자신의 가르침으로 간주해도 크게 틀리지 않을 것이다. 우리는 이런 교설들을 중심으로 붓다의 교설을 다음과 같이 서술할 수 있다.

붓다는 히말라야 산록에 있는 조그마한 샤키아(Śākya)족 왕국의 왕자로 태어났다고 전해지고 있다. 당시의 일반적인 정치적 추세에 따라 샤키아 왕국도 인근 강대국인 코살라국의 압박을 당하다가 결국 병합될 운명에 처해 있었다. 붓다의 성씨는 고타마(Gotama)였고 그의 이름은 싯다르타(Siddhārtha)였다. '붓다'란 말은 자이나교의 지나(Jina)와 마찬가지로 수행 후에 얻어진 칭호이다. 그는 흔히 고타마 붓다 혹은 석가모니(Śākyamuni), 즉 '샤키아족의 성자'라고 불린다. 그는 29세 때 당시 출가 사문들처럼 집을 떠나 걸식 유행(遊行)하면서 종교적 수행을 했다. 주로 마가다국에서 6년 동안 수행하면서 당시 여러 다른 수행자들을 만나 선정(禪定)과 고행에 힘썼지만, 만족을 얻지 못했다. 어느 날 그는 가야(Gayā)라는 곳에 있는 보리수 밑에서 명상하다가 진리를 깨달아 붓다(Buddha), 즉 '깨달은 자'(覺者)라는 칭호를 얻게 되었다. 그의 나이 35세 때의 일이었다.

성도(成道) 후 그는 전에 고행을 함께했던 다섯 비구들에게 설법하기 위해 바라나시(Vārānasī)에 있는 녹야원(지금의 Sārnāth)에서 최초의 설법을 했다. 그는 비구들에게 애욕과 극단적 고행 양극을 피해야 한다는 중도(中道)를 설했고, 깨달은 바를 사성제와 팔정도의 설법으로 제시했다. 『초전법륜경』(初轉法輪經)이 전하는 그의 유명한 첫 설법이다.

붓다는 그 후 45년에 걸쳐 교화 활동을 벌이면서 많은 귀의자를 얻었다. 그는 생의 대부분을 마가다국과 코살라국에서 보냈으며, 슈라바스티(Śrāvasti), 라자그르하(Rājagrha), 바이샬리(Vaiśālī) 등 여러 도시들을 활동무대로 삼았다. 그는 쿠시나라(Kusinārā)라는 곳에서 80세를 일기로 생을 마쳤다. 그의 생의 마지막 부분을 자세히 전해 주고 있는 『대반열반경』(*Mahāparinibbāna-sūtta*)에 의하면, 그는 자신의 사후 교단은 그가 가르친 법(dharma)에 따라서 각자가 자기 스스로를 의지하여 수행할 것을 권면했다. 그는 최후의 설법으로 "모든 유위법(有爲法)은 멸하게 되어 있으므로 부지런히 목적을 달성하라"는 말을 남겼다.

이제 붓다가 성도 후 녹야원에서 설했다고 하는 첫 설법, 곧 사성제(四聖諦)라 불리는 네 가지 거룩한 진리를 중심으로 붓다의 가르침을 살펴보자. 우선 여기서 '거룩한(arya) 진리'라는 말은 붓다처럼 속세의 번뇌를 완전히 끊어 버린 성자(聖者), 즉 아라한(阿羅漢, arhat)이 되기 위한 가르침이라는 뜻이다.

첫 번째 거룩한 진리는 인생의 고(苦, duhkha)에 대한 진리이다. 생 · 노 · 병 · 사가 모두 괴로움이며, 싫어하는 자와 만나고 좋아하는 자와 헤어지는 것도 고, 원하는 것을 가지지 못함도 고라고 붓다는 설한다. 더 나아가서 붓다는 인간 존재를 구성하고 있는 색(色, rūpa) · 수(受, vedana) · 상(想, samjnā) · 행(行, samskāra) · 식(vijnana)이라는 오온(五蘊), 즉 인간 존재를 구성하는 여러 법(法, 현상, 요소)들의 다섯 가지 다발 혹은 묶음(skandha) 자체가 고라고 설한다. 붓다에 따르면, 인간이란 색이라는 물질적 요소,

수라는 여섯 가지 감각기관(眼, 耳, 鼻, 舌, 身, 意)이 대상들과 접촉하는 데서 생기는 감정들, 같은 방법으로 생기는 지각, 상, 행이라는 업을 일으키는 여러 의지적 요소들 그리고 감각기관들이 대상들을 상대할 때 생기는 다양한 인식 작용인 식이라는 다섯 가지 요소들이 임시적으로 한데 묶여진 것에 지나지 않는다. 이 오온 자체가 모두 고인 것은 그들이 잠시도 그대로 머물러 있지 않고 항시 변하는 무상(anitya)한 것이기 때문이다.

붓다는 더 나아가서, 이러한 무상한 오온의 배후에는 그것들이 속하는 항구불변의 자아(self, ātman) 같은 실체로서의 주체가 없다는, 다시 말해서 그것들을 소유하는 주체가 없다는 무아설(anātman)을 제시했다. 즉, 그것들 가운데 어느 것도 항구적이고 안정적인 '나'라고 할 만한 것이 하나도 없기 때문에 '자아'라는 실체는 존재하지 않는다고 설했다. 단적으로 말해서, 인간이란 잠시도 자기 동일성을 가지고 머물지 않고 수시로 변하는 현상들의 묶음 내지 흐름(flow, saṃtāna)에 지나지 않는다는 것이다.

학자들 가운데는 붓다가 무아설을 주장한 것이 아니라, 인간을 구성하는 요소들 가운데 어떤 것도 우리의 참나 혹은 참자아(ātman)가 아니라는 비아설(非我說)을 설했다고 해석하는 사람도 있다. 문제의 핵심은 과연 붓다가 당시 우파니샤드의 핵심 사상인 인간의 참자아 개념을 알고 있었으며 그것의 존재를 단적으로 부정했는지, 아니면 단지 인간 존재를 구성하는 오온 가운데 어떤 것도 불변하는 우리의 참자아라고 볼만한 것이 없기 때문에 그렇게 생각하지 말라는 비아설을 말씀하신 것인지에 있다. 불교의 정통 사상은 대체로 붓다가 무아설을 주장했다고 해석하지만, 대승불교의 불성 사상을 감안할 때 비아설이 맞다는 견해도 있다.

문제의 핵심은 인간이 번뇌에 물든 현상적 자아를 극복하고 싶은 마음과 의지가 어디서 오는지, 도대체 인간에게 본래부터 청정한 부처의 마음이 없다면(本來淸淨心) 생사윤회를 벗어날 생각과 의지가 왜 생기는지 하는 물음이다. 여하튼 유명한 『법구경』(*Dhammapada*)에 나오는 붓다의 설법은 간략하게 말한다. 제행무상(諸行無常), 제법무아(諸法無我), 일체개고(一切皆苦), 열반적정(涅槃寂靜)이라는 네 구절로 자신의 가르침의 요체를 설하고 있다.[9]

붓다의 두 번째 거룩한 진리는 고에는 고가 일어나게 하는 서로 연관된 조건들이 있다는 집제(集諦, samudaya)이다. 다시 태어남을 초래하는 애욕(愛欲, trsna)이라는 선행 조건이 있기 때문에 고가 생긴다는 것이다. 이것은 붓다가 발견한 매우 중요한 사상으로서, 몇 가지 기본 관념을 내포하고 있다. 첫째, 고로서의 인간 존재에는 원인이 있다는 생각이다. 고란 아무 원인도 없는 우연적인, 따라서 운명적인 것이 아니라는 통찰이다. 붓다는 무인주의자(無因主義者, ahetuvādin)가 아니었다. 둘째, 원인이 있는 것은 생성된 것이므로 유한한 것이고 제거될 수 있다는 통찰이다. 원인 내지 조건이 제거되면 결과도 제거되기 때문이다. 따라서 생사윤회 속에서 인간이 경험하는 고통은 우리가 어찌할 수 없는 영원한 숙명(niyati)이 아니다. 붓다는 숙명론을 거부했다.

이와 같이 우연론이나 숙명론을 거부하는 붓다의 사상은 그의 연기(pratītyasamutpāda)설에 잘 나타나 있다. 연기설의 일반적 구조는 'A가 있으면 B도 있고 A가 생기면 B도 생기며, A가 없으면 B도 없고 A가 멸하

---

9 諸行無常(sabbe sankhara anica, 모든 有爲法은 무상하고), 諸法無我(sabbe dhamma anatta, 모든 법은 자아가 없다/아니다).

면 B도 멸한다'는 것이다. 붓다는 이 진리를 괴로움을 겪는 원인을 구명하는 데 적용했다. 이것이 그가 천명한 십이지연기설로서 12가지 법/현상이 생기고 멸하는 연기 과정을 설명하고 있다. 십이지연기설은 가장 널리 알려진 붓다의 설법으로 간주되지만, 사실 경전들에는 구지(九支)나 칠지(七支)로 된 연기설도 있다는 사실을 볼 때 십이지연기설 그대로를 반드시 붓다 자신이 설한 것으로 볼 필요는 없다. 사성제에서는 붓다는 괴로움의 원인을 단순히 애욕(갈증)으로 말하고 있지만, 경전의 다른 곳들에서는 다음과 같은 12개 요소들을 가지고 생사에 유전하는 흐름으로서의 인간 존재를 더 자세히 설명하고 있다.

무명(無名, avidyā)→ 행(行, samskāra)→ 식(識, vijnāna)→ 명색(名色, nāmarūpa)→ 육입(六入, sadāyatana)→ 촉(觸, sparśa)→ 수(受, vedanā)→ 애(愛, trsna)→ 취(取, upādāna)→ 유(有, bhava)→ 생(生, jāti)→ 노사(老死, jarā-marana)

소승불교의 교학에서는 전통적으로 십이지연기설은 삼세(三世: 과거, 현재, 미래)에 걸친 인간 존재의 유전을 설명하는 것으로 해석되어 왔다. 즉, 무명과 행은 현세에 태어나기 전의 과거세, 식으로부터 유까지는 현세, 생과 노사는 내세를 가리킨다고 이해하며, 과거세의 1지와 2지가 인(因, hetu)이 되어 현세의 3 · 4 · 5지를 과(果, phala)로, 6 · 7 · 8 · 9 · 10지가 현세의 인이 되어 11지와 12지라는 미래세의 과보로 다시 태어나는 이른바 '삼세양중의 인과'(三世兩重因果)로 이해한다.

붓다의 연기적 사고에 따르면, 제법은 우연적으로 무질서하게 생기하는 것이 아니고 우리가 파악할 수 있는 어떤 일정한 규칙성 내지 법칙성을 가지고 상호 관련 속에서 생멸한다. 또 제법은 이렇게 상의상자(相依上資)하고 있기 때문에 어떤 것도 독자성을 지니지 못하고 모든 법이 상대적이고 조건적이며 일시적이다. 이렇게 제법이 서로 꼬리를 물고 생성 · 소멸을 거듭하는 순환적 고리로 얽힌 과정이기 때문에, 어느 법도 우주와 만물의 궁극적인 제일원인(prima causa)이 될 수 없다는 점에서 붓다의 교설이 무신론적이라고 할 수 있고, 더 나아가서 반형이상학적이라고도 볼 수 있다. 붓다의 연기설은 우파니샤드의 철학처럼 아트만이나 브라만 같은 인간과 우주 만물의 궁극이고 항구적인 실재, 다양한 현상들의 배후에 있는 단 하나의 존재론적 원리를 상정하거나 인정하지 않기 때문이다. 세계와 인생은 오직 무상한 제법의 상호 작용에 의해서 생멸을 거듭하는 과정일 뿐이라고 보았기 때문이며, 거기에 어떤 목적이나 의미 같은 것은 없다. 의미나 목적이 있다면 그것은 이 전 과정을 멈추게 해서 거기로부터 해방되는 해탈뿐이다.

이 해탈은 십이지연기 과정의 어느 고리 하나만을 제거해도 가능하다. 왜냐하면 그 하나의 고리가 그 이전과 이후의 여러 고리들과 연계되어 있어서, 그것을 자르면 나머지 모두가 잘릴 수밖에 없기 때문이다. 다만 붓다와 불교 전통은 대체로 애욕을 억누르고 자르기보다는 사성제나 연기설을 바로 이해하는 지혜를 강조하기 때문에 12가지 고리 가운데서 무명, 즉 무지(avidyā)의 제거를 가장 중시했다.

십이지연기설에서 또 한 가지 유의해야 할 점은 이러한 되풀이되는 생사의 과정을 통하여 어떤 불변의 자아 내지 주체가 있어서 그 과정을 통과하고 있는 것이 아니라는 점이다. 다시 말해서, 불교의 윤회는 무아설에 근거하기 때문에 윤회는 있지만 윤회하는 항구적 주체는 존재하지 않는다고 본다. 단지 조건적으로 생멸하는 제법이 우리가 무지를 제거하지 못하는 한 우리를 번뇌에 사로잡히게 만들고, 번뇌를 벗어나지 못하고 업을 지으면 업보를 받게 될 뿐이다. 따라서 이 전 과정에 항구불변의 주체, 즉 누가 업을 짓고 누가 그 과보를 받는가 하는 문제가 제기되지 않은 것은 아니지만, 정확히 말하면 반드시 업을 짓는 주체나 업보를 받는 항구불변의 자아가 있어야 윤회가 계속되는 것은 아니다.

이런 점에서 붓다는 항구적 자아를 인정하는 상주론(śāśvatavāda)을 거부했지만, 또한 윤회와 업보를 거부하고 인생은 개체가 죽으면 전부 소멸할 뿐이라는 단멸론(uccheda-vāda)도 거부했다. 이러한 붓다의 가르침을 중도(中道, middle path)라고 부르지만, 고락의 극단을 피해야 한다는 도덕적 중도와 구별하여 유무의 중도라고 한다. 여하튼 붓다는 연기의 진리를 매우 중시했기 때문에 "연기를 본 자는 법을 보고, 법을 본 자는 연기를 본다"라고까지 말했다.

항구적 행위의 주체인 자아가 없다고 해서 내가 지은 업이 그냥 사라지는 것은 아니다. 십이지연기설에 따르면 전생과 후생을 연결하는 것은 지은 업의 힘 내지 습기(samskāra)이다. 업의 힘이 다음 생의 식(識, vijnāna) 혹은 심(心, citta)을 형성하면서 전생과 후생을 연결하여 한 개인의 연속성을 보장한다. 이러한 사상이 결국 대승불교의 유식(唯識) 상에 이르러서는 아뢰야식(阿賴耶識, ālayavijnāna)이라는 심층의식을 윤회의 주체로 간주하는 아뢰야식연기설을 주장한다. 하지만 이 식이라는 것도 어디까지나 조건적으로 생멸하는 것이고 항시 변하는 흐름(samtāna)의 일환이기 때문에 어떤 영구불변의 영혼이나 자아는 아니다. 흐름이라 하여 식의 자기 동일성이 완전히 상실되는 것이 아니고 변화 가운데서도 어는 정도 과거와 연속성과 동일성을 유지한다는 것이다. 현세에서나 혹은 현세에서 내세로 넘어갈 때 이는 마찬가지이다.

사성제의 세 번째 진리는 고의 종식(nirodha)이 존재하여 가능하다는 진리이다. 즉, 열반(nirvāna)이 가능하다는 것이다. 후세에 만들어진 구별에 의하면, 열반에는 과거에 진 업의 결과인 현재의 오온을 그대로 지닌 채 아라한이 경험하는 유여열반(有餘涅槃, sopadhiśesa-nirvāna)과 오온이 해체된 후 사후에 주어지는 무여열반(無餘涅槃)이 있다. 유여열반은 생해탈(jīvanmukti)에 해당하는 것으로 번뇌를 완전히 제거한 붓다 혹은 아라한들이 현세에서 체험하는 완전한 행복과 평화를 뜻한다. 문제는 붓다나 아라한의 사후 세계이다. 인간에게 영원불멸의 자아가 없다면 아라한은 사후에 어떤 형태로 존속할까, 아니 존속하기나 하는가 하는 문제가 이미 붓다 당시에도 제기되었다. 도대체 누가 열반에 들어가는가 하는 문제가 제기된 것이다.

이 문제에 대해서 많은 의혹과 논란이 있었다는 사실을 우리는 경전을 통해 알 수 있다. 그리고 이 문제는 붓다가 명확하게 대답하기를 거부한 소위 14무기(無記, avyākta) 가운데 하나였다.[10] 여래의 사후에 관한 문제, 즉 여래가 사후에 열반에 존재하는가 안 하는가 하는 질문에 대해 핵심 문제는 붓다가 어떤 이유로 답을 거부했는가에 대한 해석이다. 경전을 통해 보면, 붓다 자신은 이 질문에 대해 여러 가지 반응을 보이고

---

10 14無記(avyakta). 세계는 영원한가(常) 무상(無常)한가, 常이기도 하고 無常이기도 한가, 常도 無常도 아닌가, 세계는 한계(邊)가 있는가 없는가, 있기도 하도 없기도 한가, 있는 것도 아니고 없는 것도 아닌가, 여래는 사후에 존재하는가 존재하지 않는가, 존재하기도 하고 존재하지 않기도 하는가, 존재하지도 않고 존재하지 않는 것도 아닌가, 개인아(jīva)는 육체와 같은가, 같지 않은가라는 문제들이다.

있다. 한곳에서 붓다는 그런 문제는 사변적인 문제로서 실제상 고(苦)의 문제를 해결하는 데 아무 도움이 못 된다는 이유로 거부하기도 하고, 어떤 곳에서는 여래가 사후 열반에 존재하지 않는다고 대답하면 수행자들이 단견(斷見)에 빠져 낙심하고 수행을 포기할 염려가 있고, 존재한다고 하면 영원한 자아가 있다고 집착하는 상견(常見)에 빠지기 때문에 대답을 거부한다는 식으로 답하기도 했다. 아마도 문제에 대한 올바른 해석은 열반이라는 해탈한 자의 세계가 우리가 일상적으로 사용하는 '있다'·'없다'는 사고나 개념으로 이해할 수 없는 초월적 경지이기 때문에 답하는 것이 부적절하다고 여겨서 답을 거부했으리라는 해석이다. 다시 말해, 열반의 세계는 누군가 '존재한다' 혹은 '존재하지 않는다'는 식으로 답할 수 있는 성격의 경지가 아니라고 붓다는 생각했기 때문에 답을 거부했다는 해석이다.

네 번째 거룩한 진리로, 붓다는 열반에 이르는 길을 가르쳤다. 즉, 정견(正見)·정사(正思)·정언(正言)·정업(正業)·정명(定命)·정정진(正精進)·정념(正念)·정정(正定)의 '여덟 가지 바른길(八正道)'이다. 이 여덟 가지 수행을 셋으로 분류하면 결국 계(戒, śīla: 정언·정업·정명), 정(定, samādhi: 정념·정정·정정진), 혜(慧, prajnā: 정견·정사) 삼학(三學)으로 나뉜다. 불교는 궁극적으로 이 삼학을 닦아 나가는 수행의 종교이며, 부처의 가르침은 대부분 팔정도의 내용을 여러 가지로 가르친 것이다. 삼학 중에서도 가장 중요한 것은 고와 무상과 무아를 깨닫는 혜학(慧學), 즉 지혜를 닦는 일이다. 왜냐하면 무엇보다도 지혜로써 무명/무지가 제거되어야만 인간 존재에 근본적인 변화가 일어나고 생사의 악순환이 그친다고 붓다는 보았기 때문이다.

제5장

소승 부파 불교 철학의 발전

1. 부파 불교의 전개

붓다의 마지막 날들을 상세히 전하고 있는 소승 경전『대반열반경』에 의하면 붓다는 그의 입적을 앞두고 제자 아난다(Ānanda, 阿難陀)에게 다음과 같이 말했다.

> 아난다여, 그대들 가운데 어떤 사람은 "스승의 가르침이 끝났다. 우리에게는 더 이상 스승이 안 계신다"고 생각할지 모른다. 그러나 아난다여, 그대들은 그렇게 생각해서는 안 된다. 내가 그대들에게 가르쳐 주고 제정한 법(法, 가르침)과 율(律, 戒律)을 나의 사후 그대들의 스승으로 삼아라.[1]

문제는 붓다의 입적 후 그의 법과 율에 대하여 그의 제자/추종자들 가운데서 서로 다른 해석이 생겨나게 되었다는 사실이다. 붓다 생존 시에는 그의 가르침에 대하여 의구심이나 논란이 있어도 그의 개인적인 높은 인격과 카리스마에 의해 교단은 통일과 화합을 유지할 수 있었다.

---

1 T. W. Rhys Davids trans., *Buddhist Suttas*, SBE, Vol. XI(Oxford, 1881), 112.

하지만 그가 입적한 후 불교 교단은 그에 비견할 만한 정신적 지도자가 없었고 교단의 조직 또한 통일을 유지할 만한 어떤 강력한 교권도 없었다. 따라서 불교가 지리적·양적으로 성장함에 따라 붓다의 가르침에 대해 상이한 해석과 전승을 전수하게 되었고, 자연히 교단의 분열도 불가피하게 되었다. 교단 지도자들은 이 문제를 해결하려고 수차의 결집(結集) 회의를 개최했으나 결국 교단은 분열되고 말았다.

공식적인 최초의 분열은 붓다의 가르침을 충실히 지킨다고 표방하는 보수파 장로들을 중심으로 한 상좌부(上座部, Sthaviravāda)와 교리와 승단의 규율에서 신축성을 허용하는 진보적인 대중부(大衆部, Mahāsāmghika)의 분열이었다. 이 분열의 시기는 스리랑카의 남방 불교 전통에 따르면 불멸 후 약 100년 후에 소위 십사(十事, 열 가지 실천적 문제들)를 둘러싼 계율 해석의 이견을 해소하기 위해 바이샬리에서 개최된 제2차 결집 회의 때였다고 하며,[2] 북방 불교의 전통에서는 아쇼카 왕의 치세 때 마하데바(Mahādeva)라는 사람이 소위 오사(五事, 다섯 가지 주장), 즉 아라한의 권위를 격하하는 다섯 가지 주장 때문에 분열되었다고 한다.[3] 여하튼 불멸 후 100년부터 아쇼카 왕의 시기까지 약 200여 년 사이에 불교 교단 내에 분열과 대립이 있었던 것은 분명하며, 왕은 이것을 못마땅히 여겨 칙령을 내려 교단의 화합을 촉구하기까지에 이르렀다.

---

2 그러나 실제로 이 결집을 전하고 있는 율장에는 이러한 분열에 대한 언급은 없고, 다만 스리랑카의 왕통사 격인 『도통사』(*Dīpavamsa*)와 『대사』(大史, *Mahāvamsa*)만이 결집의 결정에 불만을 품은 비구들이 대중부라는 이름 밑에 따로 결집을 개최했다고 전한다.

3 이 복잡하고 혼란스러운 문제에 관하여는 L. de La Vallee Poussin, “Councils and Synods (Buddhist),” *Encyclopedia of Religion and Ethics*, Vol. IV, 179-85 참조.

이러한 교단의 분열은 아마도 왕의 불교 지원에 힘입어 불교가 융성함에 따라 더욱더 세분화되었고 급기야 대중부와 상좌부의 근본 2부를 중심으로 해서 18개 혹은 20개의 부파가 파생하게 되었다.[4] 스리랑카의 『도통사』(島通史, *Dīpavamsa*)는 다음과 같은 18부의 분파를 언급하고 있다.

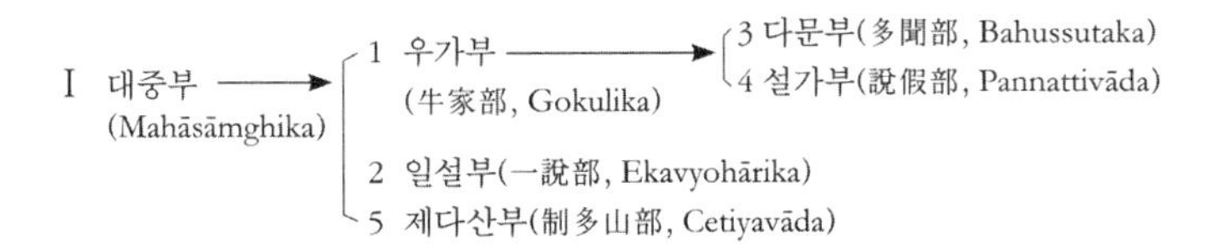

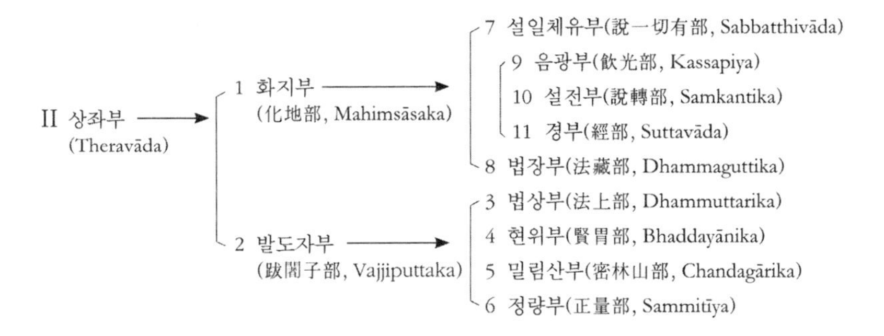

한편 설일체유부(說一切有部)의 전승을 전하고 있는 세우(世友, Vasumitra)의 『이부종륜론』(異部宗輪論)은 다음과 같은 20개 부파의 분열을 말하고 있다.

이 부파들은 대부분 자기들의 관점에서 전수한 경 · 율 · 논 삼장(三藏, Tripitaka)을 갖추고 있었다고 생각되지만, 현재 그 삼장이 비교적 온전하게 남아 있는 것은 팔리어로 된 스리랑카 상좌부 계통의 삼장과 산스크리트어에서 한역되어 있는 설일체유부 계통의 삼장뿐이다.

---

4 부파 불교의 파생에 관해서 E. J. Thomas, *The History of Buddhist Thought*(London, 1933), 27-41과 부록 II 참조.

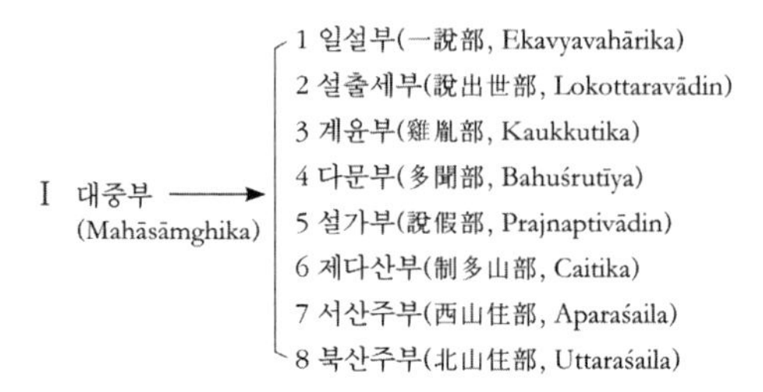

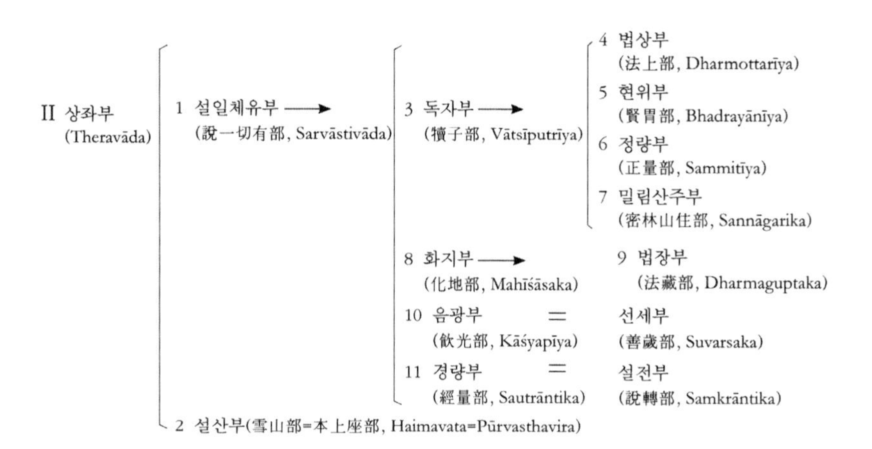

경(經, sūtra)은 붓다의 설법을 모은 것이고 율(律, vinaya)은 붓다가 제정한 승가 생활의 규범/규칙들을 모은 것으로서, 일찍부터 경과 율은 구전으로 편찬되기 시작했다. 그러나 논(論, abhidharma)은 이보다 훨씬 후에 와서 만들어진 문헌이다. 논의 원초적 형태도 일찍부터 경에서 찾아볼 수는 있다. 원래 붓다의 가르침은 기억하기 편리하게 삼계(三界), 사념처(四念處), 오온(五蘊), 칠각지(七覺支), 팔정도(八正道) 등 법수(法數)에 따라 정돈된 형태로 전해졌다. 이런 법수들이 논의 모태와 같은 역할을 했을 것으로 추측되기 때문에 논모(論母, mātrkā)라고 불렸고, 그것만을 전담하

여 전수하던 사람이 있었다.[5]

이러한 경향은 각 부파 간의 대립이 심해짐에 따라 더욱더 두드러져서 각 부파는 자기들의 철학적 입장에 따라 독자적인 논장(論藏)을 형성하게 되었다. 그리하여 스리랑카 상좌부는 『법집』(法集, *Dhammasangani*), 『분별』(分別, *Vibhanga*), 『계론』(界論, *Dhātukatha*), 『인시설』(人施設, *Puggalapannatti*), 『논사』(論事, *Kathāvattu*), 『쌍』(雙, *Yamaka*), 『발취』(發趣, *Pattāna*)의 칠론을 논장으로 갖추게 되었다.

스리랑카 전통에 따르면 아쇼카 왕은 어느 날 친히 자신의 별장에서 목갈리풋타 팃사(Moggaliputta Tissa)라는 고승의 주재 아래 당시 승려들을 모두 모은 후 각자에게 붓다의 참 교설을 무엇이라고 생각하는지 물었다고 한다. 이에 목갈리풋타는 붓다의 교설을 분별설(分別說, vibhajja-vāda)이라고 규정하고, 승단 내의 이단들을 제거하고 제3의 결집회의를 연 다음 『논사』를 합송했다고 한다.[6]

이제 이 상좌부의 철학을 먼저 고찰하여 보자.

---

5 *Anguttara Nikāya*, I. 117에 'dhamma-dharā', 'vinaya-dharā', 'mātika-dharā'라는 표현이 발견되는데, 여기서 'mātika'는 abhidhamma(論)에 해당하는 것으로 간주된다. 또한 여기서 'dharā'는 담지자, 즉 경 · 율 · 논을 나누어 전담해서 전수하던 사람들을 가리키는 말이다.

6 이 파탈리풋타(Pātaliputta)에서 개최되었다는 제3차 결집 회의에 관한 전통은 오직 스리랑카의 역사서들에만 언급되어 있어 그 역사성에 대해 많은 의문점을 지니고 있다. E. J. Thomas, *The History of Buddhist Thought*, 33-37 참조.

2. 상좌부의 철학

상좌부(Theravāda)는 스스로의 철학적 입장을 '분별설'이라고 부른다. 여기서 '분별'이란 말이 뜻하는 것은 붓다가 사물을 분석적으로 관찰한다는 뜻이다. 우리는 이미 붓다가 인간 존재를 오온의 제법이 결합된 것이라고 분석적으로 보았음을 고찰했다. 상좌부는 붓다의 이러한 분석 정신을 충실하게 따른다고 생각한다. 그리하여 상좌부는 현상 세계를 법(dhamma)이라고 불리는 수많은 존재 요소들로 구성된 것으로 본다. 이 요소들은 서로 기능적으로 의지하여 생기했다가 작용이 다하면 소멸한다. 따라서 현재 작용하고 있는 법만 존재하며 과거의 법이라 해도 아직 그 작용이 나타나지 않은 것은 그대로 지속한다고 본다. 예를 들면 과거에 지은 업이지만 아직 그 결과인 업보가 나타나지 않은 법과 같은 것이다.

상좌부는 수많은 법 가운데서 인간 존재를 설명하기에 필요한 법을 중심으로 하여 다음과 같은 세 종류로 유위법(有爲法, sankhata-dhamma), 즉 조건에 따라 발생하는 법들을 구분한다. 첫째는 우리의 육체적인 면을 구성하는 색법(rūpa) 28법이다. 둘째는 우리의 정신적 현상들로서 의식의 대상이 되는 심소법(cetasika) 52법이며, 셋째는 아무런 내용이 없는 순수한 식의 작용 그 자체 혹은 심(citta)을 하나의 법으로 간주한다. 이 식은 실제로는 언제나 다른 법들과 함께 공존한다. 식은 감각기관들에 의존하며 순간마다 이어지는 의식의 흐름 같은 것이다. 오온 가운데 식(識, vijnāna)에 해당하고, 색법들은 색(色)에 포섭되며, 수(受, vedanā) · 상(想, samjnā) · 행(行, samskāra)은 심소법(心所法, cetasika)에 포섭된다.

이들 유위법 가운데 종교적으로 가장 중요한 것은 수행에 결정적 역할을 하는 52개의 심소법이다. 왜냐하면 이들은 우리의 행위, 즉 업(karma)과 해탈 과정에 직접적인 영향을 주기 때문이다. 따라서 상좌부는 이 52개 심소법(心所法: 심의 대상이 되는 법)을 해탈에 도움을 주는 25개 선법(善法, kusala-dhamma), 해탈에 방해가 되는 14개 불선법(不善法), 13개 중성적 성격의 법 등 세 종류로 분류한다. 상좌부는 이상과 같은 81개 유위법 외에 열반(nibbāna)이라는 무위법(無爲法, asankhata-dhamma)을 인정하기 때문에 도합 82개 법[7]으로써 인간 존재와 인간의 경험 세계를 분석적으로 파악한다.

3. 설일체유부의 철학

상좌부는 붓다의 가르침의 전통을 가장 충실히 전수한다고 자부했지만, 일찍부터 인도 본토에서는 맥이 끊어져 버렸고 단지 스리랑카에서만 그 전통을 유지할 수 있었다. 인도 본토에서 소승불교를 대표하다시피하고 사상적으로 큰 영향력을 발휘한 부파는 오히려 설일체유부(Sarvāstivāda)였다. 설일체유부가 상좌부로부터 언제 파생되어 나갔는지는 분명치 않으나 『논사』가 작성될 무렵, 즉 아쇼카 왕 때에는 이미 하나의 독립된 분파로서 존재한 것으로 간주된다. 모든 법이 실체로 존재

7 이 법들의 이름과 분류에 관해서는 E. Conze, *Buddhist Thought in India*(London, 1962)의 제2부 제4장 제1절 참조. 콘즈는 여기서 설일체유부와 대승불교 유가행파의 법 분류도 함께 다루고 있다.

한다는 뜻의 이름을 가진 설일체유부(간단히 '유부'라고 부른다)는 특별히 인도 서북부의 간다라(Gandhāra)나 카슈미르(Kaśmīra) 지방에 많은 추종자를 가지고 성행했으며, 1~2세기경에는 인도 서북부와 중앙아시아에 걸쳐 일대 제국을 건설한 쿠샤나(Kusāna) 왕조의 카니슈카(Kanishka) 왕의 지원을 받아 크게 세력을 떨쳤다.

설일체유부 역시 상좌부의 칠론에 비견되는 일곱 개의 논서로 된 논장을 산출했다. 이 논서들은 현재 한역으로만 전해지고 있고, 그 가운데 가장 내용적으로 포괄적이고 중요한 것은 『발지론』(發智論, *Jnānaprasthana-śāstra*)이다.[8] 이 논은 기원전 1세기경 인물로 추정되는 카티아야니푸트라(Kātyāyanīputra)가 지은 저서로 잡(雜), 결(結), 지(智), 업(業), 대종(大種), 근(根), 정(定), 견(見) 8항목으로 불교의 교리를 체계적으로 다루고 있다.

『발지론』에는 2세기 초반에 『대비바사론』(大毘婆沙論, *Mahāvibhāsa-śāstra*)이라는 200권(fascicle)으로 된 방대한 주석서가 만들어지게 되었다. 이 주석서는 카니슈카 왕이 협존자(脇尊者)라는 사람에게 명해서 카슈미르 지방에서 소위 제4의 결집 회의를 열어서 편찬한 것이라고 한다. 이 논은 단지 『발지론』의 주석일 뿐 아니라 당시의 불교 사상 및 수론(數論)이나 승론(勝論, Vaiśesika) 같은 외도들의 철학 사상까지 포함해서 다루면서 유부의 정통성을 확립하려고 한 하나의 백과사전적 저작이었다. 『대비바사론』은 그 후로 인도에서 소승불교를 대표하는 저서로 알려지게 되었으며, 유부의 학자들은 '비바사사'(毘婆沙師, Vaibhāsika)라 불렸다. 그러나

8 나머지 6개의 논은 『발지론』에서 취급한 문제들을 부분적으로 다루는 논서들로서 '六足論', 즉 '6개의 발이 되는 논들'이라 불린다. 6론은 『集異門足論』, 『法蘊足論』, 『施設論』, 『識身足論』, 『界身足論』, 『品類足論』이다.

'비바사'라는 말('廣說'이라는 뜻)이 나타내듯 이 논은 너무 방대하기 때문에 나중에는 요점만을 추린 강요서들이 유행하게 되었다. 3세기 초에 씌어진 법승(法勝)의 『아비담심론』(阿毘曇心論) 같은 책들이다.

이러한 강요서들 가운데서도 가장 유명한 것은 세친(世親, Vasubandhu)의 『아비달마구사론』(阿毗達磨俱舍論, *Abhidharmakośa-śāstra*)이다. 이 책은 문자 그대로 소승불교의 철학을 대표하는 명저로서 인도뿐만 아니라 중국 · 한국 · 일본 등지에서도 소승불교의 입문서와 같이 연구되어왔다. 세친은 대체로 4~5세기경의 인물로 간주된다. 그는 간다라 지방에서 태어나서 카슈미르 지방에 가서 『대비바사론』을 연구한 뒤 그 요점을 뽑아 600송(頌)을 지은 후 거기에다 자신의 주석을 가해서 『구사론』을 저술했다고 한다. 그러나 그는 대체로 유부의 철학을 따르면서도 비판적인 안목을 잃지 않아 때로는 경량부(經量部) 등 타 철학의 관점에서 문제를 고찰하기도 했다. 나중에 그는 대승불교로 전향하여 많은 대승 논서를 남겼다. 이제 『구사론』의 내용을 간략하게 살펴봄으로써 유부 철학을 고찰하기로 한다.

『구사론』은 계(界), 근(根), 세간(世間), 업(業), 수면(睡眠), 현성(賢聖), 지(智), 정(定), 파아(破我)의 9품(品)으로 구성되어 있다. 이 중에서 철학적으로 가장 중요한 것은 제법의 본체와 작용을 밝히는 「계품」과 「근품」이며, 「파아품」에서는 외도 철학까지 포함하여 아견(我見)을 파하고 있다. 이 3품을 중심으로 해서 『구사론』의 철학적 입장을 규정할 것 같으면, 인공법유(人空法有)의 철학이라고 할 수 있다. 인공(pudgala-nairātmya)이란 인간은 영원불변의 자아가 없고 단지 물질적 · 심적 요소들의 혼합체에 불과한 현상적 존재라는 것이다. 이것은 인간을 색 · 수 · 상 · 행 · 식이라는 오온의 화합으로 보는 붓다의 인간관에 그대로 기초한 것이다. 다만 『구사론』에서는 오온 대신 유위법(有爲法) 72법을 들어 인간뿐만 아니라 존재하는 모든 것들을 파악하고자 한다. 우리는 이미 상좌부에서 82개의 법으로 인간 존재를 설명하는 것을 보았지만, 『구사론』의 75법도 이와 유를 같이하는 사고방식에 기초하고 있다.

하지만 유부 철학자들은 법을 존재의 기본적 요소로 보는 관점이 점점 철저해짐에 따라 법을 실체화하게 되었다. 따라서 그들의 입장을 '인공법유'라고 규정한다. 즉, 사람은 공이지만 사람을 구성하고 있는 요소(法)들은 항구적이고 불변하는 본질적 속성을 가지고 존속한다는 것이다. 유부는 이 점을 '삼세실유 법체항유'(三世實有 法體恒有)라고 표현하며, 유부 철학의 근본으로 삼는다. 즉, 법의 나타남과 작용은 순간적이지만 법이 지니고 있는 자성(svabhāva), 즉 본질적 성격 자체는 과거 · 현재 · 미래의 시간에 관계없이 실체(dravya)로 존재한다는 것이다.

유부가 법에 대해 이러한 실체론적 견해를 취하게 된 주요 이유는 무엇보다도 우리가 행한 행위(업)의 효력과 작용을 설명하기 위한 것이었다. 만약에 과거에 지은 업이 어떤 지속적 힘으로 남아 있지 않고 다만 순간적인 것뿐이라면, 현재나 미래에 그 결과가 나타날 근거가 없어지며 이것은 업의 법칙을 부정하는 것과 마찬가지라고 생각했기 때문이다. 따라서 유부는 지속적인 업력(業力)의 소재로서 삼세를 통한 법의 본질적 성품이 실유로 존속한다고 상정한 것이다.

유부는 또 우리가 신체나 언어로 지은 업의 작용을 설명하기 위해서 무표업(無表業) 혹은 무표색(無表色, avijnapti-rūpa)이라는 독특한 개념을 상정했다. 무표색이란 11개의 색법 가운데 하나로서, 외부에 나타나는 우리의 신체나 언어의 행위가 그친 후에도 계속적으로 남아 있으면서 그 행위의 결과를 초래하도록 하는 어떤 보이지 않는 미세한 물질을 가리킨다. 행위의 인과 과를 이어주는 일종의 색법으로 간주한 것이다.

『구사론』의 75법은 조건에 따라 생성 · 소멸하는 72개의 유위법과 그렇지 않는 3개의 무위법(asamskrta-dharma)으로 구분되기도 하고, 오위(五位)로 분류하기도 한다. 즉, 색법 11개, 심법 1개, 심소법 46개, 심불상응행법(citta-viprayukta-samskāra) 14개 그리고 무위법 3개의 다섯 종류이다. 이는 무위법 3개를 제외하고 모든 유위법을 오온에 준하여 분류한 것으로 볼 수 있다. 이 다섯 가지 법 가운데서 유부의 철학적 사고방식을 특징적으로 잘 나타내 주는 것은 네 번째 범주, 즉 14개의 심불상응행법이라는 것이다. '심불상응행'(心不相應行)이란 말은 심 혹은 의식의 흐름에 영향을 주면서도 심소법처럼 의식의 대상이 되지는 않는 법들을 의미한다. 심(citta)에 상응하지 않는 행법(samskāra-dharma), 즉 유위법이란 뜻으로서 우리의 행위에 영향을 미치지만 의식에는 잡히지 않는 의지적 요소나 성향에 의해 발생하는 유위법을 가리킨다.

이러한 심불상응행법으로서 유부는 다음과 같은 법을 든다.

- 득(得, prāpti)과 무득(無得, aprāpti). 다시 말해서 한 개인으로 하여금 업에 따라 어떤 법을 얻거나 잃게 만드는 보이지 않는 힘들을 가리킨다.
- 동분(同分, sabhāgatā). 유정(有情)들로 하여금 자기들이 속하는 유의 공통적 특성을 유지하게 하는 법.
- 명(命, jivita). 명근으로써 개인의 수명을 결정하는 생명력.
- 무상과(無想果, asamjnika-dharma) · 무상정(無想定, asamjni-samāpatti) · 멸진

정(滅盡定, nirodha-samāpatti). 모든 분별 작용이 사라진 정신상태를 이루게 하는 힘들.

• 상(相). 모든 유위법의 특징인 생(生) · 주(住) · 이(異) · 멸(滅)하게 만드는 힘들.
• 명신(名身) · 구신(句身) · 문신(文身). 소리와 단어와 문장에 그 의미를 부여해주는 힘들.

이상과 같은 14개의 심불상응행법들의 개념은 나중에 우리가 고찰하겠지만 승론 철학의 다원적 실재론의 사고방식과 매우 비슷한 것으로서 둘 다 언어나 개념이 있으면 거기에 해당하는 실재가 객관적으로 존재한다는 실재론적 사고를 반영하고 있다. 유부의 철학이 정립될 당시 승론 철학이 이미 형성되어 있었음을 짐작할 수 있다.

유부에서 말하는 3개의 무위법은 허공(ākāśa), 지혜에 의해 얻어지는 열반인 택멸무위(擇滅無爲, pratisamkhya-nirodha), 어떤 인연도 없기 때문에 아무 법도 생기지 않는 비택멸무위(非擇滅無爲, apratisamkhya-nirodha)로서, 이 셋은 생 · 주 · 이 · 멸의 사상(四相)을 여읜 절대적이고 영원한 법으로 간주된다.

지금까지 『구사론』의 「계품」 · 「근품」 · 「파아품」을 중심으로 유부의 철학을 살펴보았다. 『구사론』의 나머지 부분들 가운데서 「세간품」 · 「업품」 · 「수면품」은 생사의 과(果) · 인(因, hetu. 직접원인) · 연(緣, pratyaya. 간접원인 혹은 조건)을 설명하며, 「현성품」 · 「지품」 · 「정품」은 수행과 깨달음의 과 · 인 · 연을 설명한다. 『구사론』은 이렇게 매우 포괄적이며 짜임새 있는 논서로서 유부의 철학뿐만 아니라 불교 사상 일반에 좋은 지침서이기도 하다. 세친 이후 안혜(安慧, Sthiramati), 견혜(堅慧, Gunamati),

진나(陳那, Dignāga), 세우(世友, Vasumitra) 등 뛰어난 논사들이 출현하여 『구사론』에 주석서를 썼다.

4. 경량부와 독자부의 철학

유부의 철학은 제법의 실체(svabhāva)와 현상(laksana)을 구별하여 제법의 현상은 순간적으로 변하나 실체 본성은 영원한 것으로 간주하는 일종의 다원론적이고 실재론적인 사상이다. 이것은 제법의 무아와 무상을 강조하는 원시 불교의 현상주의적 철학과는 상당한 거리가 있다. 변하는 것 가운데서 여전히 변하지 않는 것을 찾는 인간의 갈망이 부분적으로나마 남아 있다고 말할 수 있기 때문이다.

이러한 유부의 실재론적 경향에 반발하여 그들이 의거하고 있던 논서들의 권위를 부정하고 순수하게 붓다가 설한 경(經)만을 따를 것을 주장하고 나온 부파가 경량부(Sautrāntika)였다. 경량부는 문자 그대로 붓다의 교설을 담고 있는 경(sūtra)을 진리를 아는 잣대 내지 올바른 방식(量, pramāna)으로 삼아야 한다는 입장을 고수하는 분파이다.

경량부는 2세기에 구마라타(鳩摩羅馱, Kumāralāta)에 의해 유부로부터 분리되어 나왔다. 그들의 저서들은 남아 있지 않지만 『구사론』이나 다른 문헌들을 통해서 그들의 입장을 간접적으로 엿볼 수 있다. 경량부는 법의 실체와 현상을 구별하는 유부의 입장을 받아들이지 않는다. 법이란 순간마다 변하는 현상일 뿐이고 오직 현재에만 순간적으로 존재할 뿐이다. 법은 순간적(ksanika) 존재들이기 때문에 생기자마자 없어진다.

따라서 경량부는 유부에서 주장하는 유위법의 네 가지 모습(四相), 즉 생 · 주 · 이 · 멸의 과정을 거치지 않기 때문에 생멸(生滅)만을 인정한다. 다시 말해서 법은 생기자마자 멸한다는 것이다. 경량부는 유부의 근본적 입장인 '삼세실유 법체항유'설을 정면으로 부정하고 '현재유체 과미유체'(現在有體 過未無體)를 주장한다. 그들은 법의 분류에서도 색법 가운데 사대(四大. 지 · 수 · 화 · 풍)와 심법(心法) 하나만 인정하고, 나머지 모든 법은 인정하지 않는다. 열반이란 일체의 번뇌가 사라지고 제법이 적멸한 상태로서 유부에서처럼 어떤 실체적인 것이 아니다. 열반뿐 아니라 일체의 법은 실체적 법(dravya-dharma)이 아니며 단지 이름에 지나지 않는 가명의 법(prajnapti- dharma)이다.

이렇게 볼 때 경량부는 유부의 실재론을 단호하게 거부하고 붓다의 본래적 무상(無常)의 가르침을 다시 확인하고 철저히 고수하고자 했다. 경량부는 존재를 순간적인 법들의 연속으로 보기 때문에 지각에 대한 회의를 불러일으켰다. 만약에 존재가 순간순간 변하는 것이라면 우리가 어떤 사물을 지각하는 순간 우리는 이미 지나간 것만을 의식 속에 간직하고 있기 때문이다. 따라서 우리의 지각이 외부 세계를 그대로 반영한다고 하는 소박한 실재론(naive realism)적 믿음은 깨어진다. 결국 우리의 모든 지각은 간접적인 것이 되고 만다. 우리가 지각하는 것은 대상 자체라기보다는 지나간 대상에 관한 인상들일 뿐이다. 그리고 우리는 이러한 인상들로부터 단지 추리에 의하여 대상의 세계를 알 수 있을 뿐이다. 이와 같은 외계의 인식 가능성에 대한 회의는 나중에 외계의 실재성까지 아예 부인하는 대승불교의 유식 사상으로 발전하게 된다.

무상의 세계관을 저버린 유부의 실재론적 철학에 반발했던 경량부도 무아설과 업보를 어떻게 조화시킬지 하는 문제에 와서는 자신의 입장을 끝까지 고수하기 어렵게 되었다. 만약에 인간 존재가 단지 순간마다 변하는 제법의 흐름(samtāna)에 지나지 않는다면, 어떻게 우리는 업의 주체로서 나의 정체성과 업보를 받는 나라는 인격의 연속성 내지 동일성을 주장할 수 있는지 의문이 생긴다. 도대체 과거에 지은 업은 어떠한 형태로 어디에 존속하다가 나의 과보로 나타나게 되는 것일까?

경량부는 이러한 문제들에 대한 답으로서 우선 인간 존재의 밑바닥에 그 흐름이 의지하고 있는 바의 어떤 기체(āśraya)가 있음을 인정했다. 경량부는 이것을 일미온(一味蘊) 혹은 근본온(根本溫)이라 불렀고, 일미온은 언제나 동일한 실체로서 계속해서 작용하고 있는 미세한 의식이며 윤회의 주체가 되는 존재라고 한다. 이 의식은 우리가 행한 좋고 나쁜 업의 결과인 종자(bīja)들을 그 안에 지니고 있다. 이 종자들은 우리가 지은 업의 훈습(薰習, vāsanā)에 의해 우리 안에 남게 되는 습기와 같은 것으로서, 이 종자들이 나중에 현행(現行)하여 업보를 받고 다시 업은 열매를 맺게 된다. 이와 같은 종자설로 경량부는 업보를 설명하며 유부에서 말하는 무표업 개념을 대신하고자 했다. 경량부에 따르면 종자들은 잠복기간 동안 불변하게 존속하는 것이 아니라 상속전변(相續轉變, samtāti-parināma)하다가 그 결과로서 나타난다고 한다. 경량부의 이러한 사상은 나중에 대승불교의 아뢰야식(阿賴耶識, ālayavijnāna) 개념과 연기설로 이어진다.

이 문제와 관련해서 독자부(犢子部, Vātsīputrīya)는 또 하나의 독특한 견해를 제시했다. 독자부는 인간에게는 오온을 떠나 따로 존재하지도 않지만 그렇다고 오온과 같지도 않은 비즉비리온(非卽非離蘊)의 사람/인간

/인격(푸드갈라, pudgala, person)이라는 것이 있어서 이것이 업보를 받는 존재로서 윤회를 하거나 열반에 들어가는 것이라고 한다. 독자부는 이 푸드갈라와 오온의 관계를 불과 연료의 관계와 같다고 한다. 마치 불이 연료를 떠나서 존재할 수 없지만 그렇다고 연료 자체는 아닌 것과 유사하다는 것이다. 만약에 푸드갈라가 오온 이외의 어떤 존재라 할 것 같으면 그것은 어떤 영원한 존재일 것이고 상견(常見, 常住論)에 빠지는 것이 된다. 만약 푸드갈라가 반대로 오온과 완전히 동일하다고 하면 이는 단견(斷見, 斷滅論)에 빠지는 오류를 범하는 것이다. 푸드갈라는 오온과 같은 유위법도 아니요 오온과 다른 무위법도 아닌 규정하기 어려운 어떤 독특한 존재라는 것이다.

이 이론은 항시 변하는 현상적 존재로서의 인간의 자기 동일성을 확보함과 동시에 열반을 유부처럼 어떤 비인격적 실체로 간주하지도 않고, 인격(person)의 연속성을 설명하기 어려운 무아설의 난점을 피하면서 동시에 우파니샤드적인 아트만 개념도 거부하는 이론이다. 푸드갈라는 말하자면 유위법과 무위법 사이의 어떤 중간적 존재라고 할 수 있다.

이상에서 고찰한 경량부와 독자부의 이론들은 원시 불교의 근본적 세계관인 무아의 사상을 배반하지 않으면서도 그것이 가지고 있는 철학적 문제점들, 특히 인격의 동일성과 연속성을 보장하면서 윤회와 업보의 문제를 해결해 보려는 시도로서 이후 대승불교의 아뢰야식 사상으로 발전하게 된다.

지금까지 우리는 상좌부 · 설일체유부 · 경량부 · 독자부의 학설을 고찰함으로써 기원전 약 3세기부터 기원후 4세기에 이르는 동안 발전된 상좌부 계통의 부파들이 제시한 불교 철학적 견해들을 살펴보았다.

5. 대중부의 불교 사상

한편 진보주의를 표방하면서 상좌부와 대립하여 자체 내에서 많은 부파를 파생시킨 대중부는 불교 교리의 발달상 많은 새로운 이론들을 발생시켰다. 이들은 후에 대승불교 발전의 기반이 된 것으로 보인다.

우선 대중부는 종교적으로 새로운 붓다관을 제시했다. 붓다가 입적한 후 시간이 경과함에 따라 그에 대한 역사적 인간으로서의 기억이 희박해지고, 신도들 사이에는 그에 대한 무한한 존경심으로 인해 그를 이상화할 뿐 아니라 심지어 신앙의 대상으로까지 삼는 경향도 보이게 되었다. 그리하여 붓다는 외모에 있어서 인도인들이 이상으로 삼던 위대한 인간(mahāpurusa)이 갖추어야 할 32상(相) · 80종호(種好)를 갖추고 있으며, 그의 마음은 십력(十力) · 사무외(四無畏) 같은 신비스러운 힘들을 지닌다고 한다. 또한 붓다로서 그의 삶이 이룩한 위대한 업적은 도저히 한 생애의 짧은 기간의 수행만으로는 성취될 리가 없다는 생각 때문에 붓다는 전생에서 수많은 훌륭한 공덕을 쌓았음이 틀림없다고 믿게 되었다. 이에 따라 그의 전생담을 담은 본생담(本生談, Jātaka)들이 만들어지게 되었다. 뿐만 아니라 붓다와 성자들을 추모한 나머지 그들의 유골이나 유품들의 숭배도 성행하게 되어 신도들은 탑(塔, stūpa)을 만들어 유골을 안치하고 탑 주위를 시계 방향으로 돌면서 참배하거나 헌화로 그들의 신앙을 표현하기도 했다.

이러한 붓다에 대한 경애심과 신심은 대중부(大衆部, Mahāsāmghika)에서 더욱 두드러져 붓다를 완전히 초세간적(lokottara) 존재로 신격화하기에 이르렀다. 대중부에 의하면 제불(諸佛) 세존(世尊)은 모두 출세간적이며, 모든 여래는 유루법(有漏法), 즉 번뇌가 없고, 그의 말이 모두 설법이고, 그의 몸과 위력과 수명은 끝이 없다. 그는 물음에 답하되 생각이 필요 없고 일찰나의 마음으로 일체법을 안다고 한다. 대중부는 또 붓다가 되기를 희망하는 보살(菩提薩埵, 菩薩, bodhisattva)에 대해서 그들은 중생을 이롭게 하려는 마음이 강하기 때문에 의도적으로 악취(惡趣, 惡道. 동물이나 아귀같이 나쁜 존재)에 태어나기를 원하여 마음대로 그렇게 할 수 있다고 한다.

대중부는 다른 한편으로는 모든 중생의 심성은 본래 깨끗하지만 객진번뇌(客塵煩惱, āgantu-klesa)에 의해 더럽혀질 뿐이라고 하여 모든 중생이 부처가 될 수 있는 가능성을 지니고 있음을 시사한다.[9] 유위법은 현재만 존재한다고 하여 경량부처럼 설일체유부의 법체항유설은 받아들이지 않는다. 대중부는 무위법으로 아홉 개를 인정했다. 즉, 택멸(擇滅), 비택멸(非擇滅), 허공(虛空), 공무변처(空無邊處), 식무변처(識無邊處), 무소유처(無所有處), 비상비비상처(非想非非想處), 연기지성(緣起支性), 성도지성(聖道支性)이다. 이것은 유부의 3무위법 외에 선정(禪定)의 네 단계, 연기법, 팔정도 같은 것의 성품을 영원한 실재 혹은 진리로 간주한 것이다.

9 이상의 대중부의 교설은 『異部宗輪論』, 『大正新修大藏經』 49, 15에 근거.

제6장

바라문교의 재정비

1. 바라문교와 불교

불교나 자이나교 같은 자유사상적인 새로운 종교 운동의 출현은 전통적인 바라문교에도 커다란 타격을 가했다. 바라문 전통의 중심은 어디까지나 베다의 제사 의식과 이에 기초한 바라문 계급의 종교적 · 사회적 권위에 있었다. 그러나 불교나 자이나교는 강한 윤리적 합리성과 종교적 수행에 입각한 종교로서 반제사주의적 성격을 지녔고, 사회적으로도 초세간주의적이고 평등주의적인 윤리관으로 인해 바라문 계급의 특권을 인정하지 않았다. 이러한 정신은 이미 바라문교 내부에서도 일어나 우파니샤드 사상의 배경을 형성하기도 했다. 하지만 우파니샤드는 베다의 일부였기 때문에 정통성에는 의심의 여지가 없었다. 바라문교의 전통에 가장 큰 위협이 된 것은 무엇보다도 불교였다.

불교는 특히 마우리아 왕조의 아쇼카 왕의 귀의를 받아 그의 지원 아래 크게 세력이 확장되어서 전 인도적 종교로 성장했을 뿐만 아니라 주변 여러 나라에까지 전파되었다. 아쇼카 왕은 마우리아 왕조의 건설자인 찬드라굽타의 손자로서 기원전 269년경에 왕조를 물려받았다. 찬드라굽타는 알렉산드로스 대왕의 인도 서북부 침입(기원전 327)으로 인한 정치적 혼란을 틈타 당시의 강대국이었던 마가다국의 난다 왕을 제거하고 수도 파탈리푸트라를 장악한 후 마우리아 왕조를 수립했다(기원전 320). 찬드라굽타는 그의 대신이며 유명한 『실리론』(實理論, *Arthaśāstra*)의 저자로 전해지는 카우틸랴(Kautilya 혹은 Cārakya)의 보조를 받아 인도 역사상 최초의 강력한 통일 국가를 형성하는 위업을 달성했다.

아쇼카의 치적에 대하여는 다행히도 그가 남긴 바위와 석주에 새겨진 칙령(edict)들을 통해서 비교적 많은 것을 알 수 있다. 이 칙령들에 의하면 그는 많은 정복 활동을 통하여 영토 확장에 힘쓰던 중 인도 중동부의 칼링가(Kalinga) 지방의 정벌 후 전쟁의 참상을 깨닫고 마음을 돌이켜 불교에 귀의하게 되었다고 한다. 이때부터 그는 전쟁을 통한 영토의 확정 정책을 포기하고 그 대신 '법에 의한 승리'(dhammavijaya)를 추구하는 것을 그의 대외 정책으로 삼았다고 한다. 실제로 그는 이와 같은 도덕적인 정책을 통해 인접 국가들로부터 많은 '승리'를 거두었다고 주장하고 있다. 내정에서도 그는 인정(仁政)을 베풀어 여행자를 위하여 도로변에 과실 나무를 심고 휴게소를 만들고 우물을 파는 일, 약초 재배와 요양원 설치 등 사회복지 사업에도 힘썼다. 그는 특별히 음식과 제사를 위한 살생의 금지(ahimsā)를 강력히 추진했으며, 그 자신도 사냥 대신 불교 유적지 순례를 행했다고 한다. 그는 이러한 법에 의한 통치를 위해여 법대관(法大官, Dharmamahāmātra)들을 지방에 파견하여 감독하기까지 했다.

아쇼카 왕은 비록 자신은 불법에 귀의한 신자였지만 당시 다른 종교 교단들에게도 관용을 베풀었다. 그가 전파하려고 한 법(dhamma)이란 붓다가 설한 철학적 교설보다는 넓은 의미로 주로 선한 도덕적 행위를 뜻했다. 여하튼 법은 바라문의 사회윤리 혹은 법도로서의 다르마가 아니라 불교의 보편주의적인 평등사상에 입각한 도덕적 선을 의미했다는 데 큰 의의가 있다.

마우리아 왕조는 아쇼카 왕의 사후 급속히 쇠퇴하게 되었고 인도는 다시 정치적 혼란기로 들어갔다. 기원전 183년경에는 바라문 출신의 장군 푸샤미트라 슝가(Pusyamitra Śunga)라는 사람이 나타나서 마지막 마우리아 왕을 제거하고 슝가 왕조를 수립했다. 그는 정통 바라문주의의 신봉자로서 베다의 동물 제사를 부활시키고 불교를 탄압했다.

이상과 같은 역사적 상황에서 바라문교의 지도자들은 그들의 전통을 재정비하여 불교와 같은 대중적 종교 운동에 대항하면서 바라문교의 사회적 저변을 확대하고자 했다. 우리는 이 시기에 바라문교가 대체로 세 방면으로 새로운 지반을 구축해 가는 것을 볼 수 있다. 첫째는 불교와 같이 해탈을 위한 수행 방법과 체계를 조직적으로 발전시키는 노력이다. 이것은 요가 사상과 수행의 체계적 발전으로 이어졌다. 둘째로 바라문교는 비아리안 계통의 인도 원주민들에게 깊은 뿌리를 박고 있는 토착적 신앙과의 습합을 통해 대중적 신앙으로 발전해 갔다. 셋째로는 불교에서 비교적 등한시해 온 재가자들을 위한 생활 규범으로서의 사회윤리 체계의 확립에 힘썼다. 이러한 노력들을 통해 바라문교는 좀 더 포괄적인 종교로 사회적 기반을 확대하면서 불교나 자이나교 같은 새로운 종교들의 도전에 대처한 것이다.

이러한 바라문교의 새로운 추세를 잘 반영하는 문헌은 200년경에 완성되었다고 여겨지는 『라마야나』(*Rāmāyana*)와 『마하바라타』(*Mahābhārata*)

같은 대서사시들이다. 특히 『마하바라타』는 인도 고전 문화의 총화라고 불릴 수 있을 정도로 그 내용이 방대하고 다양해서 종교, 철학, 법률, 정치, 윤리, 신화, 역사 등 인도의 고대 사회와 문화의 백과사전적 보고와 같은 문헌이다. 이제 이 『마하바라타』를 중심으로 바라문교의 새로운 모습들을 살펴보기로 한다.

2. 쉬바 신과 비슈누 신 신앙

『마하바라타』는 본래 베다 시대 아리안족 중 하나인 바라타(Bhārata)족의 군담(軍談)으로 현재의 델리 부근에 있는 쿠루크세트라(Kuruksetra)라는 들판에서 벌어진 왕위 계승을 둘러싼 전쟁 이야기가 중심 소재이다. 그러나 약 1,000년 정도(기원전 800~기원후 200)의 오랜 세월을 두고 주로 바라문들의 손에 의해 편집되는 동안 다양한 내용의 철학 사상과 문화적 자료들이 혼입되어서, 현재는 약 10만 송 18권으로 나뉜 그야말로 방대한 대서사시가 되었다. 종교/철학적으로 보아 『마하바라타』는 많은 부분이 바라문의 베다 전통을 그대로 전수하고 있지만, 다른 한편으로는 베다에서 찾기 어려운 내용도 많이 발견된다. 그중에서도 특별히 중요한 것은 오늘날 힌두교의 가장 대중적 신앙의 대상인 쉬바(Śiva) 신과 비슈누(Visnu) 신에 대한 신앙과 신화이다.

쉬바 숭배는 인도 서북부(현재 파키스탄 영토)에 있는 하라파(Harappā)나 모헨조다로(Mohenjo Daro)의 유적 발굴에서 나온 고대 인더스 문명의 유물들을 통하여 알 수 있듯이 아리안족의 인도 이주 전부터 인도에 살고 있던 원주민들에 그 기원이 있는 듯하다. 그 후 아리안족의 베다 전통에서는 거의 종적을 감추게 되었다. 그러나 『슈베타슈바타라 우파니샤드』 같은 중기 우파니샤드에 와서 쉬바는 베다의 신 루드라(Rudra)와 동일시되는가 하면 만유의 궁극적 실재인 브라만 자체로 간주되기도 한다. 이는 그동안 쉬바에 대한 신앙이 널리 발전했음을 입증한다. 『마하바라타』에서 그는 온 우주를 창조한 위대한 신(Maheśvara)으로 숭배될 뿐만 아니라 그에 대한 신화도 풍부하게 형성되어서 히말라야의 높은 카일라사(Kailāsa) 산에서 심한 고행을 하는 전형적인 요가행자(yogin)로 나타나는가 하면, 그의 명상을 통해 이 세계가 유지된다고 하며, 상투(jatā)를 튼 그의 머리 꼭대기에는 초승달이 걸려 있고 거기로부터 성스러운 갠지스강이 흘러나온다는 신화도 등장한다. 그의 몸은 고행자들처럼 재로 덮여 있고 목과 팔은 뱀으로 휘감겨 있다. 그의 곁에는 그의 무기인 삼지창과 그가 타고 다니는 황소 난디(Nandi)가 있고, 아름다운 아내 파르바티(Pārvatī) 혹은 우마(Uma)와 함께 히말라야 산에 거하고 있다. 쉬바는 동시에 이런 요가행자의 모습과는 대조적으로 세계의 창조적 힘으로서 남근(男根, linga)의 상징물을 통해 숭배되기도 한다. 남근 숭배는 이미 하라파 문화의 유적에서도 찾아볼 수 있는 인도의 토착 신앙이다.

그러나 『마하바라타』에서 쉬바보다 더 큰 대중적 신앙의 비중을 차지하고 있는 것은 비슈누이다. 비슈누는 물론 베다와 브라마나에서도 이미 중요한 신으로 언급되지만, 그가 대중적 신앙의 대상이 된 것은 베다 전통 밖에서 숭배되고 있던 바수데바(Vāsudeva) 신이나 크리슈나(Krsna) 같은 영웅 신 혹은 바라문의 종교 전통에 기원을 둔 또 하나의 신 나라야나(Nārāyana)와 동일시되면서부터이다. 여하튼 『마하바라타』

에는 비슈누, 나라야나, 하리(Hari), 바수데바, 크리슈나 등이 모두 동일한 존재로 간주되고 있으며 '바가바트'(Bhagavat), 즉 '존귀한 자' · '주님'의 칭호로 불리고 있음을 볼 때 그에 대한 신앙이 널리 퍼져 있음을 반영하고 있다.

비슈누는 세계와 만물의 근원으로서, 유명한 신화에 따르면 그는 태고의 대양 한가운데 천 개의 머리를 지닌 뱀 쉐샤(Śesa) 위에서 잠을 자고 있는 동안 그의 배꼽으로부터 연꽃이 자라나고 이 연꽃으로부터 우주 창조의 대행자 브라마(Brahmā) 신이 태어나 세계를 창조한다. 세계가 창조되자 비슈누는 잠에서 깨어나 최상천(最上天) 바이쿤타(Vaikuntha)에서 세계를 다스린다. 그는 주로 네 팔을 가진 어두운 색깔의 인간으로 묘사되며 큰 독수리 가루다(Garuda)를 타고 다닌다. 그의 아내 락스미(Laksmī) 혹은 슈리(Śrī)도 행운의 여신으로서 힌두교에서 널리 숭배된다.

『마하바라타』에서 비슈누 신앙을 가장 뚜렷하게 반영하고 있는 것은 유명한 『바가바드 기타』(*Bhagavad Gītā*)이다. 대서사시 제6권에 포함되어 있는 『바가바드 기타』는 힌두교의 바이블이라고 불릴 정도로 중요한 종교적 · 철학적 문헌으로서 인도뿐만 아니라 전 세계적으로 애독되고 있는 고전이다. 이제 그 내용을 간략히 살펴보기로 한다.

3. 『바가바드 기타』의 사상

『바가바드 기타』는 원래 '바수데바'라는 인격신을 숭배하던 중인도 서부의 바가바타(Bhāgavata)파에 의해 만들어진 독립적인 시편으로서 나중에 『마하바라타』의 일부분으로 편입된 것으로 추정된다. '바가바드' 란 말은 '존귀한 자'라는 뜻이며, 『바가바드 기타』는 이 지존의 노래 혹은 가르침이라는 뜻이다. 바가바타파들이 거하던 지방에 '크리슈나'라는 영웅이 있었는데, 이 영웅이 신격화되면서 지존과 동일시되게 되었고 바가바드 신앙이 퍼짐에 따라 바라문 문화의 중심지인 중인도 동부에까지 미쳐 결국 바수데바-크리슈나는 베다의 신 비슈누와 동일시되게 되었다. 급기야 『바가바드 기타』의 설법의 주가 되는 바수데바-크리슈나는 비슈누의 화신(avatāra)으로까지 간주되게 된 것이다.

『마하바라타』는 바라타의 왕족 판다바(Pāndava) 형제들과 카우라바(Kaurava) 형제들 사이에 벌어지는 왕위 계승을 위한 싸움 이야기가 줄거리를 형성하고 있다. 『바가바드 기타』는 이 서사시의 제6권에 포함되어 있는데, 그 직접적인 배경은 다음과 같다. 판다바 오 형제 중 셋째이자 크리슈나의 친구인 아르주나(Arjuna)는 그의 사촌인 카우라바 형제들과 전장에서 대진하여 살육전을 벌이려고 하는 순간 그만 용기를 잃고 만다. 차라리 죽으면 죽었지 친족과 친지들을 죽이지 못하겠다고 고백하자 아르주나의 전차몰이로서 그를 돕던 크리슈나가 그에게 무사(Ksatriya)로서의 의무(dharma)인 전투에 임해야 한다는 것을 설득한다. 이것이 『바가바드 기타』의 형식상 이야기이다. 하지만 이 설득 과정에서 크리슈나의 정체가 점차 드러나 그의 설법은 철학적 깊이를 더해 간다.

『바가바드 기타』는 어떤 체계적인 철학 논서라기보다는 여러 가지 해탈의 방법과 지혜 그리고 마음가짐에 대한 크리슈나의 설교 같은 실천적 성격이 강한 문헌이다. 전체 성격을 한마디로 규정한다면 '요가의 고전'이라고 할 수 있다. 하지만 철학적 내용은 여러 편집 과정을 거치면서 다양한 견해들이 편입되어 일관성을 잃게 되었고, 수많은 주석서와 해설서들이 쓰이게 되었다. 작은 '힌두교 개론서'라 해도 손색이 없을 정도로 내용이 풍부하다.

『바가바드 기타』는 세 종류의 요가를 말하고 있다. 즉, 지의 요가(jnāna-yoga), 행위의 요가(karma-yoga) 그리고 신애(信愛)의 요가(bhakti-yoga)이다. 각기 인간의 지(知) · 정(情) · 의(意) 3면에 상응하는 것이라 볼 수 있다. '요가'는 훈련 · 제어 등을 의미한다. 따라서 '지혜의 요가'는 지혜를 얻기 위해 대상들을 좇아다니는 감각기관들을 다잡고 흔들리는 마음을 제어하여 욕망에서 자유로워지는 해탈의 길이다. 이런 지혜의 수련을 위해 『바가바드 기타』는 초기 상키야 철학의 세계관과 인간관을 많이 차용하고 있다. 『바가바드 기타』에서 지혜는 상키야 철학에서 말하는 영원한 정신(purusa)으로서의 참자아와 물질(prakrti)로 된 현상적 자아를 명확히 구별함으로써 후자의 지배로부터 초연할 수 있는 지혜 또는 우파니샤드의 핵심 사상인 범아일여(梵我一如)의 진리를 아는 지혜 그리고 신을 아는 지혜 등 다양한 의미를 가지고 있다.

'신애의 요가'는 오로지 신에게, 특히 비슈누에게 정신을 집중하고 그에 대한 믿음과 사랑과 헌신에 의해서 윤회의 세계로부터 해탈하는 길을 가리킨다. 신애 사상은 이미 『슈베타슈바타라 우파니샤드』에 나타나 있지만, 『바가바드 기타』에 와서 비로소 본격적인 모습을 드러내었고, 그 후 힌두교의 모든 대중적 신앙 운동과 유신론적 철학 사상에 지대한 영향을 끼치게 되었다.

'행위의 요가'는 『바가바드 기타』의 가장 독특하고 창의적인 사상으로서 바라문의 사회윤리 질서와 해탈 사이의 대립과 긴장을 해소해 주는 데 그 사상적 의의가 크다. 바라문의 사회윤리에 의하면 사람이란 누구든 자기가 속한 계급과 나이에 걸맞은 법도 내지 의무(varna-āsrama, dharma)를 지키는 올바른 행위를 하여야만 하며, 그렇게 살면 다음 생에 선한 업보를 받는다. 하지만 아무리 올바른 행위를 할지라도 행위는 당연히 결과를 낳기 마련이기 때문에 윤회의 삶은 계속될 수밖에 없다. 이런 이유로 우파니샤드 이후로는 모든 사회적 유대관계를 끊고 활동적 삶과 욕망을 포기하는 포기자(samnyāsin) 또는 출가 사문(沙門, śrāmana)으로서 금욕과 고행, 명상과 신비적 지식을 추구하는 삶이 하나의 이상으로 제시되었고, 불교나 자이나교의 출현은 이러한 삶의 이상을 더욱 대중화시켰다.

『바가바드 기타』가 제시하는 행위의 요가는 행위 자체를 포기하는 것이 아니라 행위 속에서 행위의 결과에 대한 욕망과 집착을 포기하는 수련의 길로서, 세간적 삶과 출세간적 삶 사이의 대립과 긴장을 해소하려는 바라문 지도자들의 대응책이었다고 할 수 있다. 『바가바드 기타』에 의하면 사람은 자연적인 본성(prakrti)상 잠시도 행위 없이는 존속할 수 없는데, 문제는 행위를 하느냐 안 하느냐가 아니라 어떠한 자세로 하느냐가 관건이라는 것이다. 따라서 참다운 체념은 행위 자체의 단념(renunciation of action)이 아니라 행위 가운데서의 단념(renunciation in action)이라는 것이 행위의 요가이다. 그러기 위해서는 인간의 참자아, 초월적 자아에 대한 앎과 신에 대한 신애가 필요하다는 점도 『바가바드 기타』는 강조하고 있다.

『바가바드 기타』는 한편으로는 다른 사람의 법도를 잘 지키는 것보다는 잘못 지키더라도 자기 자신의 법도(svadharma)를 지키는 것이 더 낫고, 사성 계급의 사람들은 물질계를 구성하는 세 요소, 즉 선(善, sattva: 흰색)·정열(情熱, rajas: 붉은색)·암흑(暗黑, tamas: 검은색)을 각기 다른 비율로 가지고 태어났기 때문이라는 보수적인 견해를 보이는가 하면, 다른 한편으로는 신애의 길을 통해 여성이나 슈드라 계급도 해탈이 가능하다는 대중적인 구원의 길을 제시하고 있다.

『바가바드 기타』의 사상은 자세히 살펴보면 지혜와 신애를 둘 다 해탈의 길로 강조하고 있으며 때로는 지혜를 최고의 길로 간주하는가 하면, 때로는 지혜를 신애의 수단으로 간주하기도 한다. 전체적으로 보아 『바가바드 기타』에는 우파니샤드적인 일원론적 사상과 상키야 철학의 이원론적 요소, 지혜/깨달음의 종교와 신앙의 종교 사이의 차이와 긴장이 완전히 해소되지 않은 채 뒤섞여 있다. 따라서 후세의 베단타 철학의 거장인 샹카라(Śankara)와 라마누자(Rāmānuja)가 각기 자신의 철학적 입장에 따라 이 양면 중 한 면을 더 강조하는 『바가바드 기타』의 해석을 하게 된 것도 그 근거가 이미 『바가바드 기타』 내에 있기 때문이다.

4. 「해탈법품」에 나타난 철학 사상

『바가바드 기타』와 더불어 『마하바라타』의 또 하나의 중요한 철학적 부분은 제12권 「해탈법품」(*Moksadharma-parvan*)이다. 「해탈법품」의 철학 사상도 결코 어떤 체계화되고 통일적인 것이 아니라 잡다한 사상들이 여러 모양으로 반복되어 나타나는가 하면, 상호 모순적으로 서술되기도 한다.[1] 하지만 주로 상키야 철학과 요가 철학 사상이 주 내용을 이루고 있다.

우리는 이미 중 · 후기 우파니샤드들에 상키야 철학 사상이 나타나고 있음을 보았고 『바가바드 기타』에도 상키야 사상이 많이 등장한다는 사실도 보았다. 「해탈법품」에는 이 원시 상키야 사상이 더욱 발전되고 체계화된 철학에 아주 가까운 형태로 등장하는 것을 볼 수 있다. 다시 말해서 「해탈법품」의 인도 철학사적 의의는 중 · 후기 우파니샤드와 마찬가지로 체계화된 상키야 철학 이전의 상키야 사상의 발전의 한 단계를 우리에게 보여준다는 데 있다.

특히 상키야 철학의 25원리 및 세계전변설의 기초가 이미 형성되어 있음을 볼 수 있다. 우선 감각기관의 수가 안(眼) · 이(耳) · 비(鼻) · 설(舌) · 신(身)의 오근(五根)으로 고정되어 있고, 여섯 번째 감각기관이라 불리는 의근(意根, manas)이 심리기관으로서 모든 감각기관의 우두머리로 정립되어 있다. 또한 5원소설이 이론적 발전을 통해 오근에 해당한다는 이론이 정립되어 있다. 종래에는 지(地) · 수(水) · 화(火) · 풍(風)의 4원소만 말하던 것이 허공(虛空, ākāśa)이라는 소리의 성질을 지닌 원소가 추가되어 인도 철학의 일반적 정설로 형성되는 것도 볼 수 있다.

또한 이 오대(五大)와 더불어 그들 각각이 지니고 있는 지배적 성품으로 향(香) · 미(味) · 색(色) · 촉(觸) · 성(聲)의 오경(五境, 대상)이 언급된다. 그러나 나중에 고찰하겠지만, 고전 상키야 철학 체계에서처럼 오경이 아직은 오유(五唯)로 대체되지는 않고 오근도 오유에서 전개되어 나오는 것이 아니다. 또한 다섯 가지 감각기관인 오지근(五知根)과 오작근(五作

1 F. Edgerton, trans., *The Beginnings of Indian Philosophy*(Cambridge, Massachusetts: Harvard University Press, 1965), 255-334 참조.

根) 및 의(意)라는 11근도 오대와 오경에서 생기는 것으로 되어 있어서 자의식(ahamkāra)으로부터 전개된 것으로 보는 고전 상키야 철학 체계의 이론과 차이를 보인다. 이 밖에도 「해탈법품」에는 정신적 원리인 푸루샤(purusa)와 물질적 원리인 프라크르티(prakrti)의 개념은 물론, 상키야 철학이 세계를 설명하는 중요한 이론이 되고 있는 물질의 3요소(guna) 설도 찾아볼 수 있다.

「해탈법품」에는 이론적인 상키야 철학뿐만 아니라 실천적 성격이 강한 요가 사상이 아직도 상키야 철학과 밀접히 연결되지 않은 채 발견된다. 요가는 사회 계급이 낮은 자나 여인들도 실천을 통해 해탈을 얻을 수 있다고 해서 상키야 철학의 주지주의에 대해 요가의 대중적 · 실천적 성격을 강조하고 있다.[2] 요가의 실천 방법에는 상이한 견해들이 발견되지만, 그 핵심은 감각기관을 대상 세계로부터 퇴거해서 의근에 붙잡아 두고, 모든 생각의 활동을 멈추어 우리의 참자아를 밝게 드러내는 데 있다. 아트만을 아는 것은 아트만 자체라고 보기도 하고 붓디(buddhi, 지성)라고 보기도 하지만, 의근이라는 견해가 지배적이다. 이 의근이 아트만과 더불어 윤회의 주체가 된다는 사상도 우리의 주목을 끈다. 고전 상키야 철학에서 '붓디'가 차지하고 있는 역할과 대조를 보여준다.

5. 바라문적 사회윤리의 확립

불교가 아무리 왕성한 포교 활동과 자유롭고 평등주의적 정신을 바

2 *Mahābhārata*, XII. 232. 32; *The Beginnings of Indian Philosophy*, 272.

탕으로 하여 대중적 종교로서 바라문교를 위협하는 세력을 형성했다 해도, 불교는 어디까지나 출가자들을 위한 출세간적 종교였고 승가 역시 수도승들을 중심으로 한 수도 공동체였기 때문에 출세간적 해탈 외에는 관심이 적었다. 결과적으로 가정을 중심으로 일상생활을 영위할 수밖에 없는 대다수 재가자들의 삶에 침투하는 데는 한계가 있었다.

이에 비해 바라문교는 출가 수도자들이 아니라 베다 이래로 제의/제사 행위를 주관하고 재가자들의 삶의 주기—출생, 혼례, 장례 등—에 맞춘 각종 의례(ritual) 서비스를 해 주는 바라문 사제들이 주관하는 종교로서 재가자들에게는 더 가까운 종교였다. 따라서 불교가 재가 불자들에게 하는 역할은 그리 크지 않았다.

불교의 재가 신도들의 종교 생활은 삼보에 귀의하고 5계를 지키며 승가에 필요한 물질적 보시를 하는 정도였고, 도덕적 삶을 통해 선업을 쌓아 내세의 행복을 기약하는 것이 거의 전부였다. 하지만 사회 전체의 질서에 대한 관심은 바라문들의 몫이었다. 특히 출세간적 가치를 중시하는 불교나 자이나교 같은 출가 수행자들의 종교가 유행함에 따라 보수적인 바라문들의 사회 질서에 대한 관심은 더 강화되었다.

이러한 바라문들의 관심을 주로 사회적 규범 · 법도 · 의무(dharma)를 다루는 바라문들의 문헌에 잘 반영되어 있다. 베다의 의식들의 규범을 다루는 『천계경』(天啓經, *Śrauta-sūtra*), 재가자들의 사회생활의 의무를 더 폭넓게 규정한 『가정경』(家庭經, *Gṛhya-sūtra*)과 『법도경』(*Dharma-sūtra*) 등이 편찬되었다.

『법도경』은 바라문교의 윤리 전통상 매우 중요한 문헌이다. 인도인이라면 누구나 지켜야 하는 사회적 규범들과 예의범절들을 상세히 규정하고 있다. 『법도경』은 더욱 발전하여 기원전 200년경부터 기원후 300년경 사이에는 고대 인도인의 생활 규범을 더욱 완전하게 체계적으로 제정해 놓은 법전(dharma-śāstra)들이 편찬되었다. 이 법전들 가운데 가장 권위 있는 것은 『마누 법전』(*Mānava-dharma-śāstr*, 기원전 200년~기원후 100년)과 『야즈나발키아 법전』(*Yājnavalkya-smrti*, 100~300년)이다. 이들은 마우리아 왕조 이후 인종적 · 사회적 · 경제적으로 점점 더 복잡해져 가는 사회 상황과 불교 같은 비바라문계의 종교적 · 사상적 위협에 대처한 바라문들의 대응의 일환으로 편찬되었다. 이 법전들도 우파니샤드처럼 지식과 해탈을 인생의 최고의 목표로서 인정하고 있지만, 실제 관심은 어디까지나 현세의 삶 속에서 지켜야 할 올바른 행위의 의무를 체계적으로 규정하는 데 있다.

인도인들의 의무적 행위 내지 삶의 법도의 근간을 이루고 있는 것은 무엇보다도 이른바 '바르나아슈라마'(varnāśrama) 제도로서, 사성 계급, 즉 바라문(Brāhmana) · 크샤트리아(Kshatriya) · 바이샤(Vaisya) · 슈드라(Śūdra)가 지켜야 하는 계급의 의무(varna-dharma)와 개인이 따라 살아야 하는 이상적 삶을 4기로 나누어 제시한 개인적 삶의 전범(asrama-dharma)이다. 생의 제1기는 범행자(梵行者, brahmacārin)로서 생활을 하는 기간이다. 아동기를 마친다는 표식으로서 입문식(upanāyana)을 한 다음 집을 떠나 스승(guru)의 지도 아래 베다 · 산술 등의 학문을 배우고 성행위를 하지 않는 금욕적 생활을 해야 한다. 제2기는 학습기가 끝난 후 재가자(grhastha)로서 결혼을 하고 신들과 조상들에게 제사를 올리는 일과 후손을 낳고 경제 활동을 하면서 인간의 본능적인 성적 욕망(kāma)과 재산/부(artha)에 대한 욕망을 충족시키는 생활을 한다. 『마누 법전』은 이 시기를 바라문적 사회 질서의 근간으로 가장 중요시하고 있다. 제3기는 재가자의 의무를 다하고 손자를 본 다음 숲에 은거하면서 명상과 금욕의 생활을 사는 임서자(林棲者, vānaprastha)의 생활을 하는 기간이다. 마지막 제4기는 일체의 사회적 유대관계를 끊고 현세의 욕망을 버린 포기자(samnyāsin)로서 사는 기간으로서 삶이 끝날 때까지 오로지 해탈(moksa)에만 전념한다.

한 개인이 따라야 할 삶의 이상적 정형을 이렇게 4기로 구분해서 제시한 것은 초세간적 해탈을 추구하는 출가자들의 삶과 재가자로서 지켜야 할 삶의 의무 사이의 충돌을 방지하고, 하나의 가치만을 치우치게 추구하지 않고 조화롭게 추구하도록 함으로써 사회 전체의 선을 도모하려는 바라문들의 지혜를 반영한다. 무엇보다도 이에는 불교나 자이나교 같은 해탈 위주의 종교들이 야기할 수 있는 사회 문제에 대한 바라문들의 경계가 담겨 있다고 볼 수 있다.

제II부

인도 철학의 체계적 발전기

제7장

상키야 철학과 요가 철학

1. 체계화되는 인도 철학

지금까지 기원전 1500년경부터 기원전 2세기경에 걸친 인도 철학의 형성기를 고찰했다. 이 기간을 인도 철학의 형성기라 부르는 것은 이 기간에 다양하고 창의적인 철학적 사상이 형성되어 후세에 체계화된 철학적 학파들의 근본 성격을 결정지어 주는 밑바탕이 되고 있기 때문이다. 이들 다양한 사상은 소승불교의 몇몇 교파들을 제외하고는 대부분 아직도 질서 있는 논리와 인식론적 비판을 통하여 수립된 체계적 이론이라기보다는 종교적 수행과 체험에 입각한 단편적인 철학적 통찰들이라고 하는 것이 더 타당할 것이다. 우리가 지금까지 고찰한 철학적 문헌들은 그 형식에서도 우파니샤드나 불교 경전들과 같이 주로 대화의 형식을 취하고 있으며, 어떤 일정한 철학적 세계관을 일관성 있게 체계적으로 서술하거나 옹호하는 논서는 아니다.

그러나 기원전 200년경부터는 종래 바라문 전통 내에서 여러 흐름을 형성해 오던 사상들이 각기 독자적인 학파를 형성하게 되었고 이들은 자신들의 철학적 입장과 견해를 간략하게 축약하여 진술하는 경(sūtra)

이라는 문헌을 산출했다. 이 경들은 각 학파의 근본 경전이 되었으며, 그 내용이 너무 간결하고 난해하기 때문에 자연히 거기에 대한 주석서(疏, bhāsya)와 이 소의 내용을 체계화하여 다루는 논(論, prakarana)이 쓰여졌다. 이러한 인도 철학의 학파별 체계적 발전은 아무래도 불교의 부파 철학의 발전에 힘입은 듯하며, 이로부터는 인도 철학의 발전은 각 학파 간의 상호 의식과 논쟁 가운데서 진행되었다. 따라서 학파들은 그들의 형이상학적 견해만을 주장하는 데 그치지 않고 나아가서 그들의 주장을 논리적으로 인식론적으로 밑받침하려는 노력도 보이게 되었다. 이로써 인도 철학은 자기반성적인 새로운 단계로 접어들게 된 것이다.

지금까지 우리는 상좌부 · 설일체유부 · 경량부 같은 소승불교의 체계적 발전을 고찰했지만, 이제부터는 바라문의 정통 육파 철학과 대승불교 철학의 체계를 철학적 내용에 중점을 두면서 학파별로 고찰하기로 한다.[1]

2. 상키야 철학과 요가 철학의 전통

상키야(Sāmkhya, 數論) 철학은 인도의 체계화된 철학 학파 가운데서 가장 일찍 형성된 학파로 간주된다.[2] 상키야 철학 사상은 우리가 이미 고

1 소승 부파 불교의 철학은 시기적으로도 아쇼카 왕을 전후로 하여 일찍 전개되기 시작했기 때문에 서술의 편의상 I부(형성기)에서 다루었지만, 설일체유부와 경량부는 시기적으로나 내용적으로나 II부(체계적 발전기)에서 다루어도 무방하다.

2 상키야 철학은 세계를 25원리(tattva)에 의하여 설명하므로 수를 중시한다 하여 수론이라 불린다. 'Sāmkhya'라는 말도 '수를 세는 자'라는 뜻을 지닌 것으로 풀이된다.

찰한 바와 같이 『카타 우파니샤드』나 『슈베타슈바타라 우파니샤드』 같은 중기 우파니샤드에 분명하게 나타나며 또한 『마하바라타』의 제12권 「해탈법품」에도 이미 초기 상키야 철학의 형태가 나타나고 있었다. 특히 『바가바드 기타』가 형성된 당시, 즉 기원전 2~3세기경에는 상키야는 요가와 더불어 하나의 잘 확립된 사상으로서 존재한 듯 보이며 『바가바드 기타』에 사상적으로 지대한 영향을 주었다. 그러나 이런 고대 문헌들에 나타나 있는 상키야 철학은 어디까지나 아직도 충분히 발달되지 않은 초기 사상으로 나중에 형성된 무신론적인 고전적인 이원론적 상키야 철학과는 많은 차이점을 보이고 있다.

상키야 철학은 전통적으로 카필라(Kapila)라는 기원전 4세기경의 현자를 원조로 하며, 그의 제자 아수리 판차쉬카(Āsuri Pancaśika) 등에 의하여 대대로 전승되었다고 한다. 그러나 이들 초기 상키야 사상가들의 저서는 하나도 남아 있는 것이 없고, 카필라의 저술로 전해지는 『수론 해설경』(*Sāmkhyapravacana-sūtra*)은 학자들에 의하면 빨라야 9세기경의 위작으로 간주된다.[3] 17세기 베단타 철학자 비즈나나빅수(Vijnānabhiksu)는 이 경의 주석서를 썼으며, 그는 또 상키야 철학에 대한 중요한 기본서인 『수론정요』(數論精要, *Sāmkhya-sāra*)라는 책도 저술했다.

현존하는 고전 상키야 철학서 가운데 가장 오래되고 동시에 가장 중요한 것은 이슈바라크리슈나(Īśvarakrsna, 自在黑)의 『수론송』(數論頌, *Sāmkhya-kārikā*)이다. 우리는 이 『수론송』에 와서야 수론 철학이 분명하게 이원론적 · 무신론적 철학으로 정립되는 것을 볼 수 있다. 『수론송』은 4세기경

3 이 경은 샹카라에 의해 언급되지 않고 있으며 9세기의 바차스파티미슈라는 이 경 대신에 『수론송』에 주석을 쓴 것으로 보아 상당히 나중에 만들어진 것으로 간주된다.

저술로 추측되며[4] 모두 70절로 되어 있어 『수론칠십』(*Sāmkhyasaptati*) 이라고 불리기도 한다. 인도의 고전 철학서 가운데서도 백미로 간주되는 명저이다. 8세기 철학자 가우다파다(Gaudapāda)의 주석서 『수론송소』(數論頌疏, *Sāmkhyakārikā-bhāsya*)와 9세기 베단타 철학자 바차스파티미슈라(Vācaspatimiśra)의 주석서 『진리월광』(*Tattvakaumudi*)이 있다.

상키야 철학은 독자적 학파로서 근세까지 명맥을 유지하지는 못했지만, 상키야 철학의 여러 이론들은 베단타 철학 등 다른 학파들에 흡수되었고[5] 인도인의 세계관 형성에 큰 영향을 주어 왔다.

상키야 철학 연구의 또 하나의 중요한 자료는 요가 학파의 문헌들이다. 요가는 상키야 철학의 세계관과 형이상학을 거의 그대로 수용하지만 실천 · 수행의 면을 강조하는 학파로서 『요가경』(*Yoga-sūtra*)이라는 근본 경전이 있다. 『요가경』은 전통적으로 파탄잘리(Patanjali)라는 기원전 2세의 인물[6]에 의한 저서로 알려져 왔으나, 사실은 4~5세기경에 완성된 고전으로 간주된다.[7]

그러나 물론 요가 수행의 전통은 이보다 훨씬 이전으로 소급된다. 요가의 기원은 아마도 이미 베다 시대부터 바라문들이 제사 때 신비적이

---

4 『수론송』은 560년경 진제(眞諦, Paramārtha)에 의해 주석과 함께 한역되었다.

5 17세기의 비슈누파의 베단타 철학자인 비즈냐나빅수(Vijnānabhiksu)는 상키야 철학을 냐야-바이쉐시카(Nyāya-Vaiśesika) 철학과 더불어 영원한 베단타 진리의 일면으로 간주했다. 그는 상키야 철학을 신의 본질을 깨닫지 못하는 자를 위해서 그들이 물질과 영혼의 차이를 알지 못할까 봐 주어진 가르침이라고 생각했다.

6 우즈(J. H. Woods)는 이 파탄잘리와 기원전 2세기의 문법학자 파탄잘리는 다른 인물로 간주한다. Woods, *The Yoga System of Patanjali*(Cambridge: Harvard Univ. Press, 1914) 참조. 그러나 다스굽타(Surendranath Dasgupta)는 양자를 동일한 인물로 본다. Dasgupta, *A History of Indian Philosophy*, Vol. I(Cambridge, 1922), 238 참조.

7 이 점에 관해서는 우즈의 견해에 따른다.

고 초자연적 힘과 지혜를 얻기 위하여 행하던 고행(tapas)에서 찾아볼 수 있다. 혹은 이보다도 더 앞서 인더스 문명의 유적 가운데 요가의 좌법을 한 신상(神像)이 발굴됨에 따라 요가가 아마도 베다나 아리안족의 풍습에 기원을 둔 것이 아니라 비아리안적인 행법이 아니었는가 라는 추측도 자아내고 있다. 여하튼 『카타 우파니샤드』에서는 '요가'라는 말은 감각기관과 마음을 제어하여 절대자를 인식하는 방법을 뜻하며, 이러한 행위는 이미 붓다 혹은 그에게 선정(禪定, dhyāna) 수행을 가르쳐 주던 출가 수행자들 가운데서도 성행했다.

『마하바라타』에 와서 요가는 상키야와 더불어 두 개의 분명한 사상 체계로 인정되고 있다. 상키야는 해탈에 이르는 이론적 접근으로, 요가는 같은 목적을 위한 실천적이고 수행적인 방법으로 구별되어 이해되고 있다. 이러한 오랜 실천적 전통이 다른 사상들이 철학적 체계로 정립됨에 따라 『요가경』에 의해 다듬어지고 정리된 것이다.

『요가경』의 주석서로서 가장 오래된 것은 뱌사(Vyāsa)의 『요가경소』(*Yogasūtra-bhāsya*)이다. 경과 소 모두 '수론의 해명'(Sāmkyapravacana)이라는 부제를 달고 있는 것으로 보아 이들이 만들어진 당시[8] 이미 상키야 철학과 요가 철학이 동일한 사상으로 이해되고 있었음을 알 수 있다. 그러나 요가 철학은 유신론적인 사상이며 본래 상키야 사상과는 다른 면을 가지고 있었다고 생각된다. 여하튼 9세기 바차스파티미슈라는 뱌사의 소에 『진리통효』(眞理通曉, *Tattvavaiśāradī*)라는 복주를 썼으며, 이를 통해 요가 철학의 학설이 고정되었다. 16세기 비즈나나빅수도 뱌사의 소에 『요

8 우즈는 경(經)의 연대를 300~500년경, 소(疏)의 연대를 650~800년경으로 잡고 있다. 이에 관하여는 많은 이설들이 있어 확실하지는 않다.

가평석』(*Yoga-vārttika*)이라는 주석서와 『요가정수강요』(*Yogasāra- samgraha*)라는 요가 철학의 강요서(綱要書)를 저술했다.

이제 이슈바라크리슈나의 『수론송』과 파탄잘리의 『요가경』 그리고 바차스파티미슈라의 주석을 중심으로 상키야 철학과 요가 철학의 대강을 살펴보기로 하며, 때에 따라 두 사상의 중요한 차이점들을 언급하기로 한다.

3. 물질

상키야 철학은 불교와 같이 세계를 고(苦)로 보며, 이 괴로움을 극복하는 데 철학적 사유의 주목적이 있다고 본다. 또한 그 세계관에서도 불교와 같이 요가의 체험에 기초한 심리학적인 세계관, 즉 인간의 심리 현상의 관찰을 중심으로 세계를 파악하려는 경향이 짙으며 일원론적인 세계 해석을 피하고 있다. 그러나 동시에 상키야 철학은 불교에서는 인정하지 않고 있는 인간의 영원한 자아, 즉 푸루샤(정신, purusa)라는 실재를 인정하고 있으며, 이 점에서 불교와 결정적인 차이를 보이고 있다. 상키야 철학은 세계의 모든 존재를 정신과 물질(프라크르티, prakrti)이라는 두 개의 형이상학적 원리로 설명한다. 따라서 이 두 개념을 바로 이해하면 상키야 철학의 근본을 파악하는 셈이다.

프라크르티, 즉 물질이란 개념은 상키야 철학에서 특수한 의미를 지니고 있다. 프라크르티는 푸루샤를 제외한 세계의 모든 현상이 거기서 발전되어 나오는 만물의 모태와 같은 것으로서 미현현(未顯現, avyakta)이라고 부른다. 경험 세계에서 보는 바와 같은 한계를 지닌 현상들이 분명한 모습으로 나타나기 전의 가능성의 원천이다. 그 자체는 어떤 원인도 갖고 있지 않지만, 그것으로부터 모든 것이 전개되어(轉變, parināma) 나오는 세계의 질료인(質料因, updāna-kārana) 혹은 제일원인(pradhāna)이고 무한한 창조적 힘(śakti)이다. 상키야 철학에 의하면 무에서 유가 나올 수 없기 때문에 어떤 결과도 원인에 이미 내재하고 있어야 한다. 결과란 눈에 보이지는 않지만, 잠재적으로 원인에 이미 존재하고 있던 것이 눈에 보이게 나타나는 것에 불과하다.

이러한 견해를 인도 철학에서는 인중유과론(因中有果論, satkārya-vāda)이라 부르며, 수론(數論) 철학은 가장 대표적인 인중유과론이다. 결과(kārya)가 원인(kārana) 속에 이미 가능태로 존재한다는 견해로서, 설일체유부 같은 소승불교나 냐야-바이쉐시카(Nyāya-Vaiśesika) 철학의 인중무과론(asatkāryavāda)과 대조된다. 인중유과론 가운데서도 결과를 원인의 참다운 변형으로 보는 전변설(轉變說, parināmavāda)이 있는가 하면, 결과를 원인의 환상(幻像)일 뿐이라고 보는 가현설(假現說, vivartavāda)적인 인중유과론도 있다. 전자를 가장 잘 대표하는 것이 상키야 철학이고, 후자는 불이론적 베단타(Advaita Vedānta) 철학이 전형적이다. 예를 들어 전변설에 의하면 진흙 속에 이미 항아리가 보이지 않는 형태로 존재하고 있으며 항아리는 진흙의 참다운 변형이다. 반면에 가현설에 의하면 진흙만이 유일한 실재이며 항아리는 거짓으로 나타난 것에 지나지 않는다.

상키야 세계관에 따르면 세계는 해체(pralaya)와 진화(혹은 창조, sarga)의 과정을 끊임없이 되풀이한다. 해체 상태는 만물이 프라크르티 속에 잠재적으로 존재하고 있지만 아직 발현되지 않는 상태이며, 진화/창조란 프라크르티로부터 모든 현상이 순차적으로 발현되는 과정이다. 그러면 무엇이 이 해체와 진화를 되풀이하게끔 하는가? 어찌하여 미현현인 프라크르티는 해체 상태로 머물러 있지 않고 진화 과정으로 넘어가는가?

이 문제에 대한 상키야 철학의 설명을 이해하기 위해서 우리는 프라크르티 자체의 성격을 고찰할 필요가 있다. 상키야 철학에 따르면 프라크르티는 사트바(sattva, 善), 라자스(rajas, 激情), 타마스(tamas, 암흑)라는 3종의 요소들(guna)로 구성되어 있다. 이 세 요소들은 눈에 보이지 않지만, 그 결과들로부터 추리된 존재들이다. 사트바는 지성, 가벼움, 즐거움, 빛남(prakāśaka), 흰색의 성질을 갖고 있으며, 라자스는 힘과 끊임없는 운동, 고통, 붉은색의 속성을 지니고 있고, 타마스는 질량, 무거움, 저지, 무지, 무감각과 까만색의 속성을 지닌다고 한다.

세계 만물의 차이는 프라크르티의 세 요소 가운데 어느 것이 우세한가에 따라 혹은 세 요소들이 어떤 비율로 결합되는가에 따라 결정된다. 이 세 요소들은 서로 영향을 주고받으면서 특정한 한계와 형태가 없는 프라크르티의 상태로부터 점점 더 분명한 한계와 형태들로 분화된 현상 세계를 산출한다. 만약 이 세 요소가 똑같은 비율로 섞여 있어서 완전한 평형(sāmyāvastha)을 이루고 있을 때는 비록 이 요소들 자체는 바삐 운동을 계속하지만 어떤 요소의 성질도 지배적으로 나타나지 않기 때문에 프라크르티는 아무 변형 없이 미현현 그대로 남아 있게 된다.

그렇다면 프라크르티의 평형 상태가 깨어지는 원인은 무엇인가? 상키야 철학의 대답은 다음과 같다. 프라크르티는 단지 푸루샤의 곁에 있는 것 때문에(purusa-samnidhi-mātra) 평형이 깨어진다고 한다. 마치 자석이 칠을 당기듯 양자의 접촉(samyoga)이 있어야만 비로소 세계는 프라크르티로부터 전개되어 나온다는 것이다.

그러면 왜 이 두 개의 이질적 존재가 접촉을 하게 되는가 하는 것이 문제이다. 상키야는 푸루샤와 프라크르티의 접촉은 서로가 서로를 필요로 하기 때문이라고 말한다. 푸루샤는 해방(apavarga) 또는 향수(享受/즐김, bhoga)를 위해 프라크르티를 필요로 하고, 프라크르티는 자신을 보고 알고 즐기는 푸루샤를 필요로 한다는 것이다. 상키야 철학은 이 관계를 장님과 걷지 못하는 절름발이가 서로 협력하는 것에 빗대어 설명하기도 한다.

하지만 이런 상키야 철학의 설명은 설득력이 부족하다고 할 수밖에 없다. 만약에 상키야 철학에서 주장하는 대로 해탈이 푸루샤와 프라크르티의 분리에서 이루어지는 것이라면, 푸루샤가 해방을 위하여 프라크르티를 필요로 한다는 것은 병 주고 약 주는 식의 논리로서 수긍하기 어려운 면이 있다. 그뿐만 아니라 상키야 철학은 어떻게 해서 이 전혀 이질적인 두 개의 형이상학적 실재 사이에 처음부터 접촉이란 것이 가능한가라는 점을 설명해야만 한다. 이 문제를 해결하기 위하여 상키야 철학은 이 접촉은 실제상의 접촉이 아니라 다만 그렇게 보일 뿐이라는 설(samyogābhāsa)을 제시한다. 여하튼 상키야 철학은 푸루샤를 중심으로 하는 일종의 목적론적 세계관을 가지고 있다. 프라크르티는 인간의 해방/해탈을 위해 존재한다는 것이다.

상키야 철학에 따르면 푸루샤와 프라크르티의 접촉에 의해 프라크르티의 내적 평형 상태가 깨어지기 시작하면, 프라크르티의 세 요소들 가운데 가장 먼저 영향을 받는 것은 운동의 성질을 지닌 라자스이다.

이 라자스가 먼저 동요하기 시작하면 사트바와 타마스도 따라서 흔들리게 되어 진화의 과정이 시작된다. 일단 균형이 깨진 프라크리티의 전개 과정은 다음과 같다.

가장 먼저 특정한 성격을 갖고 나타나는 것은 사트바를 지배적 성품으로 가진 붓디(buddhi, 지성)이다. 붓디는 우주론적으로는 거기로부터 다른 모든 물질계가 전개되어 나오기 때문에 '위대한 것'(mahat)이라고 불리며, 인간학적/심리적으로는 모든 것을 인식할 수 있는 기관으로서 지성이라고 불린다. 우주적 붓디는 그 속에 우주가 해체될 때 프라크르티 속으로 잠재해 버렸던 모든 개인적 붓디를 포함하고 있으며, 이 붓디들은 무수한 전생을 통해 얻은 기억들과 정신적 성향들(samskāra, mental dispositions)을 지니고 있다. 하지만 붓디는 어디까지나 프라크르티의 산물이고 그 자체는 식(cit, consciousness)의 성품을 갖고 있지 않다고 상키야 철학은 말한다.

붓디는 의식을 순수식 푸루샤의 반사 작용을 통해서 받는다고 한다. 붓디는 마치 거울과도 같아 푸루샤의 빛이 있을 때만 다른 물건들을 비추게 되므로 우리의 모든 정신 활동, 인식, 경험 등을 가능하게 한다. 물론 붓디가 빛을 반사할 수 있는 것은 그 자체가 아주 섬세한 물질, 즉 사트바의 요소가 지배적이기 때문이다. 다시 말해서 붓디는 푸루샤와 가장 비슷한 성품을 지니고 있고 푸루샤에 가장 가까운 존재이기 때문에 푸루샤와 프라크르티 사이의 매개 역할을 하는 중요한 위치를 점하고 있다. 모든 경험과 인식 활동은 식을 지닌 푸루샤와 대상 세계 사이에서 관계를 맺어 주는 붓디가 협력할 때만 가능하다. 경험과 인식의 주체는 푸루샤만도 아니고 붓디만도 아니라 양자의 교섭 상태라는 것이다.

상키야 철학의 인식론에서 한 가지 흥미로운 사실은 미세한 사유물질인 붓디는 감각기관을 통해 들어오는 사물의 형상(ākāra)을 인지할 때나 혹은 사고 행위를 할 때 그 자신이 대상들이 지니고 있는 각기 다른 형태들에 따라 수시로 변화한다는 것이다. 다시 말하면 붓디는 거기로 들어오는 여러 대상을 단지 수동적으로 수납하지 않고 적극적으로 대상들에 따라 변모함으로써 인식과 경험이 성립된다는 것이다.

붓디로부터 아함카라(ahamkāra, 我慢)라 불리는 개체화의 원리가 전개되어 나온다. 심리적으로는 아함카라의 기능은 무엇보다도 자아의식과 아집과 교만(abhimāna)이다. 푸루샤는 자신을 바로 이 아함카라로 착각하여 스스로를 행위 주체로 생각하게 된다고 한다. 아함카라는 붓디와 마찬가지로 우주적인 존재론적 원리이기도 하다. 따라서 그 지배적 성품이 사트바냐, 라자스냐, 타마스냐에 따라 세 가지 방향으로 아함카라가 전개된다. 라자스는 주로 운동의 성품을 지녔으므로 그 자체로는 독립적인 발전을 하지 않고 사트바와 타마스를 도와서 지배하도록 하는 일만 한다고 한다. 사트바의 힘이 지배적이면 아함카라는 내적 감각기관인 의근과 오지근(五知根, jnāna-indriya), 즉 보고 듣고 만지고 맛보고 냄새 맡는 능력과 오작근(五作根, karma-indriya), 즉 말하고 손을 움직이고 발을 옮기고 배설하고 생식하는 능력을 산출한다.

여기서 '근'(indriya)이란 말은 눈에 보이는 육체의 기관들을 가리키는 말이 아니라 그 기관을 통해 작용하는 보이지 않는 힘(śakti)들을 가리키는 말이다. 다시 말해서 근은 우리가 추론(anumāna)을 통해서 아는 것이지 직접적인 지각(pratyaksa)의 대상이 아니다.

프라크르티의 전개물 가운데 붓디와 아함카라와 마나스(意根, manas)

를 내적 기관 혹은 심리기관(antah-karana)이라 부르며, 나머지 10근은 외적 기관(bāhya-karana)이라고 부른다. 숨(prāna)은 심리기관의 기능으로 간주된다. 외적 기관은 외부 세계를 심리기관에 전달해 주는 역할을 하며, 심리기관의 기능을 위한 조건이 된다. 마나스는 심리기관과 외적 기관의 매개체와 같은 것으로, 감각기관을 통해 들어오는 무분별적(nirvikalpa) 감각의 소여를 언어를 매개로 분별·종합·해석하여 분별적(savikalpa) 판단—"이것은 돌이다", "저것은 빨갛다" 등—을 하는 지각(perception)으로 바꾸는 작용을 한다. 상키야 철학에 의하면 마나스는 부분들로 구성되어 있고 여러 감각기관들과 동시에 접촉을 할 수 있다(이는 나중에 고찰할 나야-바이쉐시카 철학에서 말하는 마나스에 대한 견해와 대조적이다).

이러한 마나스의 작용 다음에 아함카라는 지각 활동을 '나'라는 개념에 연결시켜 자기 경험으로 만든 다음 붓디에 전달한다. 붓디는 감각기관과 마나스를 통해 들어온 형상들에 따라 변모한다(buddhi-vrtti). 그러나 이것만으로는 아직 인식이 성립되지 못한다. 왜냐하면 붓디는 어디까지나 프라크르티, 즉 물질의 발전된 상태이며 그 자체는 아직 식(cit)의 성질이 없기 때문이다. 따라서 붓디가 푸루샤의 빛을 반사해야만 비로소 지식이 성립된다. 이렇게 보면 프라크르티의 존재론적 전개 과정은 인간의 인식 과정과는 정반대의 것임을 알 수 있다. 인식 성립에 대한 관찰과 분석을 통해 인식의 가능 근거를 추적해 들어가 그것을 이루는 존재 요소들을 거슬러 올라가면서 찾는 것이 상키야 철학의 존재론적 사유 과정이다.

다른 한편 중량의 성격을 지닌 타마스가 지배하는 아함카라로부터는 오유(五唯, tanmātra), 즉 음(音)·촉(觸)·색(色)·미(味)·향(香)의 본질을 이루는 미세한 물질이 방출된다. 이 오유의 배합에 의해서 오대(五大, bhūta)가 산출된다. 즉, 음의 본질로부터는 허공(ākāśa), 음과 촉의 결합으로 풍(風, vāyu), 음 · 촉 · 색의 결합으로 화(火, tejas), 음 · 촉 · 색 · 미의 결합으로 수(水, ap) 그리고 음 · 촉 · 색 · 미 · 향의 결합으로는 지(地, ksiti)의 오대가 산출된다. 여기서도 역시 눈에 보이는 오대의 성질들로부터 역으로 추리해서 눈에 보이지 않는 오유의 존재를 설정하게 된다. 이렇게 해서 세계의 제일차적 진화 과정이 끝나고 오대의 여러 가지 결합에 의해 눈에 보이는 현상계의 다양성이 나타나는 것이다.

이상과 같이 프라크르티는 그 내적 균형이 깨어진 후 붓디로 발전한 후 한편으로는 아함카라로부터 11개의 기관(根)으로 발전하는 내적 전개와 다른 한편으로는 오유를 거쳐 오대로 발전하는 외적 전개 과정을 거쳐 현상 세계로 나타나게 된다. 아함카라와 오유는 더 특정지어질 수 있는 가능성을 지녔기 때문에 무결정자(aviśesa)라고 부르며, 11근과 오대는 이미 특정지어 있기 때문에 결정자(viśesa)라고 부른다. 또한 붓디와 아함카라와 마나스는 오유와 함께 인간의 세신(細身, lingaśarīra, subtle body)을 형성한다. 세신이란 우리의 육체가 파괴되는 때에도 계속해서 존속하다가 또 다른 몸으로 태어나게 되는 윤회의 주체가 되는 몸이다. 이 세신은 그 안에 과거와 현세에 지은 업을 통해 형성된 우리의 정신적 성향(samskāra)을 지니고 있다. 즉, 덕(dharma)과 악(adharma), 지혜(jnāna)와 무지(ajnāna), 격정(vairāgya)과 무욕(avairāgya), 초자연적 힘(aiśvarya)과 약함(anaiśvarya)의 여덟 가지 성향이다. 세신은 이러한 성향에 따라 거기에 알맞은 형태로 다시 태어난다. 마치 연극배우가 여러 역할을 하듯이 세신은 여러 형태의 몸으로 태어난다는 것이다.

이미 언급했듯이 상키야 철학에 따르면 이상과 같은 프라크르티의 전개 과정은 무의식적이긴 하지만 어떤 목적을 이루고 있다고 한다. 즉, 푸루샤의 향수(享受, bhoga)나 해방(apavarga)을 위한 목적론적 의미를 지닌다는 것이다.

그러면 이제 푸루샤에 관한 상키야 철학의 이론을 보자.

4. 정신

프라크르티는 세계의 질료적 원인은 되지만 결과는 아닌 존재인 반면에 푸루샤는 원인도 결과도 아닌 어떤 실재이다. 상키야 철학은 이 푸루샤의 존재를 인정함으로써 유물론적인 철학을 넘어선다. 푸루샤는 영원하고 무한하며 부분과 성질들을 갖고 있지 않다. 그러나 우파니샤드에서 말하는 아트만이나 브라만과는 달리 상키야 철학에 따르면 푸루샤는 무한히 많지만, 그들 사이에는 본질적 차이는 없는 개별자적 존재들이다. 이 푸루샤는 순수한 식, 혹은 방관자 혹은 주시자(sākṣin)로서 결코 그 자체는 대상화될 수 없는 존재라고 한다. 우리의 모든 지식이 성립되는 근저에 깔려 있지만, 대상에 따라 수시로 변하는 지식에 의해서 아무런 영향도 받지 않는다. 변하는 것은 붓디이지 푸루샤가 아니다.

상키야 철학에 의하면 푸루샤도 프라크르티와 같이 추론에 의해서 알려지는 존재이다. 상키야 철학은 푸루샤의 존재에 관해 여러 가지 증명을 한다. 물질적 세계는 앎이 없으므로 그것을 경험하는 어떤 원리를 필요로 한다. 즉, 대상은 인식 주체를 필요로 하며 이 주체가 푸루샤라는 것이다. 또한 인간에게는 윤회의 세계로부터 벗어나려는 종교적 갈망이 있는데 이 벗어남은 벗어나고자 하는 대상, 즉 물질계와는 다른 어떤 존재이어야만 가능하다는 것이다. 또 프라크르티가 산출하는 세계 만물 가운데 부분들로 구성된 모든 사물에서 발견되는 목적과 수단의 일치는 어떤 의식적인 존재를 위한 것이라고 한다. 상키야는 푸루샤를 이러한 자연 질서의 설계자(designer)로 이해하기보다는 이러한 의도적 질서의 혜택을 받는 의식적 존재로 이해한다.

우리는 여기서 무신론적인 상키야 철학과 유신론적인 입장을 취하는 요가 철학의 차이를 잠시 살펴볼 필요가 있다. 상키야 철학과 요가 철학은 둘 다 프라크르티가 전개되는 과정에는 일정한 질서와 합목적성이 존재한다고 인정한다. 그러나 문제는 원래 지성을 갖고 있지 않은 맹목적인 프라크르티의 어디서 그런 질서와 조화가 생기게 되는 것인가이다. 이 점에 대해 상키야 철학은 프라크르티 자체가 푸루샤에게 봉사하려는 목적적 방향성과 경향을 가지고 있다고 하여 그 전개 과정에 아무런 외부적 힘의 작용을 인정하지 않는다. 이에 반해 요가 철학은 프라크르티는 지성이 결여되어 있기 때문에 스스로 그런 목적성을 가질 수 없다고 보며, 더군다나 그 전개 과정에서 모든 사람이 각각 자기가 행한 업에 합당한 업보를 받도록 하는 것은 프라크르티 자체만으로는 설명이 안 된다고 본다. 따라서 요가 철학은 전지전능한 이슈바라(Īśvara) 신의 존재를 인정한다. 이 신의 영원한 의지에 따라 프라크르티의 전개 과정이 인도되며 푸루샤의 이익이 보호되고 실현된다는 것이다.

본래 『요가경』 자체에서는 신은 어떤 실제적 기능과 활동을 하지 않고 다만 영원히 속박을 모르는 푸루샤로서 요가행자들의 명상의 대상이 되는 존재 정도로 이해된다. 그러나 주석가들은 이러한 비활동적인 신의 개념에 만족하지 않고 점점 더 그를 활동적 존재로 파악하게 되었다. 그리하여 바사는 신을 미세한 물질로 몸을 삼아 종교적 교훈도 주고 은총으로 신자들의 구원을 돕기도 하는 존재로 간주하고 있으며, 바차스파티미슈라는 신을 세계의 주기적인 진화와 해체 그리고 우주의 도덕적 법칙을 관장하고 베다를 계시하는 존재로 이해한다.

5. 해탈론

그러면 푸루샤의 해방은 어떻게 가능한가? 이 문제를 살피기 위하여 우선 무엇이 상키야 철학에서 속박의 상태인지를 검토하지 않으면 안 된다. 우리는 이미 프라크르티는 해체와 진화의 과정을 끊임없이 반복하고 있음을 말했다. 그리고 프라크르티의 전개가 시작되는 것은 프라크르티와 푸루샤의 접촉 때문에 가능한 것임도 보았다. 특히 푸루샤가 프라크르티의 최초 전개물인 붓디와 가장 가깝기 때문에 양자의 교섭 상태에서 경험과 인식이 가능해진다는 것, 따라서 모든 욕망과 업이 생기게 된다는 것도 보았다.

붓디는 푸루샤가 프라크르티에 혼입되는 과정에서 중요한 위치를 점하고 있다. 그러나 이 접촉 혹은 혼입은 실제상의 섞임이 아니다. 왜냐하면 푸루샤는 본성상 순수한 의식으로서 언제나 자유로우며 프라크르티의 방관자일 뿐이기 때문이다. 문제는 우리가 무지로 인해 푸루샤를 붓디로 착각하여 마치 붓디가 겪는 모든 마음의 상태를 푸루샤가 체험하는 것으로 오인한다는 데 있다. 따라서 상키야 철학에서 속박이란 푸루샤와 붓디를 구별하지 못하고 혼동하는 무지 때문에 생기는 현상이다. 붓디는 사트바의 성질을 지배적으로 가지고 있기 때문에 아주 섬세한 물질이어서 푸루샤의 빛을 반사하여 마치 그 자체가 의식이 있는 존재처럼 보인다고 한다. 따라서 우리는 붓디의 상태가 푸루샤가 아니라는 것을 모른다는 것이다. 이것이 상키야 철학에서 말하는 무지이다.

요가 철학은 좀 더 적극적으로 우리가 붓디의 상태를 마치 푸루샤인 양 간주하는 것이 무지라고 주장한다. 푸루샤는 본래 순수식으로서 아무런 활동을 하지 않으며 변화를 겪지 않는 존재이다. 그러나 대상에 따라 변하는 붓디의 비추어진 상태들과 혼동되기 때문에 마치 푸루샤 자체가 인식과 경험의 주체로서 변화를 겪고 있는 것처럼 착각한다는 것이다. 마치 아무런 형태도 없는 철구의 불이 둥근 형태를 가진 것처럼 보이는가 하면, 차가운 쇳덩어리가 뜨겁게 보이는 것과 비슷하다고 한다. 혹은 달이 흔들리는 물결에 비치게 되면 마치 달 자체가 흔들리는 것처럼 보이고 물 자체가 빛이 있는 것처럼 보이는 것과 같다고 한다.

따라서 푸루샤와 붓디를 분명히 구별하는 분별지(viveka-jnāna)야말로 해탈에 필수적이다. 이러한 분별지의 가능성은 붓디 자체 내에서 발견된다. 따라서 프라크르티는 푸루샤의 해방이라는 영적 목적을 위하여 부단히 활동하고 있으며, 프라크르티는 본래 푸루샤를 속박하려는 존재가 아니다. 결국 해탈과 속박 모두 프라크르티 자체 내의 사건이며 붓디가 그 관건을 쥐고 있다.

일단 붓디 내에 이러한 분별지가 생기게 되면 붓디를 중심으로 하는 인식과 행위도 그치게 되고 푸루샤도 본래의 모습인 순수한 독재(獨在,

홀로 있음, kaivalya)의 상태로 있게 되는 것이다. 『수론송』의 저자 이슈바라크리슈나는 말하기를 프라크르티는 매우 수줍은 무희와도 같아 일단 푸루샤라는 방관자가 자기 춤을 쳐다보고 있다는 의식이 생기면 춤을 그치게 된다고 한다. 푸루샤는 프라크르티를 일단 보고 나면 모든 흥미를 잃어버리고, 프라크르티는 푸루샤에게 보였다고 생각하면 모든 행위를 그치게 된다는 것이다.

요가 철학에서는 이 붓디에 아함카라와 의근을 추가해서 전부를 심(citta)이라고 부른다. 심은 그 안에 전생에서 경험한 경험들의 자취나 인상(vāsanā)들 혹은 업의 공과들을 지니고 있는 윤회의 주체이며, 이 잠재적인 힘들이 현세나 내세에서 적당한 조건을 만나게 되면 환생하게 된다고 한다. 요가 철학은 이 심의 잠재적인 힘들을 강조하기 때문에 상키야 철학처럼 푸루샤의 해방을 단순히 분별지만으로 가능하다고는 생각하지 않는다. 심에 잠재해 있는 모든 과거의 습관적 힘들이 제거되어서 심이 푸루샤처럼 순수한 상태로 변화해야만 한다는 것이다. 뿐만 아니라 현재도 계속해서 새로운 습관적인 힘과 업의 자취를 생성하고 있는 심의 모든 작용이 그쳐야만(citta-vrtti-nirodha) 해탈이 가능하다고 본다.

요가 철학에 의하면 심은 다섯 가지 습관적인 힘 혹은 번뇌(kleśa)에 의하여 침투되어 있다. 즉, 무명(無明, avidyā), 아견(我見, asmitā), 탐(貪, rāga), 증(憎, dvesa), 현탐(現貪, abhiniveśa)[9]이다. 이 중에서 무명의 힘이 가장 크며, 나머지 네 가지 번뇌를 낳는다. 이들 번뇌에 의해 우리는 업을 짓게 되고, 우리가 행한 업은 또 심에 그 자취와 영향을 남기게 되어 후에 거기에 상응한 업보를 받게 된다는 것이다.

---

9 현탐은 현세의 향락에 집착하여 죽음을 두려워하는 마음이다.

요가 철학은 우리의 심 작용을 다섯 종류로 구분하여 설명하고 있다. 즉, 정지(正知, pramāna), 부정지(不正知, viparyaya), 분별지(vikalpa), 수면(nidrā), 기억(smrti)이다. 정지는 지각과 추론과 증언의 세 가지 타당한 인식의 방법에 근거한 앎이고, 부정지는 적극적으로 틀린 지식이다. 분별지는 대상이 없는데도 순전히 말에 의해서 아는 지식, 예를 들면 '토끼의 뿔' 같은 것이다. 수면이란 인식의 부재를 뜻하는 개념으로써 이것 역시 심 작용의 하나로 간주한다. 마지막으로 기억은 마음에 남겨진 인상을 통해 과거의 경험을 회상하는 것이다.

이러한 심 작용들과 전에 축적되었던 습관적인 힘들을 제거하기 위하여 요가 철학은 구체적인 수행 방법으로서 8단계로 구성된 팔지(八支) 요가(astānga-yoga)를 제시한다. 즉, 금제(禁制, yama), 권제(勸制, niyama), 좌법(坐法, āsana), 조식(調息, prānayāma), 제감(制感, pratyhāra), 집지(執持, dhāranā), 정려(靜慮, dhyāna), 삼매(三昧, samādhi)이다. 이 중에서 처음 다섯은 나머지 셋을 위한 준비 단계로 간주된다. 요가의 궁극 목표는 모든 심 작용이 그친 삼매의 경지에 이르는 것이다.

제8장

승론 학파의 철학

1. 승론 철학의 전통

상키야 철학과 요가 철학이 같이 가듯이 승론(勝論, Vaiśesika) 철학[1]은 보통 정리(正理, Nyāya) 학파의 철학과 함께 논의되어 왔다. 어느 때부터 이 두 학파가 같이 취급되게 되었는지는 확실히 알 수 없으나, 두 학파는 처음부터 근본적인 세계관에서 일치한다고 생각해서 서로 상자(相資) 관계를 이루어 온 것으로 보아 왔다. 승론 학파는 주로 세계의 형이상학적 구조를 중점적으로 다루는 학파인 데 반해 정리 학파는 이 형이상학적 세계관을 논리학과 인식론을 통해서 뒷받침해주는 학파이다. 인도의 다른 모든 정통 학파들이 불교를 비판해 왔지만, 그중에서도 이 두 학파는 극단적인 실재론적 입장을 대표하는 철학으로서 불교의 철학적 입장과 정면으로 대립하여 왔다.

승론 학파와 정리 학파는 비록 바라문계의 정통 육파로서 간주되어

1 'Vaiśesika'란 말은 '특수', '구별' 등을 의미하는 'viśesa'에서 온 것으로서, 이 학파가 세계를 6범주로 구별해서 설명하기 때문에 생긴 이름이다. 그러나 중국 불교 전통에서는 'Vaiśesika'란 말을 '뛰어나다'(殊勝)는 뜻으로 이해해서 이 학파를 승론(勝論)이라고 불러 왔다. 이 책은 이 용법을 그대로 따른다.

왔지만, 실제로 이 두 학파의 정통성은 오히려 다분히 명목적인 것이다. 베단타학파나 미맘사 학파 그리고 상키야 학파와 요가 학파가 분명히 베다의 철학적 사상에 근거하고 있는 반면 승론 학파와 정리 학파는 베다나 그 후의 종교적 문헌인 서사시나 푸라나(Purāna) 같은 문헌들에서도 분명히 그 기원을 찾기 어려운 철학이기 때문이다.[2]

우선 승론 학파의 주요 철학적 문헌들을 살펴보면 카나다(Kanāda)라는 아마도 가공적 인물의 저서로 전해지는 『승론경』(*Vaiśesika-sūtra*)으로부터 시작된다. 그 연대는 정확히 알 수 없으나 1~2세기경의 작품으로 추측된다. 내용은 극히 간결한 격언조로 된 철학적 진술들을 모아 놓은 것으로서 다른 학파의 근본 경전처럼 주석 없이는 이해하기 어려운 부분이 많다. 승론 철학이 결정적인 체계적 정립을 보게 된 것은 500년경에 쓰인 프라샤스타파다(Praśastapāda)의 『구의법강요』(句義法綱要, *Padārthadharma-samgraha*)로서 형식상으로는 『승론경』에 대한 주석서이지만, 실제상으로는 하나의 독자적인 논서이다.[3] 프라샤스타파다의 논서에 관해서는 뵤마쉬바(Vyomaśiva, 900~960년경)의 『여허공』(如虛空, *Vyomavatī*), 슈리다라(Śrīdhara, 950~1000년경)의 『정리파초수』(正理芭蕉樹, *Nyāyakandalī*) 그리고 우다야나(Udayana, 1050~1100년경)의 『광휘연속』(光輝連續, *Kirnāvalī*)과 같은 주석서들이 나왔다. 또한 이 무렵 승론 철학과 정리 철학을 함께 섞어서 취급하는 쉬바아디티야(Śivāditya)의 『칠구의론』(七句義論, *Saptapadārthī*)도 쓰여졌다.[4] 이제 『승론경』과 프라샤스타파다의 『구의법강요』를 중

---

2 승론 철학의 기원에 관련하여 자이나교, 순세파(Lokāyata) 혹은 미맘사 학파로부터 유래되었을 것이라는 여러 학설이 있지만, 모두 확실치 않다. H. v. Glasenapp, *Die Philosophie der Inder*(Stuttgart: Alfred Kröner Verlag, 1974), 234-37 참조.

3 S. N. Dasgupta, *A History of Indian Philosophy*, Vol. I(Cambridge, 1922), 306 각주 참조.

심으로 하여 승론 철학의 대강을 살펴보기로 한다.

2. 여섯 범주

승론 철학은 세계를 여섯 가지 범주(範疇, 句義, padārtha)로 구별하여 분석한다. 여기서 범주라 함은 단순히 추상적 관념을 뜻하는 것이 아니라 이 관념들에 해당하는, 실제로 존재하고 언표할 수 있는 지식의 대상을 지칭한다. 다시 말해서 승론 철학은 세계를 여섯 가지 측면으로 구성된 것으로 해석하고 있다. 첫째 범주는 실체(dravya)이다. 실체란 거기에 어떤 성질이나 행위가 속할 수 있는 혹은 그 근저에 있는 어떤 것이다. 실체는 또 어떤 사물들의 질료적 원인이 되는 것이다. 승론에 의하면 실체에는 9가지가 있다. 즉, 지(地, prthivī), 수(水, ap), 화(火, agni), 풍(風, vāyu), 공(虛空, ākāśa), 시간(kāla), 공간(diś), 의근(manas), 자아(ātman)이다.

지 · 수 · 화 · 풍 · 공은 다섯 가지 물질적 요소(panca-bhūta)들로서 다섯 가지 외적 감각기관에 의해 각기 지각될 수 있는 고유의 특수 성질(viśesa-guna)을 지니고 있다. 예를 들어 흙은 코에 의해 지각되는 냄새의 성질을 지녔고, 공은 귀에 의하여 지각되는 소리의 성질을 지녔다고 본다. 지 · 수 · 화 · 풍은 그것들을 구성하는 미세한 원자(paramānu)들로 구성되어 있다. 원자들은 무수히 많고, 부분이 없기 때문에 더 이상 나눌 수도 없고, 생성도 될 수 없고 파괴도 될 수 없는 영원한(nitya) 존재들인

4 이외에도 동류의 저서로서 Keśavamiśra의 *Tarkabhāsā*, Annambhatta의 *Tarkasamgraha* 등이 그 후에 쓰여졌다.

반면 이들로 구성된 지 · 수 · 화 · 풍은 생성 · 소멸할 수 있기 때문에 영원하지 못하다(anitya). 승론 철학에 따르면 원자에는 지 · 수 · 화 · 풍을 구성하는 네 가지 이질적 종류가 있고, 개개의 원자들도 각각 양과 질에서 서로 다르다고 한다. 그러나 공(허공)은 원자로 구성되어 있지 않다. 승론 철학에 의하면 실체가 외적으로 지각되려면 크기와 나타나는 색깔이 있어야 하는데, 허공은 그렇지 않으므로 지각될 수 없다. 하지만 소리라는 성질이 속해야 하는 어떤 실체로서 그 존재가 추리를 통해 알 수 있는 것이라고 주장한다.

시간과 공간은 허공과 마찬가지로 지각될 수 없고 추리로 아는 실체들로서 각각 하나이며 영원하고 모든 것에 편재한다. 즉, 시간은 우리가 과거 · 현재 · 미래 · 젊음 · 늙음 등을 인식하는 근거이며, 공간은 '여기' · '저기' · '가깝다' · '멀다' 등을 아는 인식의 근거로 추리된다. 공과 시간과 공간은 비록 눈으로 볼 수 없는 통일적이고 보편적인 실체이지만 우리의 인식에 영향을 주는 제한적 조건들(upādhi) 때문에 흔히 다수의 부분적 존재들인 것처럼 말해진다. 예컨대 방이라는 제한적 조건 때문에 방의 공간이라는 개념이 생겨 본래 하나인 공간이 마치 부분들로 나눠어져 있는 존재들로 인식된다는 것이다.

자아 혹은 영혼은 의식 현상의 밑바닥을 이루는 실체로서 영원하고 편재적(偏在的)이다. 영혼에는 개인 영혼(jīva-ātman)과 최고 영혼(parātman), 즉 신(Īśvara)이 있다. 신은 하나이고 세계의 창조주로 추리되는 존재이다.[5] 신은 전지한 영혼으로서 일체의 고통과 욕망으로부터 자유로운 존재이다. 개인 영혼은 하나가 아니라 다수 존재하며, 그들이 속한 몸에

5 신의 존재에 대한 증명은 정리 철학에서 다룬다.

따라 각기 다른 특수성(viśesa)을 갖고 있다. 개인 영혼은 의근과 관계되어 있지만 본래 신과 같이 고통과 욕망으로부터 자유로운 존재라고 한다. 영혼은 의지, 욕망, 기쁨, 아픔 등의 여러 가지 정신적 상태들이 속하는 실체로서 '나는 안다', '나는 원한다' 등의 표현으로부터 우리는 자아가 의식이 속하게 되는 어떤 실체인 것을 알 수 있다고 한다. 그러나 승론 철학은 상키야나 베단타 철학과 달리 의식(cit)을 영혼의 본질적 속성으로 보지 않고 우연적인 성질로 간주한다. 예를 들어 우리가 깊은 수면 상태에 빠질 때 우리의 영혼은 식의 성질을 갖지 않는다고 승론 철학은 본다.

마지막으로 승론 철학은 의근을 독립된 실체로 인정한다. 의근은 우리의 내적 감각기관(antarindriya)으로서, 승론에 의하면 우리의 외적 감각기관들이 외적 대상들을 지각하듯이 영혼의 여러 상태 같은 내적 대상들을 지각하는 어떤 내적 감각기관이 있어야만 한다고 말한다. 이것이 바로 의근이다. 즉, 우리의 자아는 외적 감각기관을 통해 외계 사물들과 상대하며, 의근이라는 내적 감각기관을 통해서 자신의 내면 상태를 인식한다는 것이다. 또한 우리의 외적 감각기관들은 항시 그 대상들과 접촉하고 있음에도 불구하고 이 대상들이 동시에 함께 지각되지 않는 것은 우리의 지각 활동을 한 번에 하나씩으로 제한하는 어떤 요인이 있기 때문이라고 말한다. 이것은 바로 의근의 기능으로서, 지각이란 의근의 주의가 감각기관을 통해 들어오는 대상으로 향할 경우에만 비로소 가능하다는 것이다.

의근은 감각기관을 통해 들어오는 대상 세계와 자아 사이에 위치하며, 의근을 통해 자아는 대상과 접촉하고 인식을 한다. 의근은 일종의 미세한 원자와 같아서 부분을 갖고 있지 않은 영원하고 통일적인 존재다. 만약에 의근이 부분을 갖고 있다면 그 활동도 분화될 수 있기에 우리는 많은 대상을 동시에 지각할 수 있게 될 것이기 때문이다. 우리의 자아는 각자의 의근과 관계하고 있고, 이 의근이 우리의 자아에 개체성을 부여한다고 한다. 의근은 윤회 과정 속에서 자아를 동반한다.

지금까지 우리는 승론 철학의 여섯 범주 가운데서 실체(dravya) 개념을 살펴보았다. 승론 철학의 둘째 범주는 성질(guna)이다. 성질은 언제나 실체에 속해서만 존재하며 그 자체는 아무런 성질이나 행위를 갖고 있지 않다. 성질은 어떤 사물의 성격이나 본성은 결정할 수 있지만, 그것의 존재와는 무관하다. 또한 행위와는 달리 성질은 실체의 움직이지 않는 수동적이고 정적인 속성이다. 승론은 가장 기본적인 성질을 24종(색, 맛, 수, 연장 등)으로 분류하고 있으며 이 종들을 더욱 세분하여 고찰하지만 여기서는 생략한다.

승론은 세 번째 범주로 행위 혹은 운동(karma)을 든다. 행위는 성질과 마찬가지로 실체를 떠나 독립적으로 존재하지 못하나 성질과는 달리 한 실체가 자신의 영역을 벗어나 다른 실체와 접하거나 떨어지게 하는 원인이 되는 원리이다. 행위는 물론 어떤 성질도 갖고 있지 않다. 왜냐하면 성질은 실체에만 속하기 때문이다. 그리고 허공 · 시간 · 공간이나 영혼 같은 편재적인 실체들은 운동이 있을 수 없다. 오로지 제한된 물체적 실체, 즉 지 · 수 · 화 · 풍 · 의근에만 운동이 가능하다고 본다. 왜냐하면 무제한적인 것들은 위치를 바꾸는 일이 불가능하기 때문이다. 승론은 행위를 다섯 가지로 분류하는데 상투(上投, utksepana), 하투(下投, avaksepana), 굴(屈, ākuncana), 신(伸, prasārana), 행(行, gamana) 등이다.

네 번째 범주는 보편(sāmānya)이다. 즉, 한 사물을 다른 이름이 아닌 그 이름으로 부르게 하는 근거가 되는 공통적이고 본질적인 실재를 말한다. 유명론적인 견해와는 달리 승론 철학에 따르면 보편은 단순히 우리 마음의 관념으로만 존재하는 것이 아니라 객관적으로 사물에 내재하는 실재이다. 보편은 개물(個物)에 내재하며, 그들이 지니는 공통성에 대한 관념, 즉 유(類) 개념의 기반이 된다. 보편은 그 범위에 따라 가장 높고 일반적인 보편, 즉 유성(有性, sattā)의 개념과 가장 낮고 좁은 보편, 즉 고양이성(性) 같이 한 종류의 사물에 국한된 보편 그리고 높지도 않고 낮지도 않은 보편, 예를 들어 실체성(dravyatā)[6]과 같은 것으로 구분된다. 보편은 실체와 속성과 행위의 범주에만 내재한다.

보편이 사물의 공통성을 설명해주는 것임에 반해 승론의 다섯 번째 범주인 특수성(viśesa)은 부분을 갖고 있지 않은 영원한 실체들, 즉 시간 · 공간 · 공 · 의근 · 영혼 · 원자 등의 궁극적인 특수성 혹은 차이점을 설명하는 개념이다. 부분을 갖고 있는 사물들의 차이점은 부분들의 차이에 의해 설명되지만, 부분이 없는 실체들의 차이는 그들이 가지고 있는 고유한 특수성에 의해서만 설명된다고 한다. 이 특수성은 영원한 실체들 속에 존재하므로 그 자체가 영원하다.

마지막으로 승론 철학은 내재(samavāya)라는 범주의 실재성을 말한다. 승론에서는 사물과 사물 간의 관계에 두 종류가 있다. 하나는 연결(samyoga, conjunction)의 관계이고, 다른 하나는 내재(samavāya, inherence)의 관계이다. 연결이란 한 사물과 다른 사물 사이의 잠정적인 외적 관계로서 하나가 없어도 다른 사물은 존재할 수 있다. 따라서 연결이란 두 실

---

6 마찬가지로 성질(guna)됨, 행위(karma)됨도 이런 부류의 유개념들이다.

체들이 가지는 우연적 성질 혹은 속성으로 간주된다. 반면에 내재의 관계는 영구적이고 불가분리의 관계로서 전체와 부분, 실체와 성질들과 같이 하나가 다른 하나 안에 필연적으로 존재하는 관계이다. 내재는 승론 철학에 의하면 지각될 수 없지만, 정리 철학에서는 지각될 수 있다고 주장한다.

이상과 같은 여섯 가지 범주 외에도 『승론경』에는 언급되어 있지 않지만 10세기 이후의 승론 철학의 저서들은 일곱 번째 범주로 부존(abhāva)을 들고 있다. 무엇이 내재하지 않는다는 것은 부정할 수 없는 실재의 한 면이라는 것이다. 우리의 지식과 단어(pada)는 대상(artha)이 있기 마련이고, 대상은 지식과는 별도로 독립적으로 존재하므로 부존이라는 것도 부존을 아는 지식과는 별도의 객관적 사실이라는 것이다.

승론 철학은 네 가지 종류의 부존을 구별한다. 첫째는 전부존(前不存, prāgabhāva), 즉 어떤 사물의 생성 이전의 부존이다. 둘째는 후부존(後不存, pradhvamsabhāva), 즉 사물의 파멸 후의 부존이다. 셋째는 상호 부존(anyony- abhāva), 즉 한 사물이 다른 어떤 사물로 존재하지 않기 때문에 있는 부존이다. 넷째는 절대 부존(atyantabhāva), 즉 '토끼의 뿔', '허공의 꽃' 등과 같은 부존이다. 전부존이 없다면 모든 사물이 시작이 없을 것이고, 후부존이 없다면 모든 사물이 영원할 것이고, 상호 부존을 부인하면 사물들의 구별이 없어질 것이며, 절대 부존이 없다면 모든 사물이 항상 어디서나 있을 수 있게 된다는 불합리한 결과를 초래할 것이라고 승론 철학은 말한다.

이미 언급한 바와 같이 승론 철학은 이상과 같은 7가지의 범주들을 단지 우리가 갖고 있는 관념으로만 간주하는 것이 아니라 우리가 알아야 하는 지식의 객관적인 대상(padārtha)으로 여긴다. 범주들은 실재의 7가지 측면을 구성하고 있는 것으로서 승론 철학은 이 범주론에 의해 세계의 여러 모습과 측면을 파악하고 있는 다원적 실재론의 철학이다. 상키야 철학의 이원론이나 베단타 철학의 일원론적인 세계관과 대조를 보이고 있는 것이다.

3. 신, 불가견력, 해탈

승론 철학도 인도의 전통적 세계관인 세계의 주기적 창조와 해체를 받아들인다. 원자들의 결합과 해체에 의해 물질세계는 창조되고 해체된다. 초기 승론 사상은 신의 존재를 인정하지 않은 듯했지만, 후에 와서는 세계의 도덕적 성격을 설명하기 위해 신의 존재를 받아들였다.[7] 즉, 원자의 결합과 해체는 맹목적이고 우연적인 과정이 아니라 온 우주의 대주재신(Maheśvara)의 창조와 파괴 의지에 따른다는 것이다. 이 의지는 도덕적 경륜을 배려하여 불가견력(不可見力, adrsta)이라 불리는 개인 영혼들의 보이지 않는 도덕적 공과에 따라 각자에게 합당한 경험을 하도록 원자들의 운동을 조정한다. 신은 이 영원한 원자들을 창조하지는 않았지만, 지성을 결여한 맹목적 원자들을 도덕 법칙에 따라 움직이도록 한다. 신은 세계의 능동인(能動因)이지만 질료인(質料因)은 아니다.

7 프라샤스타파다의『구의법강요』에서 처음으로 분명하게 세계를 창조하고 파괴하는 대주재신(Maheśvara)의 개념이 등장하며, 그 후 우다야나와 슈리다라 등의 주석서 등에서도 유신론적 사상이 더욱 두드러지게 되었다.

승론 철학에 의하면 원자는 그 자체로서는 운동을 갖고 있지 않다. 운동은 오히려 개인 영혼들 안에 존재하고 있는 불가견력에 의해 전달된다는 것이다. 그러나 이 불가견력 자체도 지성이 없는 맹목적인 존재이기 때문에 결국 지성적인 신이 있어서 원자들의 운동을 도덕 법칙에 따라 조정해야 한다고 생각한다. 이렇게 보면 원자론에 입각한 승론 철학은 서양 철학에서처럼 유물론적인 결론으로 가지 않고 인도인 일반이 가졌던 도덕적 세계관에 부합하는 유신론적 원자론을 전개했다고 볼 수 있다.

인도의 다른 학파들과 마찬가지로 승론 철학도 자아의 해방에 최종 목표를 두고 있다. 자아의 해방이란 자아가 아무런 속성이나 성질들을 지니지 않고 순수하게 그 자체로서 존재하고 그 안에 내세의 업보를 초래하는 어떠한 불가견력도 남아 있지 않게 된 상태를 가리킨다. 그러기 위해서는 우선 승론 철학에 대한 올바른 지식이 필요하다고 한다. 예를 들어 자아의 본성이나 원자의 이론 등을 바로 알면 이러한 지식은 우리의 모든 이기적 욕망과 행위들을 제거하게 된다고 한다.

승론 철학은 인간의 행위를 자발적인 것과 자발적이지 않은 것으로 구별한다. 자발적인 행위는 욕망(icchā)과 혐오(dvesa)에 근거한 행위로서 이것만이 도덕적 의미를 지닌다고 한다. 해탈이란 이러한 자발적 행위가 모두 그치고 새로운 도덕적 공과(dharma, adharma)가 축적되지 않고 과거에 축적된 공과가 서서히 소진해 버린 상태이다. 이러한 상태에서 자아는 아무런 생각이나 감정이나 의지를 느끼지 않고 어떠한 의식도 없는 상태가 된다. 모든 속성을 떠나 실체로서의 자아가 그 자체로서 존재할 따름이다.

승론 철학의 인식론은 현량(現量), 즉 지각(pratyaksa)과 비량(比量), 즉 추론(anumāna)을 지식의 두 가지 타당한 방법으로 간주한다. 베다의 권위는 인정하지만 정리 학파처럼 베다를 하나의 독립적인 타당한 지식의 방법으로 인정하지는 않는다. 왜냐하면 베다에 나타난 진술들의 타당성은 그 저자들의 권위로부터 추론된 것이기 때문이다. 따라서 성교량(聖教量, śabda)은 추론의 일종으로 간주된다.

제9장

정리 학파의 철학

1. 정리 철학의 전통

정리(正理, Nyāya) 학파의 철학 체계는 전통적으로 가우타마(Gautama) 혹은 안족(眼足, Aksapāda)이라는 사람에 의해 수립되었다고 한다. 그의 정확한 연대는 알 수 없으나 대략 기원전 1~2세기의 사람으로 추정되며, 현재의 『정리경』(*Nyāya-sūtra*)은 기원후 2세기경에 편찬된 것으로 간주된다. 『정리경』에 대한 현존하는 주석서 가운데서 가장 오래되고 권위 있는 것은 바치야야나(Vātsyāyana, 450~500년경)에 의한 『정리소』(正理疏, *Nyāya-bhāsya*)이며, 이 소는 그 후 오늘날에 이르기까지 많은 다른 주석서들을 낳았다.

비록 『정리경』이 2세기 전후에 쓰였다고 하나 올바른 사고의 형태와 논증의 연구를 중심으로 하는 이 학파의 연원은 훨씬 더 멀리 소급된다고 볼 수 있다. '정리'(nyāya)란 말은 아마도 원래는 베다 시대 이후에 점차로 잃어버리게 되었던 제식의 올바른 규범을 추리해 내고 논증하는 것을 의미했다. 천문 · 문법 · 법률 등과 같은 인도의 많은 학문이 베다 연구를 기초로 하여 발전된 것과 같이 정리학도 원래는 베다 연구와 관련되었던 것이다. 그러나 나중에 미맘사(Mīmāmsā) 학파가 제식의 문제를 전문적으로 다룸에 따라 정리 학파는 학문 일반의 논증 방법만을 추상적으로 다루는 형식논리학 쪽으로 발전하게 되었다. 정리는 다른 이름으로 사택(思擇, tarka) 혹은 심구(尋求, anviksikī)라고도 불렸다. 우리는 『가우타마 법전』(*Gautamadharma-sūtra*), 『마누 법전』(*Mānavadharma-śāstra*), 카우틸랴(Kautilya)의 『실리론』(實利論, *Artha-śāstra*) 같은 고대 문헌들에서 그러한 학문의 공부가 정치나 법의 수행을 위해서 권장되고 있음을 발견할 수 있다.

밧샤야나의 『정리소』에 대한 주석서 가운데서 가장 중요한 것은 6세기경 웃됴타카라(Uddyotakara)가 저술한 『정리평석』(正理評釋, *Nyāya-vārttika*)으로서, 불교의 세친(世親, Vasubandhu)과 진나(陳那, Dignāga)의 설을 분명히 알고 있었으며 그들의 견해를 반박하고 있다. 이후 약 300여 년간에는 정리 학파의 저술로서 이렇다 할 만한 것이 별로 전해지는 것이 없지만, 샨타락시타(Śāntaraksita)나 카말라쉴라(Kamalaśīla) 같은 8세기 불교 철학자들의 저서를 통해 이 기간의 정리 학파 사람들의 견해를 엿볼 수도 있다.

다음으로 정리 철학의 중요한 인물로는 인도 서북부 카슈미르 지방 출신인 브하사르바즈나(Bhāsarvajna, 850~920)가 있다. 그의 『정리정요』(正理精要, *Nyāyasāra*)는 정리 철학을 간략히 요약해 주는 대표적인 저서이다. 또한 그의 『정리장식』(正理裝飾, *Nyāyabhūsana*)은 『정리정요』에 대한 주석으로서 정리 학파 내에서 많은 논란의 대상이 되어 왔던 대저로 최근에야 비로소 발견되어 학계의 관심을 모으고 있다.[1]

---

1 Karl H. Potter ed., *Indian Metaphysics and Epistemology*(New Jersey: Princeton University

정리 철학뿐만 아니라 다른 많은 학파들의 철학에도 대표적인 저술들을 남긴 바차스파티미슈라(Vācaspatimiśra, 9세기)[2]는 웃됴타카라의 『정리평석』에 대한 주석서 『정리평석진의주』(正理評釋眞意註, *Nyāyavārttika-tātparyatīkā*)를 썼고, 우다야나(Udayana, 1050~1100)는 이 주석에 대한 복주로서 『정리평석진의주 해명』을 썼다. 우다야나는 많은 현대 학자들에 의해 정리 철학과 승론 철학의 가장 위대한 철학자로서 간주되고 있다. 그의 다른 저서 『자아진리분별』(Ātmatattvaviveka)은 불교의 무아설에 대한 비판으로서 자아의 존재를 증명하고 있으며, 그의 『정리화속』(正理花束, *Nyāyakusumāñjali*)은 냐야-바이쉐시카 철학에서 신의 존재 증명에 대한 결정적인 저술로 여겨지고 있다. 우다야나의 철학은 그 후 냐야-바이쉐시카 학파를 풍미하다가 14세기에 와서 간게샤(Gangeśa)가 출현하여 『진리여의주』(*Tattvacintāmani*)라는 논리학 책을 써서 소위 신정리학(Navya-nyāya)의 기초를 수립했다. 신정리학은 주로 까다롭고 기술적인 논리 문제들을 중점적으로 연구하는 형식논리 학파로서 여기서는 다루지 않기로 한다.

2. 지식의 의미와 방법

『정리경』은 정리 철학이 다루어야 할 문제들을 16가지로 분류하여

Press, 1977), 6, 410-424 참조.

2 바차스파티미슈라의 연대에 관해서 Potter ed., *Indian Metaphysics and Epistemology*, 453-454 참조.

언급하고 있다.

참된 지식의 수단인 양(量, pramāna), 지식의 대상인 소량(所量, prameya), 불확실한 의심의 상태인 의혹(samśaya), 토의가 지향하거나 피하려는 목적(prayojana), 추리에 도움이 되는 적절한 예(drstānta), 옳다고 받아들이는 정설(siddhānta), 추리의 5단계를 구성하는 명제들인 지분(支分, avayava), 가설적 논법을 통한 논파(tarka), 정당한 논의를 통해 도달한 확실한 지식인 결정(nirnaya), 인식의 수단과 논리 전개를 통해 진리에 도달하려는 논의(vāda), 승리만을 일삼는 부정한 논쟁(jalpa), 상대방의 논파만을 목적으로 하는 논힐(論詰, vitandā), 추리에 있어서 타당한 이유같이 보이지만 사실은 틀린 사인(似因, hetvābhāsa), 상대방의 주장이나 논리를 왜곡해서 비난하는 궤변(chala), 상대방을 혼란시키는 부당한 논란 오난(誤難, jāti), 논쟁에서 상대방을 패하게 만드는 약점 혹은 부처(負處, nigraha-sthāna) 등이다.

이상에서 볼 수 있듯이 정리 철학의 주요 관심사는 무엇보다도 인식과 논리 전개의 문제들이다. 승론 철학에서 말하는 7가지 범주는 모두 두 번째 것, 즉 소량에 포섭되며 정리 철학은 이 소량보다는 양에 더 많은 관심을 기울이는 철학이다.

정리 철학은 지식을 인지(upalabdhi 혹은 anubhava, apprehension)로 정의하며, 모든 지식은 대상의 계시나 나타남(arthaprakāśo-buddhi)이라고 한다. 지식은 자아가 자아 아닌 것, 즉 대상들과 접촉할 때 생기는 것으로서 자아의 본질적 성품은 아니다. 타당한 지식(pramā)은 대상을 있는 그대로 인지하는 것(yathārtha-anubhāva)이며 진리는 대상과의 일치이다. 올바른 인식은 성공적인 행위(pravrtti-sāmarthya)로 이끌며, 그릇된 인식은 실패와 실망으로 이끈다고 한다.

정리 철학에 의하면 인식의 옳고 그름은 자명하거나 지식 자체가 가지고 있는 본래적 성품이 아니라, 일단 지식이 생기고 난 후 대상과의 일치와 불일치에 따라 별도로 알려지게 된다. 한마디로 말해 진리의 내용은 대상과의 일치이고, 진리의 시험 기준은 성공적 행위라고 한다. 따라서 정리 철학의 인식론은 실재론적이고 실용주의적이라고 말할 수 있다.

정리 철학은 타당한 지식(pramā)의 수단(pramāna)으로서 현량(現量) 혹은 지각(pratyaksa, perception), 비량(比量) 혹은 추론(anumāna, inference), 비유량(譬喩量) 혹은 비교(upamāna, comparison) 그리고 성교량(聖敎量) 혹은 증언(śabda, testimony)을 인정한다. 이것들을 통해 얻은 지식은 대상에 관한 확실하고 충실한 오류가 없는 지식이며 의혹(samśaya), 오류(viparyaya), 가설적 논파(tarka) 혹은 기억(smrti)에 의해 얻은 타당치 못한 지식(apramā)과 구별해야 한다.

의혹은 확실치 못한 지식으로서 타당한 지식이 못 되며, 오류란 확실한 지식이 될지언정 대상에 충실치 못한 지식이다. 가설적 논파란 예를 들면 "만약에 불이 없으면 연기가 안 났을 것이다"라는 형식의 가설적 논증으로서 자기가 이미 한 추론, 가령 '연기가 있으니까 불이 있다'는 추리를 통해 얻은 지식을 옹호하려는 목적을 가지고 있다. 그러나 이것은 새로운 지식을 제공해 주는 것은 아니다. '불이 있다'라는 사실을 추론으로 이미 알고 있기 때문이다. 따라서 가설적 논파는 타당한 지식이 못 된다고 한다. 기억이란 대상에 관해 직접적인 지식을 주지 않고 단지 과거에 가졌던 지식을 재현시켜 주기 때문에 타당한 지식으로 간주되지 않는다. 물론 그것이 과거의 타당한 지식을 재현시켜 주느냐 혹은 그렇지 않으냐에 따라 그 자체가 타당한 기억일 수도 있고 그렇지 못한 것일 수도 있다.

정리 철학에서 말하는 타당한 지식이란 이미 언급한 대로 대상을 있는 그대로 인지(anubhava)하는 것으로서 기억에 의해 재현되는 지식과는 구별된다. 타당한 지식이란 지각과 추론과 비교와 증언의 네 방법(pramāna)을 통한 대상의 인지이다. 그러면 이제부터 이 네 가지 방법을 하나하나 고찰해 보자.

3. 지각 이론

정리 철학은 지각을 두 종류로 구분한다. 하나는 보통(laukika) 지각이요 다른 하나는 특별(alaukika) 지각이다. 보통 지각은 우리의 감각기관과 대상의 접촉에서 생기는 참다운 지각을 말한다. 우리의 감각기관에 여섯이 있으므로 보통 지각도 여섯 종류가 있다. 즉, 안 · 이 · 비 · 설 · 신의 다섯 가지 외적 감각기관과 대상들의 접촉에서부터 생기는 시각 · 청각 · 취각 · 미각 · 촉각이 있고, 여섯 번째 감각기관으로서 마나스, 즉 의근이라는 내적 기관을 통해 자아의 여러 상태들 즉 욕망 · 혐오 · 쾌락 · 고통 · 지식 등을 지각하는 내적(mānasa) 지각이 있다. 외적 감각기관들은 각각 그것들에 의해 지각되는 대상들의 물질적 요소들로 구성되어 있다고 한다. 의근은 물질적 요소들에 의해 구성되어 있지 않으며, 그 기능에 있어서 외적 기관들처럼 어떤 한 종류의 사물의 인식에만 국한되어 있지 않고 모든 종류의 지식에 공통적이고 중심적인 역할을 한다.

정리 철학에 의할 것 같으면 우리의 외적 감각기관이 대상과 접촉할 때면 반드시 의근이 먼저 그 감각기관들과 접촉하고 있어야 한다. 또한 그러기 위해서는 의근이 인식 주체인 자아와 접촉해야만 한다. 다시 말해서 의근은 자아와 감각기관들 사이의 중개자와 같은 것으로서, 의근과 감각기관을 통하여 외적 대상들이 자아에 인상을 남기는 것이다. 지각적 지식은 자아의 상태 혹은 속성이다.

정리 철학은 보통 지각의 두 단계 혹은 두 양태를 구별한다. 즉, 무분별적(nirvikalpa, indeterminate) 지각과 분별적(savikalpa, determinate) 지각이다. 무분별적 지각이란 어떤 대상을 그 성격에 대한 아무런 의식이나 판단 없이 감지하는 지각인 데 비해 분별적 지각은 대상을 그 성격에 대한 의식과 판단을 가지고 지각하는 것을 말한다. 분별적 지각은 무분별적 지각 이후에만 이루어지는 것이라고 한다. 정리 철학은 재인식(pratyabhijnā, re-cognition), 즉 어떤 대상을 전에 지각했던 무엇으로 인지하는 것도 또 한 종류의 지각으로 간주한다.

특별 지각이란 대상이 특별한 것이어서 보통 지각과는 달리 특별한 수단을 통해서만 감각기관에 주어지는 것이다. 정리 철학은 이러한 특별 지각의 3종을 들고 있다. 첫째는 보편상(sāmānya-laksana)의 지각이다. 보편상이란 한 종류에 공통된 성질 혹은 보편적 상을 말하는 것으로서, 이 보편상의 지각을 통해 우리는 동일한 유(類)에 속한 특수한 사물들이 갖고 있는 일반적 성격을 지각할 수 있게 된다고 한다. 정리 철학에 의하면 보편은 특수 안에 내재하는 실재이다.[3] 따라서 우리는 사물을 지

3 정리 철학은 보편적 속성 가운데 객관적으로 사물에 내재하여 실재하는 것(jāti)과

각할 때 특수한 것만을 지각하지 않고 특수한 것들이 갖고 있는 보편적 성질인 보편상도 지각한다고 주장한다. 예를 들어 한 사람을 지각할 때 우리는 그 사람의 특수한 모습이나 성품만 지각하는 것이 아니라 그 사람에 내재해 있는 인간성 일반도 특별 지각을 통해 지각할 수 있다는 것이다.

두 번째 종류의 특별 지각은 지상(知相, jnāna-laksana)을 통한 지각이다. 우리가 흔히 "독이 무거워 보인다" 혹은 "얼음이 차가워 보인다"라고 말할 때 '무겁다'와 '차다'는 눈으로 지각되는 것이 아니지만 그렇게 말한다. 이러한 지각은 과거에 가졌던 찬 얼음의 지식을 매개로 하여 현재 보고 있는 얼음이 차다고 보는 것으로서 일종의 특별 지각이라고 본다.

세 번째로 정리 철학은 요가 수련(yogābhyāsa)에 의해 얻은 신통력에 근거해서 과거와 미래의 사물들 혹은 극미하거나 숨겨진 것들을 직관적으로 지각하는 지각을 특별 지각으로 들고 있다. 요가에 의한(yogaja) 지각이다.

4. 추론에 대한 이론

정리 철학은 두 번째 인식 방법으로 추론(anumāna)을 든다. 추론에 관한 이론은 정리 철학의 인식론에서 가장 중요한 위치를 차지하고 있기 때문에 추론의 타당성을 옹호하기 위해 비상한 노력을 기울였다. 추론이란 우리가 직접 지각하지는 못하지만 어떤 표징(linga)을 보고서 그 표

우리의 마음에 의하여 부가된 것(upādhi), 즉 실재하지 않는 것을 구별한다.

징과 보편적 주연(周延, vyāpti)관계를 가지고 있는 다른 어떤 것을 간접적으로 아는 것을 가리킨다.

예를 들어 "산에 불이 나고 있다. 왜냐하면 연기가 나고 있기 때문이며, 연기가 있는 곳에는 불이 있기 때문이다" 같은 것이다. 즉, 연기라는 표징을 보고 불의 존재를 추리하는 것이다. 이 추리에서 산을 소명사(pakśa, minor term), 불을 대명사(sādhya, major term), 표징이 되는 연기는 중명사(linga, middle term)라 하며, 이 중명사는 소명사와 대명사를 연결시켜 주는 것으로서 이유(hetu) 라고도 한다. 앞의 예는 우리가 혼자서 추리할 때 생각하는 위자비량(爲自比量, svārtha-anumāna)의 과정을 그대로 나타낸 것으로서 타인을 위해 정식으로 추론을 전개하는 위타비량(爲他比量, parārtha-anumāna)의 경우에는 다음과 같은 다섯 가지 명제들을 갖추어야 한다(五支作法).

① 종(宗). 즉, 주장(pratijnā)ㅡ산에 불이 나고 있다.

② 인(因). 즉, 이유(hetu)ㅡ연기가 나기 때문이다.

③ 유(喩). 즉, 예(udāharana)ㅡ연기가 나는 곳에는 모두 불이 있다. 예를 들면 아궁이에서처럼.

④ 합(合). 즉, 적용(upanaya)ㅡ이 산에도 연기가 난다.

⑤ 결(結). 즉, 결론(nigamana)ㅡ그런고로 이 산에 불이 나고 있다.[4]

4 아리스토텔레스의 삼단 논법에서는 ③ 즉, 대전제를 먼저 드나 정리 철학에서는 결론부터 먼저 든다. 혹은 아리스토텔레스의 삼단 논법은 ①과 ②를 생략한 것이라 볼 수 있다.

이러한 추리 과정에서 가장 결정적인 부분은 두말할 필요도 없이 "연기가 나는 곳에는 불이 있다"라는 보편적 진리이다. 왜냐하면 이것이 성립되지 않으면 "이 산에 불이 있다"는 결론적 추리가 타당성을 잃게 되기 때문이다. 우리는 이미 차르바카(Cārvāka)의 회의론적 철학이 바로 이 점을 인정하지 않으므로 추리를 인식의 방법으로 받아들이지 않았다는 것을 보았다. 정리 철학은 이 점을 감안해서 추리의 근거(hetu)와 추리가 증명하고자 하는 바(sādhya) 사이에 틀림없는 주연관계를 입증하려는 시도를 한다.

우선 정리 철학에서 말하는 이 보편적 주연관계의 개념을 좀 더 세밀하게 고찰해 볼 필요가 있다.[5] 주연관계란 두 사물 사이에서 한 사물이 다른 사물에 의해 포섭될 때 성립되는 상관관계를 말한다. '포섭된다'는 말은 한 사물이 다른 사물에 의해 언제나 동반된다는 것을 뜻한다. 예를 들면 불은 연기를 항시 동반하므로 불은 연기를 포섭하는 것(vyāpaka)이며 연기는 불에 의하여 포섭되는 것(vyāpya)이다. 그런데 연기는 반드시 불에 의해 포섭되지만 불은 반드시 연기에 의해 포섭되는 것은 아니다. 예를 들면 불덩어리의 철구는 연기가 나지 않으며 마른 연료가 탈 때도 연기가 나지 않는다. 이 경우 양자의 상관관계는 어떤 조건(upādhi)이 충족되어야만 불이 난다. 따라서 그런 경우는 주연관계가 아니다. 오직 한 사물이 다른 사물을 항시 무조건적으로 포섭하는 경우만을 보편적 관계가 성립된다고 본다. 이와 같이 A는 B를 반드시 포섭하지만,

5 여기서 주연관계란 논리학에서 보통 사용하는 대로 개념과 개념 사이의 관계를 나타내는 것이 아니라 사물과 사물 사이의 관계를 지칭하는 개념으로서 편충(遍充)관계라고도 번역할 수 있다.

B는 A를 반드시 포섭하지는 않는 경우 A와 B의 상관관계를 부등주연관계(asamavypti)라 부른다. 이에 비해 양자가 반드시 서로 포섭하고 포섭되는 경우의 상관관계를 등가주연관계(sama-vyāpti)라고 한다. 예를 들어 "이름을 댈 수 있는 모든 사물은 알 수 있는 사물이다"라고 할 때 '이름을 댈 수 있는 것'과 '알 수 있는 것'은 등가주연관계이다.

그렇다면 다음으로 우리는 어떻게 보편적 주연관계를 알 수 있는가라는 문제가 제기된다. 연기와 불의 보편관계는 물론 과거로부터 누적되어 온 경험에 의거한 귀납적 추리에 근거하고 있음을 정리 철학은 인정한다. 정리 철학에 의하면 귀납적 추리는 네 가지 조건 혹은 절차를 충족해야만 한다. 첫째는 존재연관(anvaya)이다. 존재연관이란 A(예: 연기)가 있으면 반드시 B(예: 불)가 있다는 동반관계를 확인 · 경험함으로써 성립되는 관계이다. 둘째는 부재연관(vyatireka)이다. 즉, B가 없으면 반드시 A도 없다는 사실을 확인하는 경험에 입각한 관계이다. 셋째는 무반례(無反例, vyabhicārāgraha)이다. 즉, A는 있는데 B가 없는 반증의 경우가 없다는 사실을 확인하는 일이다. 귀납적 추리의 넷째 절차는 주연관계의 무조건성(upādhinirāsa)을 확인하는 일이다. 예를 들어 불과 연기의 관계를 다각적인 상황에서 여러 번 관찰하여 연기가 발생하는 데 어떤 조건(upādhi)이 있지나 않은지 확인하는 방법이다.

그러나 이상과 같은 네 가지 절차를 다 걸쳐서 얻은 귀납적 결론이라 해도 의심의 여지는 아직도 남아 있다는 것을 정리 철학은 인정한다. 차르바카 같은 회의주의는 바로 이 점을 공략한다. 즉, 과거의 경험적 관찰에 따르면 A와 B 사이에 주연관계가 존재했지만 지금 이 순간이나 미래에도 그러한 관계가 성립된다는 보장은 없다는 것이다.

여기서 정리 철학은 두 가지 방법에 의해 귀납적 추리와 주연관계의 타당성, 따라서 추론의 타당성을 뒷받침하려고 한다. 첫째는 가설적 논파의 방법이다. 이 방법은 주연관계를 부인할 때 생기는 결론의 불합리성을 지적함으로써 주연관계를 간접적으로 증명하려는 것이다. 예를 들면 만약에 연기가 있으면 언제나 불이 있다는 주연관계를 부인한다면 불이 없어도 연기가 있을 수 있다는 결론이 따르게 되며, 이는 원인이 없어도 결과가 있을 수 있다는 불합리성에 빠지게 되기 때문에 연기와 불 사이의 주연관계는 인정되어야 한다는 논법이다.

주연관계를 뒷받침하는 둘째 방법은 정리 학파에서 이야기하는 특별 지각 중 하나인 보편상의 지각을 통해서 그 사물이 속한 유 전체의 지각이 주어진다는 사실에 입각한 것이다. 예를 들어 연기와 불의 주연관계는 여러 구체적인 경우들을 보고서도 알지만, 연기성(性)이라는 보편상을 지각함으로써도 모든 연기와 불의 관계가 지각된다는 것이다. 다시 말해서 연기의 본질을 지각함으로써 연기는 언제나 불과 연관되어 있음을 알 수 있다는 것이다. 이러한 특별 지각에 의하여 귀납적 결론은 보증된다는 논리이다. 따라서 귀납적 결론이란 단지 몇몇이 그러하니까 모두가 그러하다고 생각하는 비약이 아니라, 개별적 사물에 내재하고 있는 보편상의 지각을 매개로 하여 구체적인 예로부터 일반적인 결론을 얻는 추리라는 것이다.

이상에서 우리는 정리 철학의 추론에 관한 이론을 고찰했다. 끝으로 추론의 세 종류를 언급한다. 우리가 이미 본 대로 정리 학파의 5단계 추론은 귀납과 연역을 둘 다 포함하고 있다. 따라서 정리 철학은 추론을 귀납법과 연역법으로 나누는 대신 주연관계의 성격에 따라 세 종류로 구분한다. 첫째는 보이는 원인으로부터 보이지 않는 결과를 추리하는 원인적(pūrvavat) 추리이다. 둘째는 보이는 결과로부터 보이지 않는 원인을 추리하는 결과적(śesavat) 추리이다. 셋째는 보편관계가 인과적 연관성을 지니지 않을 때의 추리로, 예를 들어 뿔이 달린 동물을 보고 갈라진 발굽을 추리하는 것과 같이 단지 여러 경우를 관찰한 결과로 얻어지는 일반적 유사성에 입각한 유추적(analogical) 추리이다.

5. 비교와 증언

타당한 지식의 셋째 방법으로 정리 철학은 비유량(upamāna, comparison)이라는 것을 들고 있다. 비유량이란 한 이름과 그 이름을 가진 어떤 사물을 알게 하는 지식의 방법으로서 근본적으로 비교나 유추에 의거한다. 과거에 본 일은 없지만 이름만 알고 있는 어떤 사물을 그 사물에 대한 묘사에 의거해서 알게 하는 것을 비유량이라고 한다. 불교 철학은 이 비유량을 지각과 증언으로 환원하며, 수론 철학과 승론 철학은 추론에 환원시켜 하나의 독립된 인식의 방법으로 인정하지 않는다.

마지막으로 정리 학파의 철학은 성교량(聖教量) 혹은 증언(śabda, testimony)을 인식 방법으로 들고 있다. '샤브다'(śabda)란 소리라는 뜻이지만 정리 학파의 인식론에서는 주로 믿을 만한 사람의 말이나 증언의 의미를 이해함으로써 얻는 지식을 가리킨다. 증언은 그 내용 혹은 대상에 따라 가시적 대상(drstārtha)과 불가시적 대상(adrstārtha)에 대한 증언으로 구분하기도 하며 혹은 누구의 증언이냐에 따라 성전에 따른(vaidika) 것, 즉 완전무결한 신의 말씀으로 간주되는 베다와 오류 가능성이 있는 인간에 의한 세속적인(laukika) 것으로 구분하기도 한다. 승론 철학은 증언을 하나의 독립된 인식의 방법으로 인정하지 않고 추론의 한 형식으로 간주한다.

증언이란 다른 사람의 어떤 진술이나 문장의 의미를 이해할 때 얻는 지식을 가리키기 때문에 정리 철학은 자연히 의미론에 상당한 관심을 보였다. 즉, 언어와 의미의 관계, 문장의 성격 등에 관한 이론을 발전시켰다. 정리 철학에 의하면 문장이란 낱말(pada)들이 모여 어떤 일정한 양식으로 배열됨에 따라 성립된다고 보며, 낱말이란 글자들이 어떤 고정된 순서로 배열된 것이라고 본다. 낱말의 본질은 그 의미, 즉 그것이 지칭하는 대상에 있으며, 말과 대상의 관계는 항시 고정적이기 때문에 하나의 단어는 반드시 일정한 대상을 의미하게끔 되어 있다고 본다. 정리 철학은 한 걸음 더 나아가서 말들이 각각 그 고유의 대상을 의미할 수 있는 것은 말들이 어떤 힘(śakti, potency)을 지니고 있기 때문이라고 생각한다. 이 힘은 세계 질서의 궁극적 원인이자 최고의 존재인 신에 의한 것이라고 주장한다. 이러한 주장들을 통해 정리 철학은 언어의 기원에 대해서 단순히 사회관습론적 설명을 배척한다는 사실을 알 수 있다.

언어의 의미가 그것이 지칭하는 대상에 있다고 할 것 같으면, 말이 개물을 지칭하는지 아니면 보편적 속성(jāti) 자체를 가리키는지의 문제가 제기된다. 정리 학파는 대체로 이 문제에 대해 말이란 개물을 지칭하되 그 개물이 보편적 속성을 지니고 있다고 본다. 그렇기 때문에 우리는 하나의 동일한 개념으로써 여러 개물을 지칭할 수 있다고 보는 것이다.[6]

---

6 이 미묘한 문제에 관해 B. K. Matilal, *Epistemology, Logic, and Grammar*(The Hague: Mouton, 1971), 62-77 참조.

정리 학파에 따르면 문장이란 낱말들이 어떤 의미를 갖도록 조합된 것이다. 문장이 의미를 가지려면 낱말들을 조합할 때 네 가지 조건을 충족시켜야 한다고 주장한다. 첫째 조건은 낱말들이 서로를 함축하거나 필요로 하는 기대성(期待性, ākānksā)을 지녀야 한다. 예를 들면 '가져오다'라는 동사는 목적어인 '무엇을'이라는 것이 필요하기 때문에 기대하게 만든다는 것이다. 둘째는 정합성(yogyatā)이다. 정합성이란 한 문장 안에 있는 낱말들 사이에 모순이 있어서는 안 된다는 것이다. 예를 들어 '불로 적셔라'는 말은 의미를 지닐 수 없다. 셋째는 인접성(samnidhi)이다. 즉, 한 문장 안에 들어 있는 낱말들은 시간적으로나 공간적으로 어느 정도 서로 인접해 있어야만 의미를 지닐 수 있다는 것이다. 말로 하는 문장은 낱말들이 시간적으로 인접해 있어야 의미를 가질 수 있고, 글로 쓴 문장에서는 공간적으로 인접해 있어야 하는 것이다. 넷째로 동일한 낱말이라 할지라도 경우에 따라 다른 뜻을 지니므로 문장이 이해되려면 말한 사람의 취지(tātparya)가 알려져야 한다는 것이다. 인간이 사용하는 보통 문장의 경우에는 그 논제(prakarana)로 보아 의도를 알 수 있고, 베다의 경우는 미맘사 학파에서 규정하는 해석의 규칙들의 도움을 받을 수 있다고 한다. 이상과 같은 의미론을 통해서 정리 철학은 증언에 의한 지식의 타당성을 뒷받침하고 있다. 증언에 의한 지식이란 증언의 의미를 이해함으로써 얻어지는 지식이기 때문이다.

이상의 네 가지 타당한 지식의 방법들에 의해서 정리 학파는 세계나 인간이나 신에 대한 지식을 얻게 된다고 본다. 물리적 세계의 구조에 대해서는 정리 학파가 승론 철학과 대동소이한 견해를 따르므로 인간과 신에 대한 정리 학파의 형이상학적 견해를 잠시 검토해 보기로 한다.

6. 자아, 신, 해탈

정리 학파에서 말하는 인간의 자아(ātman)는 개인아(jivātman)로서 인식, 의식, 감정, 마음의 상태 등과 같은 정신적 현상들이 속하는 영원한 실체이며, 몸이나 의근이나 감각기관들과는 다르다. 자아는 불교 철학에서처럼 항시 생멸하는 정신적 현상들의 연속적 흐름으로 간주될 수 없다고 정리 학파는 주장한다. 왜냐하면 만약 그렇다면 기억이라는 것이 불가능하게 되기 때문이다. 또한 불이론적(不二論的) 베단타 철학에서 말하는 것처럼 자아는 스스로 빛을 발하는(svayamprakāśaka) 순수의식이 아니라고 한다. 정리 학파는 어떤 주체에도 속하지 않고 어떤 대상에도 관계하지 않는 순수의식의 존재를 부인한다. 자아란 의식 자체가 아니라 의식이라는 정신 현상을 속성으로 가지고 있는 실체이다. 자아는 모든 인식의 주체, 행위의 주체, 경험의 향수자(bhoktr)이고, 윤회의 세계에서 업보를 받게 되는 존재이다. 그러나 자아 자체는 아무런 인식 활동도 하지 않는다. 오직 의근과 관계를 맺고 있는 한 인식이 가능하다고 본다.

자아의 존재는 타인의 증언에 의해서 알든지 혹은 간접적 추론에 의해서 알 수 있다고 한다. 즉, 욕망 · 기피 · 인식 등과 같은 정신적 현상들은 모두 기억에 의존하고 있으며, 기억이란 몸이나 의근이나 외적 감각기관에 속할 수 없기 때문에 항구적인 영혼의 존재를 말해 주고 있다는 것이다. 후기 정리 철학자들은 또한 자아가 내적 감각기관인 의근에 의하여 직접 지각될 수 있다고 주장한다. 즉, 의근이 자아를 대상으로 해서 순수한 자아의식을 가질 수 있다는 것이다.

그러나 어떤 정리학자들은 자아 그 자체에 대한 직접적인 지각 가능성을 부인하고, 자아는 항시 어떤 정신적 상태의 지각과 더불어 그러한 상태를 가진 주체로서만 인식된다고 주장한다. '나는 안다', '나는 행복하다' 등의 지각적 판단에서 '나'에 해당하는 존재로서 인식된다는 말이다. 한편 타인의 자아는 그의 지성적 혹은 의도적인 육체적 행위로부터 추리해서 알 수 있다고 한다. 왜냐하면 이러한 의도적 행위는 비지성적인 육체에 의해서는 행해질 수 없고 의식을 하는 자아가 있어야만 하기 때문이라는 것이다.

정리 철학에서 해탈의 개념은 이와 같은 자아 이해와 직결된다. 정리 학파에서 말하는 해탈이란 모든 고통으로부터의 해방(apavarga)을 뜻하며, 이것은 자아가 자아 아닌 것들 즉 몸과 감각기관들과의 연관으로부터 완전히 벗어날 때 가능하다고 한다. 몸과 감각기관들로부터 완전히 해방된 자아의 상태는 정리 학파에 따르면 고통뿐만 아니라 어떤 즐거움이나 행복도 느끼지 않는 상태이다. 아무런 감정이나 의식이 없는 상태이다. 자아는 그 자체에 식(識, cit)이 있는 것이 아니기 때문이다. 그러나 후기 정리 학파 철학자들은 해탈을 단지 고통으로부터의 해방뿐만 아니라 영원한 행복의 성취로 이해했다. 아마도 베단타 철학의 영향을 받은 것으로 간주된다.

해탈을 얻기 위해서는 무엇보다도 자아가 몸이나 감각기관이나 의근과는 다른 어떤 존재라는 것을 알아야 하며, 그러기 위해서는 우선 자아에 대한 성전(聖典), 즉 베다의 가르침에 귀를 기울여야 하고(śravana), 항상 그것에 대해 생각해야 하며(manana), 요가의 원리에 따라 명상을 해야만 한다(nididhyāsana). 자아에 대한 그릇된 지식(mithyā-jnāna)이 사라지면 자아는 욕망과 충동의 지배를 받지 않게 되고 행위에 의해서도 영향을 받지 않으므로 결국 윤회의 세계에 다시 태어남이 없다는 것이다.

정리 학파는 인간의 영원한 자아 외에 세계의 창조와 유지와 파괴의 주가 되는 신의 존재를 인정한다.[7] 신은 세계를 무에서 창조하거나 자기 자신으로부터 방출하는 존재가 아니라 이미 존재하고 있는 영원한 원자들과 허공 · 시간 · 공간 · 의근을 도덕적 원리에 따라 질서 있고 의미 있는 세계로 형성하고 유지하는 존재이다. 즉, 신은 세계의 질료인(upādāna- kārana)이 아니라 능동인(nimitta-kārana)이다. 신은 또한 세계를 도덕적 필요가 있을 때에는 파괴하기도 하는 존재이다. 신은 영원하고 무한하며 전지전능한 존재이다. 그는 영원한 의식을 갖고 있지만, 의식은 그의 본질이 아니라 속성이다. 이 점에서 베단타 철학의 견해와 근본적인 차이를 보인다. 신은 세계의 능동인으로서 또한 모든 생명체의 행위를 조정한다. 따라서 인간의 행위도 완전히 자유로울 수 없고 신의 인도하에 행해진다. 인간은 자기 행위의 능동적 수단인(手段因, instrumental cause)이지만, 신은 인간 행위의 능동적 지도인(指導因, prayojaka-kartr)이다.

정리 철학자들은 이러한 신의 존재에 대해 여러 가지 증명으로 뒷받침하고 있다. 다음과 같은 논증들은 신의 존재에 대한 전형적인 증명들이다. 즉, 세계는 결과(kārya)로서 원인이 되는 창조자가 있어야만 한다. 여러 현상 간에 발견되는 질서와 목적과 조화 등은 지성적 능동인인 신의 존재를 필요로 한다. 원자들은 근본적으로 맹목적이고 움직이지 않는 것들이지만, 신이 원자들에게 운동을 제공하고 조정한다. 또한 최초

7 정리 철학과 승론 철학의 초기 사상에서는 신의 개념이 확고한 위치를 차지하지 않고 있으나 후기에 와서는 분명히 유신론적 경향을 띤다.

로 말이 각각 그 대상을 의미하도록 하는 용법을 가르쳐 준 분은 신이다. 신은 오류가 없는 완전무결한 베다의 지식의 원인이 되는 저자이며, 베다는 신의 존재를 증거하고 있다. 우리의 행위로부터 불가견력(不可見力, adrsta)이라 부르는 도덕적 공과가 생기게 되지만, 이 불가견력 자체는 지성이 결여되어 있기 때문에 최고의 지성을 가진 신의 인도가 있어야만 우리가 행한 행위가 합당한 결과를 거두게 된다는 등의 논증을 하고 있다.

제10장

대승불교 철학의 전개

1. 대승불교의 흥기

대승(Mahāyāna)불교의 역사적 기원에 대하여는 아직도 불분명한 점들이 많이 남아 있다. 대승불교가 발생한 시대와 지역, 대승불교와 소승(Hīnayāna) 부파 불교의 관계, 대승불교의 교단적 성격 등과 같은 기본적인 문제들이 아직도 학자들의 연구와 논란의 대상이 되고 있다.

2세기 후반에 쿠사나(Kusāna)국으로부터 후한에 온 지루가참(支婁迦讖)은 대승 경전 중에서 『반주삼매경』(般舟三昧經), 『수능엄경』(首楞嚴經), 『도행반야경』(道行般若經), 『보적경』(寶積經) 등을 번역했다. 이로 보아 그때 대승불교가 쿠사나국에서 성행하고 있었음을 확실히 알 수 있다. 또한 이 경전들이 형성되기까지의 경과한 시간을 감안하면 대승불교의 발생은 적어도 1세기까지는 소급될 수 있을 것이다.

반야 경전 중에서 가장 오래된 것으로 여겨지는 『도행반야경』(小品般若, *Astasāhaśrikā-prajnā-pāramitā-sūtra*)에는 마하연(摩訶衍, Mahāyāna)이라는 말이 사용되고 있으며, 아축불(阿閦佛, Aksobhya Buddha)에 대한 신앙도 나타나 있다. 또한 지루가참이 번역한 『반주삼매경』에는 아미타불(Amitābha

Buddha)의 정토 신앙이 나타난다. 이런 사실들로부터 보아 우리는 불 · 보살에 대한 신앙과 반야(prajnā) 사상을 기반으로 하는 대승불교가 적어도 1세기 초에 이미 확립되어 있었음을 알 수 있다.

'대승'은 '큰 수레'라는 뜻이며, 대승불교의 가르침은 모든 중생을 피안의 세계로 날라다 주는 큰 수레와 같다는 뜻이다. 대승 운동을 전개한 자들은 종래의 불교를 '소승', 즉 '좁은 수레'라고 하면서 출가승들만을 위주로 하는 편협한 불교라고 비판했다. 대승 불자들은 왕이나 부호들의 지원 아래 경제적으로 안정된 생활을 누리는 출가승들의 안일한 삶과 신도들의 물질적 공양에도 불구하고 자기들만의 평안을 추구하는 소극적이고 도피적인 경향에 반발해서 모든 중생의 제도를 목표로 삼으면서 대중 불교 운동을 제창했다.

본래 석가모니불 자신은 성불 후에도 인도 각 지방을 다니면서 중생 제도에 힘썼고, 원시 불교의 출가승들도 그를 본받아 사방으로 유행(遊行)하면서 교화 활동을 폈다. 바로 이러한 활동이 불교의 전파에 큰 역할을 했다. 그러나 승가(僧伽, Samgha) 생활이 점차 조직화되고 안정된 경제적 기반을 갖춤에 따라 출가승들은 재가 신도들의 삶과 종교적 관심으로부터 점차 멀어지게 되었다. 그들은 사원에 안주하여 명상과 열반의 적정을 추구하는 고답적인 생활을 영위하는 반면에 재가자들은 그들에게 물질적 보시(dāna)를 하고 세속적 공덕(punya)을 쌓는 것으로 만족해야만 했다. 더욱이 사원의 안정된 생활을 기반으로 해서 발달한 교학(abhidharma) 불교는 번거로운 이론적 논의를 일삼게 됨에 따라 재가자들의 종교적 필요와 욕구로부터 점점 더 유리되었다.

대승불교 운동은 이러한 상황에 대한 재가자들과 일부 출가승들의 반발과 종교적 각성에서 일어났다. 대승 불자들은 자신의 이익뿐만 아니라 생사의 세계에서 고통을 받고 있는 모든 중생을 이익되게 하는 이타행(利他行)을 강조하는 불교를 제창하고 나왔다. 이러한 대승의 이상을 가장 잘 표현해 주는 것이 보살 개념이다. 보살은 보리살타(菩提薩陀, bodhi-sattva)의 약어로, 보리살타라는 산스크리트어는 보리(菩提, bodhi), 즉 깨달음을 추구하는 유정(有情, sattva) 혹은 '깨달음을 본질로 하는 자'라는 뜻이다. 보살은 대승불교에서 지향하는 새로운 이상적 인간상이다.

초기 대승불교 경전들은 소승의 이상인 아라한(阿羅漢, arhat)을 자신의 이익만을 돌보는 이기적 존재로 비판한다. 보살은 자신의 구원에 앞서 남부터 구원한다는 자비(karunā)의 서원(誓願, pranidhāna)을 세우고 열반을 구하기보다는 중생을 구제하기 위해 오히려 생사의 세계에 태어나기를 원한다. 보살도는 재가자나 출가자를 막론하고 보리심을 발하고(bodhicitta-utpāda) 자비의 원을 세운 자는 누구든지 다 실천할 수 있는 길이다. 소승불교에서는 최고의 아라한과를 얻으려면 재가 생활을 버리고 출가자로서 수도를 해야만 했다. 그러나 보살은 원래 대승 경전들에 자주 나오는 '선남자'·'선여자' 같은 재가자들이었다. 물론 나중에는 출가 보살도 생겼으나 출가 보살이라 할지라도 반드시 250개의 구족계(prātimoksa)를 받고 승가의 일원이 되는 것은 아니었다. 오히려 그들의 활동무대는 재가 신도들이 많이 찾아오는 붓다의 유골이나 유품을 봉안한 불탑이었다. 그들은 계(śīla, 즉 도덕적 삶)는 지켰지만, 승단 생활을 규제하는 율(律, vinaya)이 따로 있었던 것 같지는 않았다.

소승불교에서는 보살이란 무엇보다도 석가모니불의 성불 이전의 존재를 의미했으며, 그의 전생의 행적에 관해 많은 이야기들이 산출되었다. 소승 경전의 본생경(本生經, Jātaka)은 바로 이러한 석가모니불이 보살로서 전생에서 행한 수많은 이타적 행위와 업적에 관한 이야기를 모아 놓은 경전이다. 그러나 소승불교에서는 보살이란 어디까지나 석가모니불과 같이 특별한 사람만 가질 수 있는 지위였고, 불이든 보살이든 그리고 아라한이든 다 범부 중생으로서는 도저히 도달할 수 없는 높은 이상에 불과했다. 이에 반하여 대승 불자들은 바로 이러한 보살의 이상을 보편화하여 누구든 달성할 수 있는 것으로 생각했다. 그들의 궁극적 목표는 다름 아닌 석가모니불이 이룩했던 것과 똑같은 성불 그 자체였다. 석가모니불의 본생담이나 전기 등에서 우리는 대승 재가자들 자신이 추구하던 삶의 이상이 이미 반영된 것을 볼 수도 있을 것이다.

대승의 보살들이 닦아야 하는 수행법도 자연히 소승과는 달리 팔정도 대신 6바라밀다(波羅密多, pāramitā), 즉 여섯 완덕(完德)을 닦는 일이었다. 즉, 보시(布施, dāna), 지계(持戒, śīla), 인욕(忍辱, ksānti), 정진(精進, vīrya), 선정(禪定, dhyāna), 지혜(智慧, prajnā)이다. 바라밀다라는 개념은 소승의 문헌들에 이미 발견된다. 설일체유부의 『대비바사론』(大毘婆沙論)은 4바라밀다설을 언급하고 있으며 본생경들에는 10바라밀다를 언급하고 있다. 그러나 6바라밀다를 선정해서 확고한 수행 원리로 세운 것은 대승 불자들에 의해서였다.

6바라밀다 중에서 특별히 주목할 것은 보시, 즉 '베풂'이다. 소승불교에서는 주로 재가자들이 출가승들에게 바치는 물질 공양을 의미했지만, 대승불교는 그것을 보살 자신이 실천해야 할 첫 번째 덕목으로 꼽았다. 다음으로 유의할 완덕은 '반야바라밀다'이다. 대승에서 반야(般若, 智慧, prajnā)란 제법의 공성(空性, sūnyatā), 즉 모든 사물과 현상(諸法)이 타에 의존하는 의타적(依他的) 존재이기에 그 자체의 실체성이나 본질적 특성이 없다는 진리를 깨닫는 지혜를 의미한다. 이러한 지혜를 바탕으로 해서 나머지 다섯 바라밀다도 올바르게 닦을 수 있다고 본다. 그렇기 때문에 대승불교는 일찍부터 반야바라밀다를 주제로 하는 많은 경전을 산출했다.

대승불교의 또 다른 특징은 보살에 대한 신앙이다. 대승불교에 의하면 보살은 수없이 많이 존재하며 이 세상뿐만 아니라 시방(十方) 세계 곳곳에서 활동하고 있다. 그들은 결코 스스로를 위해 열반에 들기를 구하지 않고 생사의 세계에서 고통당하는 중생이 다할 때까지 그들을 제도하기 위해 활동하고 있다. 소승불교에서 해탈은 어디까지나 개인이 자기 자신의 노력으로 성취하는 것이고 타력은 소용이 없다. 그러나 대승불교는 보살의 무한한 자비심을 믿기 때문에 엄격한 영적 개인주의를 넘어 신앙적 불교로 나아가게 되었다. 관세음보살(Avalokiteśvara), 대세지보살(Mahāsthāmaprāpta), 문수보살(Manjuśrī), 보현보살(Samantabhadra) 등은 이러한 신앙의 대상이 되어 온 대표적인 초월적 보살들이다.

대승불교는 불타관(佛陀觀)에서도 큰 변화를 초래했다. 보살이라는 개념이 일반화되었듯이 불타 개념도 일반화되어 삼세시방에 수없이 많은 불타가 존재한다고 대승 불자들은 믿는다. 소승불교에서는 불타라고 하면 무엇보다도 역사적인 석가모니불을 의미했다. 물론 소승불교에서도 과거 7불 혹은 25불 또 미래에 성불할 미륵불(彌勒佛, Maitreya Buddha)의 관념이 없었던 것은 아니지만, 대승불교에서처럼 부처의 개념이 일반화되지는 않았다. 뿐만 아니라 소승에서는 과거세의 부처들은 모두 열반에 들어 생사의 세계와 아무런 관련을 갖지 않는 존재들로 이해되는 반면 대승에서는 많은 부처가 우주 각방에서 보살들과 함께 정토 내지 불국토를 이루고 활동하고 있는 존재들로 간주된다.

대승불교 사상가들은 이러한 불타관의 변화를 밑받침하기 위하여 불타의 삼신(三身, trikāya)설을 전개했다. 즉, 불타에는 세 가지 몸이 존재한다는 것이다. 첫째는 화신(化身, 혹은 응신[應身], nirmānakāya)으로서, 중생 교화를 위해 지상에 태어난 역사상의 인물 고타마 붓다를 가리키는 말이다. 석가모니 부처를 '화신'·'응신'이라고 부르는 이유는 조금 후에 언급할 영원한 법신(法身)이 중생이 보고 들을 수 있도록 자신을 낮추어 현세에 태어난 존재, 중생의 근기에 맞추어(應化) 나타난 몸이기 때문이다. 둘째는 보신(報身, Sambhogakāya)으로서, 보살이 특정한 원을 발한 후 오랜 수행을 통해 그 결과로 얻은 몸을 즐기고 있는 초자연적 존재를 가리킨다. 아미타불(Amitābha Buddha)이 그 가장 좋은 예이다. 셋째는 법신(Dharmakāya)으로서, 모든 보이는 형태, 형상이나 이름을 모두 초월한 부처로서 모든 부처의 바탕 내지 근거가 되는 진여(眞如)의 몸 자체를 뜻한다. 사실 '몸'이라고 부르는 것조차 허용되지 않는 진리 그 자체를 가리킨다.

대승불교는 이러한 여러 불·보살 신앙과 더불어 그들을 다신교의 신들처럼 숭배하려는 열망도 재가 신도들 사이에 생기게 됨에 따라 많은 불상과 보살상을 제작했다. 특별히 중앙 인도의 마투라(Mathurā) 지역과 서북 간다라(Gandhāra) 지방은 이러한 불상 제작의 중심지였다. 간다라 지방의 불상은 부처의 형상이 마치 그리스 조각에서 보는 신상들의 우아한 모습을 지니고 있어 알렉산드로스 대왕 이후 그 지방에 성행했던 그리스 문화의 영향을 받은 것으로 간주된다.

대승불교는 재가자들의 종교적 요구에 부응하여 불·보살 숭배 외에도 붓다의 유골이나 유품을 봉안한 불탑(stūpa) 참배 그리고 대승 경권(經卷)의 숭배도 했다. 재가 신자로서는 이해하기 어려운 심오한 진리를 담은 경권을 탑 안에 안치하고 숭배하기도 한 것이다. 이와 더불어 경권의 수지(受持)·독송·서사(書寫) 행위도 많은 공덕을 짓는 행위로 간주되어서 대승 경전들은 권장하고 있다. 사실 이러한 일은 국왕이나 부호들만 할 수 있는 사탑의 건립이나 장원의 기진(寄進) 같은 것에 비하면 비교적 큰 경제력이 없는 사람도 할 수 있는 행위로서, 대승불교가 흥기할 당시 확고한 사회적·경제적 기반을 갖고 있던 소승 교단에 비해 대중성이 강한 대승불교의 사회적·경제적 기반을 반영하는 것으로 볼 수 있다.

대승불교는 이상과 같은 각종 신앙적 행위를 통해 얻는 공덕을 한 개인이 자기 자신만을 위한 것으로 생각하지 않고 타인의 제도를 위해 넘겨줄 수도 있다는 이른바 회향(廻向, parināmanā) 개념도 강조했다. 이것은 물론 자업자득이라는 엄격한 업의 법칙에 대한 믿음을 넘어 대승불교에서 강조하는 자비의 정신을 반영한다. 이상과 같은 종교적 성격은 대승불교를 종래의 불교에 비해 훨씬 더 신앙적으로 다채롭고 풍부한 불교, 소승불교처럼 종교적으로 외롭지 않은 불교로 만들었다.

2. 전기 대승 경전들

대승불교 지도자들은 자연히 그들의 종교적 이상을 담은 경전들을 산출했다. 대승 경전들도 형식상으로는 '불설'(佛說, Buddha-vacana)이라고 되어 있으나 실제로 석가모니불의 설법을 담고 있다고 보기는 어렵다. 그러나 대승 불자들은 그들의 경전이 본래 언어를 초월한 붓다의 깨달음의 경지를 나타낸다고 믿었기 때문에 그런 뜻에서 '불설'이라 불렀다. 대승의 주장에 의하면 붓다는 오직 하나의 진리(ekayāna, 一乘)만을 설했지만, 동시에 듣는 사람들의 처지와 능력에 따라 다르게 설법했다고 한다. 대승 경전들은 상근기(上根機)의 사람들을 위한 설법으로 간주된다.

대승 경전의 형성은 대체로 전기와 후기로 나누어 볼 수 있다. 전기는 1세기부터 대승 최초의 논사인 용수(龍樹, Nāgārjuna) 때까지 형성된 경전들이다. 용수의 연대는 정확히 알 순 없지만 대략 2세기 후반에서 3세기 초(150~250)의 인물로 추정된다. 그를 전기 대승 경전들 성립의 하한선으로 삼는 이유는 『대지도론』(大智度論)을 비롯한 그의 저작들 다수가 대승 경전들을 인용하고 있기 때문이다. 물론 용수가 당시의 모든 대승 경전을 다 인용했다고 볼 수는 없지만, 그에 의해 인용된 것은 확실히 전기 경전으로서 간주될 수 있다.

이제 그 가운데서 중요한 것만을 간략히 살펴본다.

1) 『대무량수경』(大無量壽經, *Sukhāvatīvyūha-sūtra*)

아미타불에 대한 신앙은 대승의 불·보살 신앙 및 정토왕생(淨土往生) 신앙의 가장 대표적인 표현으로서 많은 대승불교 신자들의 귀의처가 되어 왔다. '무량수'(Amitāyus)는 '무한한 수명'이란 뜻이고 무량광불(無量光佛, Amitābha Buddha)이라고도 부른다. 『대무량수경』[1]의 산스크리트어 이름 'Sukhvātīvyūha'는 '극락의 장엄'이라는 뜻이다. 『무량수경』의 내용은 법장(法藏, Dharmakāra)이라는 보살이 중생의 구제를 위해 48개의 서원을 세운 후 오랜 기간 수행을 거쳐 성불하여 현재 서방 극락세계(sukhāvatī)의 정토를 이루었다는 이야기를 골자로 하고 있다. 이 경에서 가장 중요한 것은 48개의 서원인데, 장차 법장보살이 성취하고자 하는 정토의 모습과 중생이 거기에 왕생(往生)할 수 있는 조건들을 밝히고 있기 때문이다. 특히 제18원은 "설령 내가 부처가 될 때 시방세계의 중생이 지극한 마음으로 믿고 즐거워하면서 나의 나라에 태어나기를 원해 열 번 내지 [나를] 염(念)해도 [그곳에] 태어나지 못한다면 나는 정각을 이루지 않겠노라"[2]고 중생이 정토왕생을 할 수 있는 조건을 밝히고 있다. 정토 신앙은 보살의 자비와 공덕에 힘입어 이 혼탁한 세상에서 닥치는 고통과 죄악과 유혹이 없는 안락한 곳에 태어나서 성불하고자 하는 대승 불자들의 염원을 담고 있다.

2) 반야바라밀다(Prajnāpāramitā) 계통의 경전들

반야 계통 경에는 송(32음절)의 수에 따라 길고 짧은 여러 버전이 있다. 그중에서 가장 먼저 성립됐다고 간주되는 것은 『팔천송반야』(八千頌般若, *Astasāhaśrikā*, 小品般若)로서 이것이 확대되어 2만 5,000송의 『대품반야』가 성립되었다. 용수의 『대지도론』은 바로 이 『대품반야』의 주석서

---

1 『대무량수경』은 『아미타불』과 『관무량수경』과 더불어 정토종의 소의경전(所依經典)으로서 '정토 삼부경'이라 불린다.

2 "設我得佛 十方衆生 至心信樂 欲生我國 及至十念 故不生者 不取正覺."

이다. 짧은 것으로는 『금강반야바라밀다경』(*Vajracchedikā-prajnāpāramitā-sūtra*)의 500송, 『반야심경』(*Prajnāpāramitā-hrdaya-sūtra*)의 300송 같은 것이 있다.

반야 계통 경들의 주요 사상은 공(空) 사상으로서 자성(自性, svabhāva), 즉 스스로 존재하는 성품 혹은 고정불변의 본성/본질이 없다는 것이 모든 법의 실상(實相)이라는 진리이다. 이것은 소승불교, 특히 설일체유부에서 법을 실체시하는 경향(法體恒有)을 정면으로 부정하는 것이며, 모든 대승불교 사상의 근본이다. 모든 법이 공이라는 진리를 깨닫는 것이 반야, 즉 지혜이며, 이러한 지혜에 입각하여 보살들은 보살도를 실천한다. 공관(空觀)에 의거한 보살의 행위와 수행을 『금강경』은 "마땅히 머묾(집착) 없이 마음을 낸다"[3]라고 표현하고 있다. 제법이 공이고 모든 차별이 허망한 것임을 깨달으면 붓다와 중생, 제도하는 자와 제도 받는 자, 세간과 출세간, 열반과 생사의 차별도 모두 사라져 버리고 붓다의 설법도 설법이 아님을 반야 경전들은 거듭 강조하고 있다.

또 『반야심경』(般若心經)에는 유명한 "색즉시공(色卽是空) 공즉시색(空卽是色)"이라는 말이 나오는데, 여기서 '즉'이란 표현은 '색'이라는 주어 자체를 인정하고 '공'이라는 개념은 '공하다'는 술어가 아니라 오온(五蘊)의 대표 격인 몸과 물질세계가 그 자체로 곧 공이라는 말이다. 같은 논리를 『반야심경』은 수 · 상 · 행 · 식에도 적용한다. 다시 말해서 인간 존재 내지 인간의 경험 세계를 구성하는 오온 모두가 타에 의존하는 의타적이고 연기적 존재임으로 그 자체로 보면 존재하지 않는 것이라 다름 없다는 말이다. 하지만 만물이 모두 다른 것에 의존해서 생기는 한 모든 것이 그런대로 있는 듯 없는 듯 각기 이름과 모양의 차별상(差別相)으

3 "應無所住 而生其心."

로 존재한다. 결과적으로 공은 현실 세계에 대한 부정과 긍정이 공존하는 셈이다. 이른바 진공묘유(眞空妙有)의 세계, 이른바 '텅 빈 충만'의 세계이다. 보는 시각에 따라 부정과 긍정을 자유롭게 행사할 수 있고 양면을 동시에 보거나 말하면 중(中)의 진리가 된다. 공의 세계는 단순한 공이 아니라 공(空) · 가(假, 有) · 중(中)의 진리를 동시에 안고 있다.

3) 『유마힐소설경』(維摩詰所說經)

이와 같은 공(空) 사상에 입각해서 『유마힐소설경』(『유마경』)은 세속 사회의 적극적 참여와 재가 불교의 이상을 설하고 있다. 다른 경전들과 달리 이 경을 설하는 사람은 주인공 유마힐(維摩詰, Vimalakīrti) 거사로서, 그의 지혜는 붓다의 출중한 제자들보다도 뛰어나서 그들을 무색하게 만들며 그의 행보는 모든 대립을 초월한 불이(不二, advayatva)의 절대 평등한 경지로서 걸림이 없다. 이 절대 평등한 경지는 불가사의하고 언어로 표현할 수 없다는 사상이 강조되고 있다. 『유마경』은 구성에서도 드라마틱한 면이 있는 매우 흥미로운 경전이며, 특히 중국을 비롯한 동아시아 불교계에서 많은 인기가 있는 경전이다.

4) 『정법연화경』(正法蓮華經)

『유마경』이 여전히 대승을 소승에 대립시켜 논하고 있는 반면 『정법연화경』(『법화경』)은 이러한 대립적 견해를 초월하여 붓다의 여러 교설이 모두 중생 교화를 위한 방편(upāya)에 지나지 않는다는 방편 사상이 두드러진 경전이다. 성문(聲聞, śrāvaka) · 독각(獨覺, pratyekabuddha) · 보살(菩薩, bodhisattva)의 삼승(三乘)이 모두 중생을 깨달음에 이르게 하는 부처의 방편적인 가르침이며, 결국은 모든 중생이 성불할 수 있다는 일승(一乘, ekayāna) 혹은 일불승(一佛乘)의 포용적 사상을 펼치고 있다. 불타관에서도 『법화경』은 붓다가 출생하여 출가하고 성불한 후 입멸한 것은 단지 중생 교화를 위한 방편에 지나지 않고, 실은 붓다의 수량은 측량할 수 없고 그의 성도(成道)는 무량겁 전에 이루어진 것이라고 말한다. 『법화경』은 이러한 방편 사상을 여러 비유를 통해 진리를 알기 쉽게 표현하는 문학적 가치가 높은 경전이다. 불탑 신앙과 경권 신앙도 『법화경』에서 강하게 나타나고 있다.

5) 화엄 계통의 경전

화엄 계통의 『화엄경』(華嚴經)에는 여러 본이 있다. 한역으로 40권 본, 60권 본, 80권 본이 있는데, 중국에서는 5세기의 불타발타라(佛駄跋陀羅, Buddhabhadra) 번역의 60권 본 『대방광불화엄경』(大方廣佛華嚴經, *Mahāvaipulya-buddha-avatamsaka-sūtra*)이 가장 널리 사용되어 왔다. 『화엄경』은 매우 방대한 문헌으로서, 학자들은 본래 여러 개의 독립적으로 형성되었던 짧은 경전들을 모아 편집된 것으로 본다.

『화엄경』의 주요 내용을 살펴보면 다음과 같다. 「십지품」(十地品)에서 부처의 정각에 도달하기 위해서 10바라밀다를 닦아 가는 보살의 수행을 10단계(十地)로 구분해서 설명하고 있다.[4] 또 십지의 전 단계로서 십

---

4 10바라밀은 6바라밀에 방편(方便) · 원(願) · 력(力) · 지(智) 바라밀을 더한 것이다.

주(十住) · 십생(十行) · 십회향(十廻向)도 논하고 있다. 「입법계품」(入法界品)은 보살의 수행 과정을 선재(善財, Sudhana) 동자의 구도기로 실감 있게 그리고 있다. '법계'(dharmadhātu)란 보살이 여래가 되기 위해 깨달아 들어가야 하는 진리를 가리키는 개념으로서, 선재 동자는 사회 각계각층에서 활동하고 있는 53선지식(善知識)을 찾아다니면서 설법을 듣고 마지막으로 미륵불을 만나 법계를 증득한다.

또한 「십지품」에는 "삼계가 허망하여 단지 한 생각이 만들어낸 것이고 십이지연기법들은 모두 마음에 의한 것이다"[5]라는 유명한 유심(唯心, citta-mātratā) 사상을 설하는 구절이 발견된다. 이것은 붓다가 설한 십이지연기설 가운데서 제3지, 즉 식(識, vijnāna) 혹은 심(心, citta)이 생사윤회에서 가장 핵심적인 것임을 말하는 구절로서, 세계는 단지 우리의 마음, 즉 생각 내지 인식뿐이라는 유식 사상의 발달에 지대한 영향을 주었다.

5 "三界虛妄 但是一心作 十二因緣分 皆依心."

제11장

중관 철학

1. 용수와 중관 철학 전통

대승불교는 처음에는 소승불교의 번잡한 교리 연구를 부질없는 것으로 여기고 이에 반발하여 대중적 종교 운동으로 일어났지만, 시간이 경과함에 따라 대승불교 역시 철학적으로 자신의 입장을 정립하고 옹호할 필요에 봉착했다. 그리하여 소승불교와 같이 많은 논서(śāstra)를 산출하게 되었다. 대승 논서들 가운데 가장 이른 그리고 가장 중요한 것은 대승 최고의 논사로 추앙받는 용수(龍樹, Nāgārjuna)의 것들이다.

용수는 2~3세기경 인물로 추정되며 남인도 출신으로 불교의 여러 사상뿐만 아니라 외도 사상에도 조예가 깊었다. 그의 저서들에서 그는 대승 공 사상에 입각해서 이에 어긋난 여러 실재론적 견해들을 논파하고 있다. 용수 당시에는 앞서 언급한 초기 대승 경전들, 즉 반야 사상 계통의 경전, 초기 형태의 『화엄경』과 『법화경』, 정토 경전들이 비록 지금과 같은 형태는 아니겠지만 이미 성립되어 유통되고 있었다는 사실을 우리는 용수의 저서들을 통해 확인할 수 있다. 용수는 이들 경전들을 해석하는 논서들을 지었다. 그의 저서들 가운데 철학적으로 중요한 것들을 열거하면 다음과 같다.

① 반야 경전 계통의 공 사상에 입각해서 그릇된 실재론적 견해들을 논파하는 논서. 『중론송』(中論頌, *Mūlamādhyamaka-kārikā*), 『십이문론』(十二門論, *Dvādaśanikāya- śāstra*), 『공칠십론』(空七十論, *Śūnyatā-saptati*).

② 역시 공 사상에 입각해서 외도를 파(破)하는 『회쟁론』(廻諍論, *Vigraha- vyāvartanī*).

③ 『대품반야』의 주석서로 용수 사상의 여러 측면을 포괄적으로 담고 있는 저술인 『대지도론』(大智度論).

④ 『화엄경』 「십지품」(十地品)의 주석 『십주비파사론』(十住毘婆沙論)과 화엄의 유심 사상을 논하는 『대승이십론』(大乘二十論).

이상에서 보는 대로 용수의 교학은 상당히 포괄적이었으며 단순히 반야 경전의 공 사상만을 전개한 것은 아니다. 그러나 그의 철학적 기반은 어디까지나 공 사상에 있었으며, 이 때문에 그의 『중론』(中論)을 중심으로 하는 중관(Mādhyamika) 학파를 세우게 되었다.

용수의 제자인 제바(提婆, Āryadeva)는 『백론』(百論, *Catuhśataka*)을 저술했는데, 『백론』은 용수의 『중론』 및 『십이문론』과 함께 중국 삼론종(三論宗)의 기본 논서를 이루게 되었다. 350년경에는 청목(靑目, Pingala)이라는 사람이 『중론』의 주석서를 썼는데, 구마라십(鳩摩羅什, Kumārajiva)에 의해 한역되어 중국 불교에 지대한 영향을 미쳤다.

4세기부터는 유식 철학이 인도 불교에서 풍미함에 따라 중관 철학은 자연히 유식 사상 계통의 학자들에 의하여 연구되었다. 6세기에는 불호(佛護, Buddhapālita)와 청변(清辨, Bhāvaviveka)이 출현해서 각기 『중론』의 주석서를 썼고, 『중론』 해석상의 차이를 보임으로써 중관 학파의 두 주류를 형성하게 되었다. 불호 계통에 월칭(月稱, Candrakīrti)이 나타나 『정명구론』(淨名句論, *Prasannapadā*)이라는 주석서와 중관 철학의 입문서 『입중론』(入中論, *Madhyamakāvatāra*)을 저술해서 티베트 불교에 유행하게 되었다. 청변은 『반야등론』(般若燈論, *Prajnāpradīpa*)이라는 『중론』의 주석서를 썼으며, 그는 의식적으로 유식 철학자 호법(護法, Dharmapāla)의 유식설을 비판하여 중관과 유식 양파의 대립을 격화시켰다. 불호의 중관 학파를 프라상기카(Prāsangika)파로 부르는데, 자신의 입장을 적극적으로 주장하지 않고 상대방의 견해만을 모순적인 것으로 논파하는 부정적 방법을 사용했다. 반면에 청변의 중관 학파는 스바탄트리카(Svatantrika)라고 부르는데, 자신의 주장을 적극적으로 천명하는 입장을 취하고 있다.

7세기에 청변 계통의 지광(智光, Jnānaprabha)은 유가행(瑜伽行, Yogācāra) 철학에 대항하여 공 사상의 우위성을 주장하기 위해 붓다의 가르침을 삼시(三時)로 나누는 교판(教判)을 제시했다. 즉, 소승은 사성제(四聖諦)의 입장으로서 심경구유(心境俱有)를 진리로 간주하며, 유가행파는 만법유식설을 통해 경공심유(境空心有)를, 중관 학파는 만법개공(萬法皆空)의 이치를 통해 심경구공(心境俱空)을 주장한다는 것이다.

2. 『중론』의 철학

『중론』(*Madyamaka-sāstra*) 혹은 『중론송』(*Mādyamika-kārikā*)을 이해하기 위해서 우리는 우선 『중론』의 '중'(中) 개념을 고찰해 볼 필요가 있다. 우리는 이미 소승 경전에서 붓다가 인간 존재에 대한 자신의 견해를 중도적인 것으로 규정하고 있다는 사실을 보았다. 즉, 그는 인간에게 어떤 불변의 형이상학적 실재가 있다고 인정하는 유(有)의 입장을 거부했고 인간은 죽음과 더불어 무로 돌아간다는 무(無)의 입장도 거부했다. 『중론』의 '중'은 이 같은 붓다의 기본 입장을 더욱 확대하여 세계 전체의 존재론적 성격을 규명한다. 모든 법은 스스로 존재하는 자성(自性, svabhāva)이나 본성이 없기 때문에 공이다. 다시 말해 모든 법은 타에 의존하는 의타적 존재이지만 그 자체로는 없는 것이나 다름없다. 하지만 공은 결코 무가 아니고, 사물들은 타에 의존해서 조건적으로 생기하고 소멸한다. 『반야심경』의 유명한 표현대로 '색은 곧 공이고 공은 곧 색'이다. 따라서 공은 색을 떠나 혹은 초월해서 따로 존재하는 별도의 형이상학적 실재가 아니라 색 그 자체의 본래 실상이다. 공은 사물의 실상(實相)을 있는 그대로 드러내 준 것에 지나지 않는다. 제법의 실상은 비유 · 비무의 중도(madhyamā pratipad)이다. 비유 · 비무는 공이라는 말과 같이 실재를 부정적으로 표현하는 파사(破邪)의 말이고, 중도는 적극적으로 표현하는 현정(顯正)의 말이라 해도 된다.

이러한 중도의 진리를 잘 말해 주는 것이 다음과 같은 『중론』의 핵심 구절이다. "인연에 의해 생긴 법을 나는 곧 공이라 설하고 역시 가명(假名)이라고도 설하며 이것이 또한 중도라는 뜻이다."[1] (인연에 의해 조건적으로 생기는 법은 곧 공이라고 나는 설하며, 역시 가명이고 또 중도라는 뜻이다). 즉, 공은 연기(緣起, pratītyasamutpāda)의 진리에 근거한다.

용수는 연기설을 소승불교, 특히 설일체유부에서처럼 제법의 존재를

1 "因緣所生法 我說卽是空 亦謂是假名 亦是中道義."

일단 인정하고 나서 그들의 인과 관계를 설명하는 것으로 이해하지 않았다. 오히려 연기설의 참 철학적 의미는 어떤 법도 연기의 지배를 받는 조건적이며 상대적인 것이기 때문에 독자적으로 존재하는 자성을 결여하고 있는 무자성(nihsvabhāva)이며 공이라는 것이다. 그러나 일단 제법의 실상이 공임을 알면 이 제법은 아무것도 아닌 무가 아니라 공이지만 색으로, 무이지만 유로, 실재하는 것은 아니지만 각기 이름을 가진 가명으로, 묘유(妙有)로, 중도로 존재한다. 문제는 모든 것이 가명이라는 진리를 모르고 현상적 차별의 세계를 절대적으로 생각하고 실재라고 오인하거나 혹은 무라는 견해에 빠져 고통을 받는 것이 보통 사람의 현실이라는 것이다. 용수는 이러한 잘못된 견해를 타파(破邪)함으로써 제법 실상, 즉 실재 혹은 진여(眞如)의 모습을 있는 그대로 드러내려고(顯正) 한다. 파사가 곧 현정이다.

용수에 따르면 사람들이 세계의 실상인 공을 깨닫지 못하는 이유는 우리가 상식적으로 사회에서 통용하고 있는 언어와 개념의 성격과 밀접한 관계를 가지고 있다. 즉, 우리가 사용하는 언어는 사물을 실재론적으로 보게 하는 경향을 가지고 있으며, 우리가 이 일상 언어를 매개로 해서 세계를 보는 한 사물은 분별적 언어에 해당하는 각각 독립적이고 고정된 본질을 갖고 실재하는 것처럼 보인다는 것이다. 마치 색안경을 쓴 사람이 바깥 세계가 모두 그 안경의 색깔을 지니고 있다고 착각하는 것과 마찬가지이다.

따라서 용수는 『중론』 초두에서 우리가 일상적으로 사용하고 있는 생(生), 멸(滅), 상(常), 단(斷), 일(一), 이(二), 내(來), 출(出) 등의 개념을 예로 삼아 비판적으로 분석하면서 그들이 순전히 우리의 머릿속에서 구성해

낸 분별적 관념(vikalpa)들이며 희론(戱論, prapanca)에 지나지 않음을 갈파한다. 여기서 용수가 주로 사용하고 있는 방법은 일종의 파괴적 변증법으로 개념 하나하나를 고찰하여 그것들이 결국 모순적이고 상대적이고 불합리한 것임을 드러내는 귀류법(歸謬法, prasanga, reductio ad absurdum)이다. 개념들은 용수에 의하면 모두 우리가 공의 진리를 모르고 사물을 실재론적으로 보는 습관에서 유래하는 헛된 관념들이다. 가령 '생 한다'는 개념 하나를 분석하면서도 용수는 당시 인도 철학에서 논의되고 있는 모든 인과(因果) 개념을 궁극적으로 불합리한 것으로 비판한다. 연기(緣起), 즉 실체적 사고가 설 자리가 없는 공의 관점에서는 세계의 실상은 불생, 불멸, 불상(不常), 불일, 불이, 불래, 불출(八不), 즉 어떤 언어와 개념도 발붙일 곳이 없고 어떤 말로도 규정하고 포착할 수 없다는 것이다.

그렇다고 용수가 일상적 언어나 개념의 타당성을 무조건 부정하는 것은 아니다. 여기서 우리는 그의 이제설(二諦說)에 접한다. 용수에 따르면 우리는 사물을 높고 낮은 두 가지 관점에서 볼 수 있다. 이 두 가지 관점에 따라 진제(眞諦, paramārtha-satya)와 속제(俗諦, samvrtti-satya)가 성립된다. 진제란 사물을 있는 그대로 반야(prajnā, 지혜)의 눈으로 보는 세계로서 모든 개념이나 언어가 발붙일 수 없는 공, 즉 만물의 실상을 가리킨다. 속제란 세상 사람들의 상식적인 눈으로 보는 세계로서 일상적 언어와 분별지에 의해서 진리가 가려진(samvrtti) 상태를 말한다.

용수는 이러한 일상적 진리가 존재한다는 사실을 부정하지 않는다. 아니 오히려 공의 입장에서 보면 모든 언어의 사용과 철학적 사유는 다름 아닌 속제의 차원에서 이루어진다. 진제는 언어 분별을 떠난 최고의(parama) 진리지만, 속제는 언어와 분별적 사고가 방편으로 허용되는 일상적 진리를 가리킨다. 용수는 속제를 통하지 않고서는 진제를 말할 수도 깨달을 수도 없다고 본다. 붓다의 교설도 물론 언어와 관념들에 의거하여 이루어졌기 때문에 그 궁극 목표는 모든 언어를 초월하는 공의 진리를 나타내기 위한 것이다. 누구든지 진제를 깨닫기 전까지는 속제의 방편을 필요로 하기 때문이다.

그뿐만 아니라 공이란 사물이 그 자체로서는 존재하지 않음을 뜻하지만, 타자와의 관계, 즉 연기적 관계 속에서는 묘유와 가명으로 없는 듯 있기 때문에 우리가 사용하는 언어도 이런 의미에서 가능하다. 결국 깨달은 자는 진제와 속제 어디에도 걸리지 않고 자유롭게 두 차원의 진리의 세계에서 동시에 노닌다. 속제는 진제의 자유로운 활용이며, 속제와 진제를 구별하는 것 자체가 하나의 방편상의 구별은 될지언정 어떤 궁극적인 대립을 의미하는 것은 아니기 때문이다.

진제인 공의 세계는 모든 차별과 대립이 사라져 버린 불이(advaya)의 세계로서 유와 무, 생사와 열반, 미(迷)와 오(悟), 중생과 부처 그리고 속제와 진제의 구별조차 부정되며, 공도 공이기에 아무것도 얻을 것이 없는 일체무소득(一切無所得, anupalabdhi)의 경지이다. 하나의 세계 혹은 하나의 실재를 우리가 두 가지 관점에서 볼 뿐이다.

제12장

후기 대승 경전들의 사상

1. 역사적 배경

불교는 바라문교 내의 한 분파적 종교 운동으로서 시작했다고 볼 수 있다. 그러나 다른 분파들과 달리 불교는 왕성한 포교 활동을 통해 그리고 아쇼카와 카니슈카 같은 숭불 군주들의 지원에 힘입어 인도 전역에 퍼지고 융성했다.

그럼에도 불교는 결코 정통 바라문 종교를 제압하지는 못했다. 불교는 이미 인도인의 마음과 생활 속에 확고한 위치를 차지하고 있는 베다의 권위와 바라문 사제 계급의 특권을 인정하지 않는 '이단' 종교로 배척받았다. 불교는 또 가정에서 행하는 각종 의례를 주관하는 바라문 사제들의 역할과는 달리 출가 수행을 위주로 하는 출세간적 종교로서 재가자들을 위한 종교적 활동은 제한적일 수밖에 없었다. 불교는 특히 바라문적인 사회윤리 질서, 사회 계급과 생의 주기에 따라 지켜야 하는 법도(varna-āśrama-dharma) 같은 것을 소홀히 했기 때문에 재가자들의 생활윤리는 어디까지나 바라문교의 관장 아래 들어갔다.

급기야 아쇼카 왕의 마우리아 왕조가 망한 후 슝가 왕조는 불교를 억

압하고 바라문교를 부흥시켰다. 또한 이민족의 손으로 세워진 쿠사나 왕조 때에는 불교 세력이 북부 인도를 석권했지만, 남쪽에는 순수 인도적인 샤타바하나 왕조가 일어나서 바라문교를 국교로 받들고 보호하는 정책을 썼다. 쿠사나 왕조와 샤타바하나 왕조는 약 3세기부터는 세력을 잃기 시작했으며 인도는 여러 소국가들이 난립한 가운데 정치적 혼란기로 들어갔다.

그러나 320년경에 찬드라굽타 1세가 굽타 왕조를 세우고 사무드라 굽타 왕(330년경 즉위) 때에는 인도 전역을 통일함으로써 마우리아 왕조 이후 약 500년 만에 통일 국가를 다시 형성하게 되었다. 그 후 굽타 왕조는 6세기 흉노족의 침입 등으로 망하기까지 안정된 사회질서 밑에 학문 · 예술 등 각 방면에서 찬란한 문화를 건설했다. 종교적으로는 바라문교가 국교로 인정되어 바라문의 사회윤리 질서가 전 인도 사회에 정착하게 되었다. 또한 굽타 왕조 때에는 쉬바와 비슈누에 대한 대중적인 신앙도 널리 퍼져 인도 전역에 수많은 웅대한 신전들이 건축되었다. 바라문들에 의해 전수되어 온 산스크리트 언어와 문화가 인도 전역에 보급되었고 고전 산스크리트어가 전국 공용어로 사용되게 되었다. 인도의 셰익스피어라 불리는 칼리다사(Kālidāsa) 같은 시인도 굽타 왕조 초기에 활약한 사람이다. 이러한 문화적 환경 속에서 정통 철학파들은 각기 잘 다듬어지고 세련된 고전 산스크리트어로 많은 체계적 저술들을 산출하게 되었다. 실로 이 시기는 인도 고전 문화의 황금기였다.

굽타 왕조는 바라문교를 국교로 삼기는 했지만, 불교를 탄압하지는 않았다. 오히려 굽타 왕조는 종교적으로 실용성을 보여 불교도 지원했다. 이와 같은 지원에 힘입어 5세기 초에는 불교의 옛 고장인 마가다 지역에 유명한 나란다(Nālandā)라는 대사원이 세워지고 그 후로부터 수백 년 동안 불교 교학 연구의 중심지가 되었다. 사상 면에서도 불교는 자연히 이러한 정치 · 문화적 추세에 영향을 받아 바라문의 철학 사상에 대응하여 많은 체계적인 철학적 문헌들을 고전 산스크리트어로 출산하게 되었다. 이들은 내용에서도 정통 바라문 사상의 영향을 받거나 그것에 대해 변호적 자세를 취하는 경향을 띠게 되었으며, 바라문의 철학적 사유를 크게 자극하기도 했다.

이 시기에 나타난 중요한 대승 경전들은 다음과 같다. 우선 열반을 적극적으로 상(常) · 락(樂) · 아(我) · 정(淨)으로 규정하며 법신상주(法身常住)를 설하는 『대반열반경』(大般涅槃經), 인간에게는 누구나 다 여래가 될 가능성의 근거인 여래장(如來藏)이라는 자성청정심(自性淸淨心)이 있다는 사상을 설하는 『승만경』(勝鬘經, *Śrīmālā-sūtra*)과 『여래장경』(如來藏經), 유식 철학의 근본 경전으로서 아뢰야식(ālayavijnāna) 연기 사상과 만법유식을 설하는 『해심밀경』(解深密經, *Samdhinirmocana-sūtra*), 여래장 사상과 아뢰야식 사상을 융화시켜 여래장연기설을 발전시킨 『능가경』(楞伽經, *Lankāvatāra-sūtra*) 등을 들 수 있다.

이들 후기 대승 경전들은 모두 용수 이후 세친(世親, Vasubandhu)에 이르기까지 3~5세기 초에 형성된 것으로서, 주로 여래장(tathāgatagarbha) 혹은 불성(佛性) 사상 그리고 유식(唯識, vijnapti-mātratā) 사상에 기초하고 있다. 그들은 반야 경전이나 중관 철학의 공 사상을 받아들이면서도 실재에 대한 부정적 접근을 지양하고, 불타나 열반을 항구불멸의 실재로 간주하는 경향이 강하다. 모든 인간에게는 부처가 될 수 있는 가능성인 어떤 깨끗한 성품, 즉 불성이 있음을 강조한다.

이러한 사상은 결국 우파니샤드의 아트만 사상에 접근하고 있는 것이다. 그뿐만 아니라 종래의 무아설(anātman)을 고수하면서도 윤회의 주체로서 아뢰야식이라는 심층의식을 상정해서 인격의 연속성과 업보를 설명하려고 꾀했다. 이러한 새로운 사상들을 더욱더 철학적으로 발전시키거나 이론화한 사람은 유가행파(Yogācāra) 철학자들이며, 미륵존자(Maitreyanātha)·무착(無着, Asanga)·세친(世親, Vasubandhu)의 사상은 대승교학의 극치를 이룬다. 우선 그들의 철학 사상을 고찰하기 전에 이 시기에 형성된 주요 경전의 내용을 좀 더 자세히 살펴본다.

2. 유식 사상 계통의 경전

1) 『해심밀경』(解深密經)

이 경은 유식 사상 계통의 경전으로 가장 중요한 경전이다. 『해심밀경』은 매우 체계적이고 이론적인 경전으로서 '경'보다는 논에 가깝다. 이 경의 산스크리트어 원본은 남아 있지 않지만 티베트어 역본이 있으며 한역본으로서 보리류지(菩提流支) 역(514년)과 현장(玄奘) 역(647년)이 남아 있다.

『해심밀경』의 「승의제상품」(勝義諦相品)은 반야 경전의 반야 사상에 입각해서 승의제, 즉 진제(眞諦, paramārtha-satya)의 다섯 가지 면을 설하고 있다. 승의제는 유위무위(有爲無爲)의 이상(二相)이 없으며, 일체명언을 떠난 상(相), 심사(尋思)를 초월하는 상, 제법과의 일이성(一異性)을 초월한

상, 일체에 편재하는 일미상(一味相)의 사상(四相)을 가지고 있다고 말한다. 또 「일체법상품」(一切法相品)과 「무자성상품」(無自性相品)도 공 사상에 입각해 제법의 실상을 삼상(三相, trilaksana)과 삼무자성(三無自性) 이론으로 설명하고 있다. 삼상이란 망심에 의한 언설(vyavahāra)과 가설(prajnapti) 때문에 제법의 명칭을 설정하고 집착하는 변계소집상(遍計所執相, parikalpita-laksana), 십이지연기에서 보여 주는 것과 같이 제법이 연에 의해 생기하는 의타기상(依他起相, paratantra-laksana) 그리고 일체법의 평등한 진여의 모습인 원성실상(圓成實相, parinispanna-laksana)을 말한다. 삼무자성이란 삼상에 각각 해당하는 진리로서 변계소집상은 자성이 없다는 상무자성(相無自性), 의타기상에 의해 생기하는 법은 자성이 없다는 생무자성(生無自性) 그리고 제법이 본래 무자성이라는 승의무자성(勝義無自性)을 말한다.

이상과 같은 이론은 모두 공, 즉 일체제법의 무자성 진리를 세 가지 측면에서 말한 것뿐이다. 그러나 『해심밀경』은 이렇게 공의 진리를 더 자세히 밝혔다고 하여 스스로를 붓다의 가르침을 충분히 드러낸 요의(nītārtha)경으로 간주하며, 반야 경전이나 소승 경전은 불요의(neyārtha)경이라고 한다. 따라서 『해심밀경』은 붓다의 설법(전법륜)에 삼시가 있었고 한다. 첫 번째 전법륜은 성문승을 위해 사제(四諦)의 상(相)을 설했고, 두 번째는 대승에 나아가는 자들을 위하여 '일체제법 무자성'에 근거해서 은밀(隱密)의 상을 그리고 세 번째로 일체승에 나아가는 자를 위해 같은 '일체제법 무자성'에 의거하면서도 현료(顯了)의 상을 설했다는 것이다. '현료의 상'이란 반야 경전처럼 제법의 실상을 단지 공으로만 설하지 않고 공의 양면에 숨어 있는 상을 적극적으로 드러냈다는 것을 의미한다. 『해심밀경』을 소의경전(所依經典)으로 삼는 법상종(法相宗)에서는 이와 같은 설에 근거해서 소승과 중관과 유가행(瑜伽行, Yogācāra), 즉 유식 사상을 각각 유(有)와 공(空)과 중(中)을 가르치는 사상으로 교상판석(教相判釋, 判教)을 내린다.

그러나 유식 경전으로서 『해심밀경』의 의의는 이러한 삼상이나 삼무자성 등의 이론뿐만 아니라 「심의식상품」(心意識相品)이나 「분별유가품」(分別瑜伽品)과 같은 곳에 나타나 있는 식(識, vijnāna) 이론에도 있다. 「심의식상품」의 심은 일체종자식(一切種子識)인 아뢰야식을 가리킨다. 이 식이 갖고 있는 종자의 발육에 의해 신심환경(身心環境) 세계가 전개된다는 것이다. 이 식은 일체법의 종자를 집지(執持)하고 있으며 우리의 감각기관과 신체 등 일체를 유지하고 있기 때문에 집지식(執持識, ādāna-vijnāna)이라고도 부른다. 이렇게 우리의 일상적인 경험 세계를 아뢰야식의 현현으로서 보는 것을 아뢰야식연기설(阿賴耶識緣起說)이라고 부른다.

그러나 『해심밀경』에는 아직 이 아뢰야식설이 본격적인 유식무경(唯識無境)의 사상, 즉 대상 세계의 실재성을 부정하는 이론과 분명하게 직결되지는 않고, 현상 세계를 업보로 설명하는 업감(業感)연기론적인 관점에서 다루고 있다. 즉, 아뢰야식 개념이 무엇보다도 소승불교에서부터 지속적으로 문제되어 온 업의 소재와 윤회의 주체 문제에 대한 답으로 등장하게 되었다는 것이다. '심의식상분'의 '의식'(mano-vijnāna)은 정신 현상을 대상으로 해서 분별 작용을 하는 식으로서, 유식 철학의 팔식설에서 제6식에 해당한다. 『해심밀경』에는 아직 제7식, 즉 말나식(末那識, manas) 개념은 발견되지 않는다.

한편 『해심밀경』에서 만법유식의 사상이 분명히 나와 있는 곳은 「분별유가품」(分別瑜伽品)으로 미륵보살과 붓다의 문답 가운데서 붓다는 다음과 같은 요지의 설법을 한다. 즉, 삼마지(三摩地, samādhi, 三昧)와 비파샤나(vipaśyanā, 觀)를 행할 때 나타나는 영상은 심과 다를 바 없다. 왜냐하면 그 영상은 단지 식뿐이므로(vijnapti-mātra) 식의 소연(所緣, ālambana), 즉 대상은 단지 식에 의해 나타날 뿐이라고 한다. 이와 같이 영상과 심이 다를 바 없다면 결국 심이 심을 보는 것에 지나지 않는 셈이 된다는 것이다. 마치 거울에 얼굴을 비추고서 얼굴의 영상을 본다고 하지만 얼굴을 떠나 영상이 따로 있는 것이 아님과 마찬가지라고 한다.

이상과 같은 영상(影像) 유식에 관한 설법에서 우리가 알 수 있는 것은 유식 사상은 본래 지관(止觀), 즉 요가 수행과 체험에 기초하고 있다는 사실이다. 유식 철학을 유가행(Yogācāra) 철학이라 부르는 이유이다.

2) 『아비달마경』(*Abhidharma-sūtra*)

이 경은 현존하지는 않지만, 유식 계통 경으로서 중요한 것이었음을 다른 문헌들을 통해서 알 수 있다. 특히 무착의 『섭대승론』(攝大乘論)은 이 경의 「섭대승품」을 해석한 것이다. 그러나 이 경이 현존하지 않기 때문에 확실한 것은 알 수 없다. 경의 제목 자체가 말해 주듯이 매우 체계적이고 교학적인 경전이었음을 추측할 수 있다. 당시의 시대적인 특징이라 할 수 있다.

3. 여래장 사상 계통의 경전

후기 대승 경전들 가운데서 유식 사상을 설하는 경전들과 더불어 또 하나의 부류를 형성하고 있는 것은 여래장 사상을 중심으로 하는 경전들이다. 여래장 사상 혹은 불성 사상은 '일체유심조'(一切唯心造)를 말하는 유식 사상이 제법을 산출하는 원천을 우리의 미혹된 망식(妄識)이라고 보는 것과 달리 중생의 본래 마음은 망식 혹은 망심이 아니라 부처와 조금도 다름없는 진심이라고 본다. 대승『열반경』에 나오는 유명한 구절처럼 "일체중생 실유불성"(一切衆生 悉有佛性, 모든 중생은 불성이 있다)이다. 다시 말해서 망심보다는 진심, 염심(染心)보다는 정심(淨心)이 우선적이고 더 근본적이라는 견해이고 믿음이다.

중생의 마음이 본래 청정하다는 생각은 소승 대중부(大衆部) 사상에도 있었다는 것을 우리는 이미 보았지만, 사실 문제를 근본적으로 생각해 보면 모두가 동의할 수밖에 없는 사상이다. 중생의 마음이 아무리 번뇌로 물들었다 해도 이러한 사실을 의식하고 괴로워하고 벗어나려는 마음이 중생에게 없다면 중생은 영원히 중생으로 머물 것이고 부처가 될 수는 없을 것이다. 우리에게 부처의 성품인 불성, 부처와 같은 마음이 본래부터 없다면(本心, 本性), 어찌해서 우리는 부처님의 가르침을 좋아하고 따르려는 마음이 생겨나겠는가? 바로 이러한 생각이 결국 여래장 사상 혹은 불성 사상을 낳은 것이다.

여래장 사상은 이와 같은 사상적 흐름의 결정체로서 여래장 계통의 경전들은 이 여래장 사상을 이론화하고 발전시킨 경전들이다. '여래장'이라는 산스크리트어 'tathāgatagarbha'는 두 가지 뜻으로 해석될 수 있다. 하나는 '여래의 태(胎)'라는 뜻으로 중생은 그 안에 여래라는 태아를 품고 키우는 태와 같다는 뜻이다. 다른 하나는 '여래의 태아'라는 뜻으로 중생은 여래가 품고 있는 태아와 같다는 뜻이 된다. 첫째 의미가 더 일반적이지만, 둘째 의미도 깊은 뜻을 가지고 있음을 알 수 있다.

또 『불성론』에 따르면 여래장의 '장'(藏) 개념에는 삼종의 뜻이 있다고 한다. 곧 소섭장(所攝藏)과 은복장(隱覆藏)과 능섭장(能攝藏)이다. 소섭장은 중생이 여래의 지(智)에 의해 섭장된다는 뜻으로 앞서 말한 것처럼 여래의 태가 중생을 태아처럼 품고 있다는, 즉 중생이 여래의 태아라는 의미가 된다. 은복장의 '장'은 가리고 감춘다는 뜻으로 해석하면, 여래가 중생의 번뇌 때문에 가려 있다는 뜻의 여래장 개념, 즉 앞서 본 대로 중생의 마음이 여래의 태아를 품고 기르고 있지만 중생심에 의해 여래가 가려 있다는 뜻이다. 능섭장은 중생이 본래부터 부처님과 같은 존재가 되었을 때 얻을 수 있는 모든 공덕을 섭장하고 있다는 뜻으로 은복장과 크게 다르지 않다. 다만 수행으로 얻을 과보에 중점을 둘 뿐이다. 우리가 고찰할 여래장 사상 계통의 경전들은 주로 두 번째와 세 번째 의미로 여래장 사상을 설하고 있다.

1) 『대방등여래장경』(大方等如來藏經)

여래장 사상 계통의 경전 가운데서 가장 먼저 형성된 것은 『대방등여래장경』이다. 이 경은 일체중생이 그 안에 여래를 장하고 있는 여래장이라고 설한다. 여래는 지혜와 여래의 눈을 갖고서 무량 번뇌에 감싸여 있는 중생 내부에 자기와 똑같은 지혜와 눈을 가진 여래가 좌선하고 있는 것을 본다고 한다. 이와 같은 진리를 듣고 수행하는 보살은 번뇌로부터 해방되어 여래가 된다고 말한다.

중생 안에 들어 있는 여래를 『여래장경』은 '여래지', '여래지견', '여래법성', '여래의 종성', '법장', '지장', '여래신' 등 여러 이름으로 부른다. 그리고 이와 같이 여래를 품고 있는 중생의 모습을 '시든 연꽃에 있는 부처', '벌들 가운데 있는 맛있는 꿀', '빈천한 여자가 회임한 전륜왕' 등 아홉 가지 비유로 설명하고 있다. 인간은 누구나 다 여래가 될 가능성을 지닌 귀한 존재라는 진리를 말해 주는 비유들이다.

2) 『불증불감경』(不增不減經)

이 경의 주요 내용은 중생계가 곧 법계이고, 중생의 깨달음의 증감에 관계없이 중생계와 법계는 증감이 없다는 것이다. 이 중생계, 즉 중생의 본질은 여래장이고 여래의 법신이다. 이 여래장이 무량의 번뇌에 감싸여 있는 것을 중생이라 부르며, 3문을 멀리 떠나 보리행을 닦을 때 보살이라 부르고, 일체번뇌를 떠나 청정해질 때는 여래라 부른다고 한다. 『여래장경』이 여래장을 중생과 동일시하는 반면 『불증불감경』은 여래장을 중생의 본질(本性, dhātu), 즉 여래의 정수, 여래의 법신과 동일시하고 있다.

3) 『승만경』(勝鬘經)

이 경의 주인공은 승만(勝鬘, Śrīmālā) 부인으로서 『유마경』과 같이 재가 불교의 대표적인 경전이다. 『승만경』은 법신이 번뇌에 의해 감싸여 있을 때를 여래장이라 부른다고 말한다. 여래장은 고(苦)를 싫어하고 열반을 구하는 보리심이며, 여래장에는 불공(不空) 여래장과 공(空) 여래장의 구별이 있다고 한다. 전자는 여래의 지혜와 불가분적인 여러 덕성을 갖춘 여래장을 가리키는 반면 후자는 번뇌가 본래 없는 여래장을 가리킨다.

4) 『열반경』(涅槃經)

『열반경』의 주제는 붓다가 입적할 즈음 열반에 드는 것처럼 보이는 것은 방편에 불과하며 사실 여래는 상주 불변하는 법신이고 열반은 상(常)·락(樂)·아(我)·정(淨)의 4바라밀다를 갖추고 있다고 한다. 일체중생이 여래장이라는 사상을 『열반경』은 일체중생이 불성을 가지고 있다(一切衆生悉有佛性)는 것으로 말하고 있다. 열반을 상·락·아·정의 4덕을 갖춘 것으로 이해하는 것은 소승불교 경전에서는 명시적으로 찾아볼 수 없지만, 특히 붓다의 교설이 무아(無我, anātman)설이라면 붓다의 교설에 정면으로 대립되는 사상이다. 그럼에도 『열반경』은 대승의 법신 사상과 불성 사상을 배경으로 해서 대담하게 열반을 영원불변의 실재로 이해하고 있다는 사실은 주목할 만하다. 결국 우파니샤드 사상에 가까이 접근하고 있다고 보아서 무방할 것 같다.

4. 『능가경』(楞伽經)과 『대승기신론』(大乘起信論)

『능가경』과 『대승기신론』은 후기 대승 경전들 가운데서도 가장 늦게 형성된 것으로 간주된다. 사상적으로 이 경전들은 '아뢰야식연기설'의 유식 사상과 '여래장 사상'의 불성 사상을 융화시키는 특징을 갖고 있다. 『능가경』은 443년의 송역(宋譯) 본이 있으므로 늦어도 4세기 말경에는 성립되어 있었다고 추측할 수 있다. 『능가경』 역시 아비달마(abhidharma)적인, 즉 교학적인 성격이 강한 경전으로서 당시 유행하고 있던 다양한 대승 사상을 거의 다 포함하고 있다. 따라서 경의 내용이 번잡하고 때로는 상호 모순적이기도 하다. 『능가경』 스스로 중요한 내용을 오법(五法), 삼자성(三自性), 팔식(八識), 이무아(二無我)로 규정하고 있다. '오법'이란 명(名, nāma) · 상(相, nimitta) · 망상(妄想, vikalpa) · 성지(聖智, samyag- jnāna) · 여여(如如, tathatā)를 말하며, 삼자성이란 망상자성(妄想自性) · 연기자성(緣起自性) · 성자성(成自性), 즉 분별성 · 의타성 · 진실성을 가리킨다. 오법 중에서 명과 상은 망상자성(분별성)에 해당하고, 망상은 연기자성(의타성), 성지와 여여는 성자성(진실자성)에 상응한다. 팔식은 아뢰야식, 의(manas), 의식(manovijnāna) 및 안 · 이 · 비 · 설 · 신의 6식을 말하고, 이무아는 인무아(人無我)와 법무아(法無我)를 뜻한다.

『능가경』의 사상사적 의의는 무엇보다도 아뢰야식과 여래장을 동일시하는 데 있다. 본래 아뢰야식은 생사의 세계를 현성하는 망식(妄識)이지만, 『능가경』은 이것을 여래장과 동일시함으로써 모든 법을 여래장의 현현으로 간주하는 역전이 일어난다. 즉, 아뢰야식연기설이 여래장연기 사상으로 바뀌게 되는 것이다. 이 경의 비유적 설명대로 깊은 바다와 그 위의 물결은 결국 같은 것이며 생멸의 세계 자체가 곧 진여의 나타남이라는 것이다. 그러나 다른 한편으로 『능가경』은 아뢰야식이 단순히 자성청정심인 여래장이 아니라 진망화합식(眞妄和合識)으로 이중성을 가지고 있음도 누차 설하고 있다.

이와 같은 『능가경』의 사상과 궤를 같이하여 여래장연기 혹은 진여연기를 논하고 있는 것이 『대승기신론』이다. 『대승기신론』은 진여와 생멸을 일심(一心, 중생심)의 양면으로 본다. 일심법계의 무차별상은 진여이고, 일심법계의 차별상은 생멸의 세계이다. 이 차별상으로서의 일심법계(心生滅)가 여래장 자성청정심이고 아뢰야식이다. 아뢰야식은 생멸과 불생멸이 화합해서 비일비이(非一非二)의 양상이며 정과 염, 각과 불각(不覺)을 포함하는 진망화합식으로 『대승기신론』은 본다. 아뢰야식의 불각에 의해 염연기(染緣起)의 수연유전(隨緣流轉), 즉 생사의 세계가 전개되며, 아뢰야식의 각으로 인해 정연기(淨緣起)인 반류환멸(反流還滅)의 열반의 세계가 가능하다는 것이다.

제13장

유가행 철학

1. 유가행 철학의 전통

유가행(Yogācāra) 철학은 중관 철학과 더불어 인도 대승불교 철학의 양대 산맥을 이루는 철학이다. 유가행 철학은 용수에 의해 확립된 중관 철학의 진리에 대한 부정적 접근방식에 만족하지 않고, 공 사상을 받아들이면서도 이에 대한 새로운 해석과 이론을 전개한다. 우리가 일상적으로 경험하는 사물들이 자성이 없이 정녕 공이고 순전히 우리 마음의 투사에 지나지 않는다면, 결국 사물들은 우리의 인식 혹은 마음의 활동에 의존하고 있는 것이 아니고, 그렇다면 식을 떠나 그들이 객관적 실재로 존재하는 것이 아니다. 결국 유식 철학은 유식무경(唯識無境)의 철학이다. 존재하는 것은 단지 우리의 마음 혹은 관념뿐이고 이 마음이 인식하는 것으로 여겨지는 대상은 존재하지 않는다는 철학이다. 곧 존재를 인식으로 설명해 버리는 철학이다.

유가행 철학은 외부 세계를 우리의 언어 분별, 즉 우리의 망식(妄識) 내지 망심(妄心)의 투사에 지나지 않는다는 관점 아래 이 망식/망심이 작동하는 과정과 기재를 심층적으로 분석한다.

유가행 철학의 근본 사상은 앞 장에서 고찰한 경전들, 특히『해심밀경』에 발견되지만, 그것이 조직적으로 체계화되어 학파를 형성하게 된 것은 4세기 초의 인물로 추정되는 미륵(Maitreya, 270~350년경)으로부터 시작된다. 그는『유가사지론』(瑜伽師地論, *Yogacārabhūmi*),『대승장엄경론』(大乘莊嚴經論, *Mahāyānasūtrālamkāra*),『중변분별론』(中邊分別論, *Madhyānta-vibhāga*),『법법성변별론』(法法性辨別論, *Dharmadharmatā-vibhanga*),『현관장엄론』(現觀莊嚴論, *Abhisamayālamkāra*),『금강반야경석론』(金剛般若經釋論),『칠십송』(七十頌, *Kārikā-saptati*) 등 중요한 논서들을 저술했다.

『유가사지론』은 유가행 철학의 기본서로서, '유가사지론'이라는 이름은 이 책의 첫 '본지분'(本地分)에서 요가행자가 수행해야 할 17명상 단계를 설명하는 데서 비롯된 것이다. '유가행'이라는 말도 여기서 유래한다.『유가사지론』은 유식 사상과 여래장 사상에 입각해서 요가 수행에 철학적 기초를 제공해 주고 있다. 여기서 우리가 알 수 있는 것은 유식설은 요가 수행이라는 실천적 기반을 가졌다는 사실이다. '섭결택분'(攝決擇分)은 아뢰야식의 존재 증명과 그 성격을 규정하며, 아뢰야식연기설에 입각한 유식 사상을 다루고 있다.『대승장엄경론』,『중변분별론』,『법법성변별론』은 유식 사상을 조직적으로 설명하는 논서들이다.

미륵존자의 뒤를 이어 유식 사상을 크게 발전시킨 사람은 무착(無着, Asanga, 310~390)과 그의 동생 세친(世親, Vasubandhu)이다. 무착은 처음에는 소승 교단에 출가했으나 나중에 미륵존자를 만나 대승불교로 전향했다고 한다. 그의 저서로는『순중론』(順中論),『현양성교론』(顯揚聖敎論),『대승아비달마집론』(大乘阿毗達磨集論),『섭대승론』(攝大乘論) 등이 있다.

『섭대승론』은 미륵의『대승장엄경론』에 의거한 논서로 유식 철학에 입각해서 대승불교의 특성을 10개 항목으로 논하는 체계적인 저술이다. 첫째 항목은 '소지의분'(所知依分)으로 앎의 대상, 즉 제법이 의지하는 아뢰야식에 관한 것이고, 둘째 항목은 '소지상분'(所知相分)으로 제법의 실상인 삼성설(三性說)을 논하고 있다. 즉, 변계소집성(遍計所執性, parikalpita-svabhāva), 의타기성(依他起性, paratantra-svabhāva), 원성실성(圓成實性, parinispanna-svabhāva)이다. 셋째 항목인 '입소지상분'(入所知相分)은 유식(唯識, vijnapti-mātratā)의 진리에 들어가는 실천을 다루며, 넷째 항목인 '피입인과분'(彼入因果分)은 들어감의 인(因, 즉 수행)과 과(果, 즉 깨달음)로서 보살이 닦아야 할 6바라밀다에 관한 장이다. 다섯째 항목인 '피수차별분'(彼修差別分)은 위 수행의 등급으로 보살의 십지(十地, daśabhūmi)를 논한다. 여섯째 항목인 '증상계학분'(增上戒學分)은 위 수행 가운데서 보살의 계율에 대해 논하며, 일곱째 항목인 '증상심학분'(增上心學分)은 보살의 선정(禪定)을 다룬다. 여덟째 항목인 '증상혜학분'(增上慧學分)은 무분별지(無分別智, nirvikalpa-jnāna)의 수행을 다루며, 아홉째 항목인 '과단분'(果斷分)은 수행의 결과로 얻게 되는 보살의 무주처열반(無住處涅槃)을 논한다. 무주처열반이란 소승 열반과 달리 보살들이 추구하는 열반으로서 모든 번뇌로부터 자유로운 상태이기는 하지만 생사의 세계와 단절되지 않고 자비 가운데 모든 중생을 위해 활동하고 있는 상태의 열반을 말한다. 마지막 항목인 '피과지분'(彼果智分)은 불타의 삼신(三身, trikāya)을 논한다. 유식 사상을 직접적으로 취급하고 있는 것은 '소지의분'과 '소지상분'이며 나머지는 수행과 그 결과에 관한 것이다.

2. 세친의 유식 철학

미륵존자와 무착의 유식 사상을 더욱 발전시키고 완성시킨 사람은 무착의 동생 세친이다. 그의 연대에 대해서는 논란이 많으나 대략 4~5세기의 인물로 추정된다. 세친도 처음에는 소승을 공부하여 『구사론』(俱舍論)과 같은 소승 교학의 명저를 냈지만, 그의 형 무착의 영향을 받아 대승으로 전향했다고 한다. 그는 미륵과 무착인 지은 대다수 저서들에 주석을 썼고, 『법화경』, 『무량수경』, 『십지경』 등 대승 경전들의 해석서도 썼지만, 독자적인 저술로서 『대승성업론』(大乘成業論), 『불성론』, 『유식이십송』(*Viṃśatikā*), 『유식삼십송』(*Triṃśikā*) 등을 저술했다. 『유식이십송』과 『유식삼십송』은 그의 유식 사상을 단적으로 보여 주는 저서로서 유식 철학 연구에 초석과 같은 매우 중요한 저서이다. 따라서 우리는 이 두 논을 중심으로 해서 유식 철학의 근본을 살펴보기로 한다.

식(識, vijnāna) 혹은 심(心, citta)의 중요성은 처음부터 불교에서 인정되어 왔다. 식은 오온 가운데 하나이며, 십이지연기설에서 셋째 요소로서 인간의 윤회 과정에서 전생과 후생을 이어 주는 요소이다. 아함 경전에도 "심은 법의 근본이다"[1]라고 말하는가 하면 또 "심이 더럽기 때문에 중생이 더럽고, 심이 깨끗하기 때문에 중생이 깨끗하다"[2]고 말하고 있다. 또한 상응부(相應部, Samyutta Nikāya) 경전에서도 "세간은 마음에 의해 이끌리고 마음에 의해 뇌란(惱亂)되나니, 마음이야말로 무엇보다도 모든 것을 종속시킨다"[3]는 말을 찾아볼 수 있다.

---

1 "心爲法本." 『大正新修大藏經』 Vol. 1, 827b.

2 "心惱故衆生惱 心淨故衆生淨." 『大正新修大藏經』 Vol. 1, 69c.

우리는 이미 경량부(經量部)의 철학에서는 일미온(一味蘊)이라고 하여 일종의 미세한 식을 종자식(種子識)으로 삼아 윤회의 주체로 간주하는 것을 보았다. 그뿐만 아니라 『화엄경』「십지품」에도 삼계유심(三界唯心) 사상, 즉 이 세계는 오로지 심(心, citta, vijnāna)뿐이라는 사상이 발견되는 것도 언급했다. 유식 철학은 이러한 깊은 뿌리를 가진 사상으로서 『해심밀경』, 미륵, 무착 등의 이론적 발전을 거쳐 세친에 와서 일단 그 절정을 이루게 되었다.

우선 세친의 학설을 논하기 전에 '유식'이라는 말부터 명확히 해 둘 필요가 있다. '유식'에서 '식'이란 산스크리트어 'vijnāna' 혹은 'vijnapti'를 번역한 말이다. 'vijnāna'는 주로 의식 혹은 인식 작용 그 자체를 말하며, 인식이 어느 감각기관에 의존해서 생기는가에 따라서 안식(眼識) · 이식(耳識) · 의식(意識) 등으로 구별된다. 따라서 'vijnāna'는 단지 식 자체를 의미하기도 하고 어떤 대상을 내용으로 하는 식을 의미하기도 한다.

'유식'의 '식'을 'vijnāna'로 이해하면 유식은 '삼계유심'이라고 말할 때처럼 삼계는 오로지 우리의 인식에 의존하고 있다 혹은 삼계는 외부에 존재하는 대상계가 아니라 오직 우리 마음(의식, 생각)뿐이다라는 말이 된다. 이런 점에서 유식 철학은 유심(citta-mātratā) 철학이라고도 부른다. 유식 철학에서 말하는 식이란 우파니샤드나 베단타 철학에서 말하는 아트만과 같은 순수식을 뜻하는 것이 아니라 항시 변하고 있는 흐름(samtāna)으로서의 우리의 일상적 식 혹은 마음을 뜻할 뿐이다. 즉, 망식

---

3 Mrs. R. Davids trans., *The Book of the Kindred Sayings(Samyutta-Nikāya)*, Part I, 55. "Its thoughts are that whereby the world is led, And by its thoughts it ever plagues itself, And thought it is above all other things that bringeth everything beneath its sway." 여기서 'thought'는 'citta'(心)를 번역한 말이다.

(妄識) 혹은 망심(妄心)이다.

다른 한편으로 식은 'vijnapti'를 번역한 말로서 인식된 것, 인식의 내용 혹은 표상(representation, ideation, Vorstellung, 觀念) 등을 의미한다. 이때의 유식은 유식무경, 즉 우리가 보통 인식의 대상(境)으로 여기고 있는 것은 객관적 실재가 아니라 마음에 나타난 표상뿐이라는 주관적 관념론의 진리를 말한다. 이것이 '유식'의 보다 일반적인 뜻이다. 그러나 'vijnāna'와 'vijnapti'의 구별은 언제나 명확한 것은 아니다. 인식 작용과 인식 내용은 불가분적이기 때문이다.

세친의 『유식이십송』은 주로 유식무경을 해명하는 논서이다. 만약에 사물이 우리의 표상이나 관념을 떠나 따로 존재하는 것이 아니라면 어떻게 우리가 사물의 시간적 · 공간적 구별을 설명할 수 있고, 어떻게 동일한 대상을 인식할 수 있으며, 대상에 따라 행하는 성공적 행위들을 설명할 수 있는가라는 질문으로 『유식이십송』은 시작한다. 세친은 이 문제를 꿈의 현상을 통해 답한다. 즉, 꿈과 같이 깨어나고 보면 허망한 것들에서도 우리는 위의 네 가지 현상을 다 경험하기 때문에 그런 현상들이 결코 외부 대상의 실재성을 보장해 주지 못한다는 것이다. 또한 악업으로 인해 지옥에 떨어진 자들은 거기서 지옥의 문지기들을 보는데, 문지기들은 지옥의 고통을 체험하지 않기 때문에 객관적 존재일 리가 없다. 그들은 지옥에 떨어지는 자들의 악업의 결과로 나타나는 존재일 뿐이라고 한다. 그런데 업이 남긴 힘 혹은 습기(vāsanā)는 식 안에 존재하는 것인 반면 사람들은 업의 결과가 식 밖에 존재한다고 잘못 생각한다는 것이다. 하지만 그럴 수 없고, 따라서 행위의 습기나 결과도 모두 식에 존재할 수밖에 없다고 세친은 주장한다. 붓다가 마치 인식이 내적 그리고 외적 근거가 있는 것처럼 말한 것은 중생의 교화를 위한 것이고 인식은 사실 식 자체의 종자에서 발생하는 것이며 주체(자아)와 객체는 모두 식이 나타나는 것에 지나지 않는다고 주장한다.

『유식이십송』은 주로 유식무경에서 '무경'에 역점을 두지만, 어떻게 대상이 존재하는 것처럼 보이는가라는 유식의 구체적 과정 내지 작동 방법에 대해서는 밝히지 않고 있다. 이 이론을 전개한 것이 세친의 『유식삼십송』이다. 그 초두에서 세친은 유식설의 핵심을 게송(偈頌)으로 제시하고 있다.

由假說我法 有種種相轉	ātmadharmopacāro hi vividho yah pravartate
彼依識所變 此能變唯三	vijnānaparināme sau parināmah sa ca trividhā

이것을 문자 그대로 번역하면 "자아와 법이라는 가설이 여러 모습으로 전개되기 때문이니, 그것은 식의 전변에 있고 이 전변은 세 가지이다"라는 말이다. 여기서 자아와 법은 주체와 객체의 세계를 지칭하는 말로서 순전히 가설(假說, upacāra), 즉 임시로 방편에 지나지 않는 관념들이고, 우리의 무지로 인한 망분별(妄分別)의 소산(parikalpita)이다. 이러한 자아와 법이라는 허구적 존재는 모두 식의 전변(轉變, parināma)에 의한 것이며, 이 식 전변은 세 가지로 진행된다는 것이다.

여기서 우리는 망식이 세 가지로 전개되어 생기는 식의 양상이 8종이라는 유식 팔식설(八識說)을 접한다. 이 팔식을 논하기 전에 식의 전변이라는 개념의 의미를 먼저 알 필요가 있다. 유식 철학에 의하면 전변은 식이 의식하는 주체(見分, grahaka)와 의식되는 상분(相分, grahya)으로 나뉜다. 그리고 식의 전변은 곧 견분을 자아로, 상분을 법, 즉 대상 세계로 오인하고 집착하는 결과를 초래한다.

식의 제1전변에 의해 제8식 아뢰야식(ālayavijnāna) 혹은 이숙식(異熟識)이 성립된다. '아뢰야'(ālaya)라는 말은 장(藏) · 저장소 혹은 창고라는 뜻으로, 이 식은 그 안에 우리의 과거 그리고 현재의 업에 의해 훈습된 습기(vāsanā, impression)들을 종자(bija)의 형태로 저장하고 있기 때문에 그렇게 부른다. 혹은 우리가 지은 업이 결과/열매로 숙성된 것(熟, vipāka)이라 해서 이숙식이라고도 불린다.[4] 아뢰야식은 나머지 모든 식의 근본이 되기 때문에 근본식이라고도 한다. 이 식으로부터 다른 모든 식들이 마치 대해의 파랑과도 같이 전변에 의해 일어난다고 한다. 식 전변의 두 번째 과정, 즉 제2전변이다.

아뢰야식의 전변은 아뢰야식 안에 저장되어 있는 종자들이 발아하고 성숙하여 나타나게 되는 나머지 일곱 가지 식의 분별 작용을 말하는 것으로서, 더 정확하게는 7식이 각기 견분(見分, 경험하는 주체)과 상분(相分, 경험의 대상 · 내용)으로 분열되면서 망식의 활동이 전개되기 시작하는 현상을 가리킨다. 이와 같이 아뢰야식 내에 잠재태로 있던 종자들이 현실화되어 나타나는 식들을 전식(轉識, pravrtti-vijnāna)이라고 부르며, 이와 더불어 현상 세계가 나타나는 것을 현행(現行)이라고 부른다. 주체와 객체, 인식하는 자와 인식되는 것, 신체와 환경, 이 모든 것이 아뢰야식의 전변에 의해 나타나는 현상일 뿐이다. 이것이 이른바 유식 철학에서 주장하는 '아뢰야식연기' 사상이다.

---

4 '이'(異)란 말은 우리의 행위는 선 · 악의 구별이 있지만 과보로서의 아뢰야식 자체는 비선 · 비악의 무기(無記)로서 이류임을 나타내는 말이다.

이렇게 망식으로 현현된 세계에 근거해서 우리는 또 업을 짓고 업은 또다시 종자들을 훈습해서 아뢰야식에 저장되는 악순환이 계속된다. 어떤 종자들은 현현의 조건을 만나지 못하거나 숙성되지 않고 종자 그대로 남아 있으면서 서로 자류상속(自流相續)을 하게 된다. 이런 과정을 유식 철학에서는 "종자생현행(種子生現行) 현행훈종자(現行熏種子) 종자생종자(種子生種子)"라고 한다. 아뢰야식은 흐르는 물과 같이 항시 변천하면서 윤회의 주체가 된다. 아뢰야식은 항시 활동하고 있지만, 그 자체는 어떤 구체적인 인식 작용도 하지 않는다. 아뢰야식 자체는 번뇌에 덮여 있지 않고(無覆) 선과 악에 대하여 중성적(無記)이라고 한다.

유식 철학은 식의 제2전변에서 먼저 제7식 말나식(末那識, manas)의 역할에 주목한다. 말나식은 사량(思量, manana)을 주로 하는 사량식(思量識)으로서 아뢰야식 자체를 대상으로 아집(我執)을 일으키며 항시 아견(我見, ātma-drsti), 아치(我癡, ātma-moha), 아만(我慢, ātma-māna), 아애(我愛, ātma-seha)의 네 가지 번뇌를 동반한다. 상키야 철학의 아함카라(ahamkāra)에 해당하는 개념으로서 인간의 깊은 이기심, 자기중심성의 뿌리이다. 말나식은 아뢰야식처럼 자나 깨나 언제나 활동하는 식이며 무의식과 같은 심층식이다. 나머지 6식에 통일성을 부여하고 그 활동의 전제가 된다. 말나식은 끊임없이 활동하면서 정신 활동의 연속성을 유지시켜 준다.

말나식, 즉 제7식의 활동에 따라 나머지 전식(轉識), 즉 여섯 식들도 따라서 활동하게 된다. 식의 제3전변이다. 육식은 안 · 이 · 비 · 설 · 신 · 의(意) 육근에 의존해서 각기 대상을 요별(了別, visaya-vijnapti)하기 때문에 요별경식(了別境識)이라고 부른다. 이 가운데서 처음 오식은 단지 각각 감각기관에 관계되는 대상들만 아무런 사유나 분별없이 지각하는 데 비해, 제6식인 의식(意識, mano-vijnāna)은 마음에 나타나는 정신적 현상들(心所法)뿐만 아니라 오식을 통해 주어지는 대상들에 대해서도 분별과 집착을 한다. 그뿐 아니라 의식은 현존하지 않는 대상에까지도 관여할 수 있다. 즉, 과거의 경험을 기억하고 회상하기도 하며 무슨 대상이든지 상상할 수도 있다. 유식 철학에서는 의식이 오식과 함께 생기할 때를 오구의식(五俱意識)이라 부르며, 의식이 단독으로 생기하는 경우를 독두의식(獨頭意識)이라고 부른다.

이상과 같은 세 가지 식 전변에 의해 만법이 현현한다는 것이 만법은 오직 식뿐이라는 유식 이론의 골격이다. 이 유식의 진리를 모르고 사람들은 자기(我)와 법(法)이 대상으로 실재한다는 망분별(vikalpa)을 일으키고 집착하게 된다. 유식 철학에서는 이것을 사물의 변계소집성(遍計所執性, parikalpita-svabhāva), 즉 망분별된 모습(相)이라고 부른다. 대상은 실재하지 않고 오직 식의 투상 내지 투영(projection)뿐인데 사람들은 그것을 객관적 실재로 오인하고 집착한다는 것이다.

그러나 식의 작용 자체는 아뢰야식의 종자들에 의존해서 또 종자들 상호관계에서 전변하는 의타적 존재이다. 이것을 제법의 의타기성(依他起性, paratantra-svabhāva), 즉 법은 스스로 존재할 수 없고 타에 의존해서 작용하는 성품을 지닌다는 것이다. 그러나 우리가 바로 제법 · 제식의 의타기성을 깨닫는 순간 식의 본성 그 자체를 보고 있는 셈이다. 모든 차별성과 주객의 분별과 대립을 초월한 진여(眞如, tathatā) 자체를 본다. 곧 제법의 원성실성(圓成實性, parinispanna-svabhāva)을 본다. 의타기성과 원성실성은 따라서 같지도 않고 다르지도 않다. 의타기성을 바로 알면 곧 원성실성이고, 그렇지 못하면 변계소집성에 빠지기 때문이다.

이 삼성(三性, trisvabhāva)의 진리를 다른 각도에서 보면 삼무자성(trividhā nih-svabhāvatā)이 된다. 삼성의 개념이 중관 철학의 부정적 공 사상을 넘어 실재관을 적극적으로 표현한 것이라면, 삼무자성은 공의 다른 표현이 된다. 분별된 상들은 공이기 때문에 상무자성(相無自性)이고, 연기에 의해 생기한 것은 공이기 때문에 생무자성(生無自性)이며, 제법의 실상은 본래 공이기 때문에 승의무자성(勝義無自性)이다.

유가행 철학도 설일체유부와 같이 제법을 오위(五位), 즉 다섯 종류로 분류한다. 그러나 설일체유부의 75법 대신 100법을 든다. 물론 유가행 철학은 유식 사상에 입각하고 있기 때문에 실재하는 법으로 보지 않고 식의 투사로 본다. 그러나 수행의 목적을 위해 제법의 구별과 분류는 의미가 있다. 100법은 심법 8개(즉, 팔식), 심소법 51개, 색법 11개, 심불상응행법 24개, 무위법 6개로 구성된다.

'유가행'이라는 말이 나타내듯이 유식 철학은 단순히 이론적 사변에 의한 것이 아니라 요가 수행을 통한 경험에 의거한 것이다. 요가의 단계가 깊어짐에 따라 유가행자는 유식의 진리를 깨달아 주체도 객체도 사라져 버린 상태, 다시 말해서 모든 식 전변이 그친 상태에 이르고, 따라서 모든 집착과 미망에서 해방된다. 유식 사상에 따르면 인격의 심층, 즉 아뢰야식 내에 일종의 전환이 일어나게 된다. 이 전환을 전의(轉依, āśraya-parāvetti) 혹은 전식득지(轉識得智)라고 한다. 아뢰야식에 있는 유루(有漏) 종자, 즉 번뇌들이 무루(無漏) 종자로 바뀌게 되면 열반을 증득하게 된다는 것이다.

제14장

세친 이후의 유식 철학

1. 진나와 불교 인식론

유식무경을 주장하는 유식 철학은 자연히 인식의 문제를 불교 철학의 근본적 관심사로 만들었다. 유식 철학에서는 결국 존재론이 인식론이요, 인식론이 존재론인 것이다. 인식의 문제에 관한 관심은 세친의 철학을 계승한 진나(陳那, Dignāga, 5~6세기)에 와서 더욱 두드러지게 나타나 체계적인 불교 인식론의 성립을 보게 되었다. 진나의 저서로는 『관소연론』(觀所緣論, *Ālambanaparīksa*), 『원집요의론』(圓集要義論, *Prajnāpāramitā-pindārtha-samgraha*), 『장중론』(掌中論, *Hastavālaprakarana*), 『집량론』(集量論, *Pramāna- samuccaya*)이 있다.

『관소연론』은 유식의 입장에서 인식 대상(所緣)을 논하고 있고, 『원집요의론』은 『소품반야경』의 공 사상을 변계소집성 · 의타기성 · 원성실성의 삼성(三性)에 의해 해석하는 논서이다. 『장중론』은 외경(外境)이란 식의 소현(所現)이며 삼계는 가명뿐이라는 것을 논한다. 마치 사람들이 밧줄을 보고 뱀이라 착각하듯이 외계가 허망한 것을 모르고 실유로 망집하는 것과 같다고 설명한다. 진나는 『장중론』과 『집량론』에서 이와 같은 유식무경의 사상을 뒷받침해 주는 특유의 인식론을 전개하고 있다.

진나 당시에는 이미 인도의 철학 학파들은 자기들의 형이상학적 견해를 체계적으로 진술할 뿐만 아니라 그들의 입장을 인식론적 성찰에 의해 더욱 공고히 다지는 작업을 활발히 전개하고 있었다. 이러한 상황에서 존재를 인식의 문제로 대치한 유식 철학이 인식론에 지대한 관심을 가지는 것은 당연한 일이다. 진나는 유식 철학뿐만 아니라 불교의 근본적 세계관인 무아와 무상의 진리를 인식론적으로 옹호함과 동시에 정리 학파와 미맘사 학파의 이론들을 정면으로 공격했다.

이에 응하여 정리 학파의 웃됴타카라(Uddyotakara)는 그의 『정리평석』(正理評釋, *Nyāya-vārttika*)에서 정리 철학의 입장을 옹호했고 진나의 설을 반박했다. 불교 측에서는 법칭(法稱, Dharmakīrti, 7세기)이 출현하여 진나의 인식론 및 논리학을 더욱 조직적으로 발전시킬 뿐만 아니라 『집량론』의 주석서인 『양평석』(量評釋, *Pramāna-vārttika*)에서 웃됴타카라를 신랄하게 비판했다. 그는 또 미맘사 학파의 이론도 공격했고, 이에 대해 미맘사의 쿠마릴라 브핫타(Kumārila Bhatta)는 그의 『송평석』(頌評釋, *Śloka-vārttika*)에서 응수했다. 한편 9세기 베단타 사상가 바차스파티미슈라(Vācaspatimiśra)는 그의 『정리평석진의주』에서 진나와 법칭의 이론을 비판하고 정리 철학의 입장을 옹호했다.

정리 · 미맘사 · 베단타 등 정통 학파들의 도전 아래 불교 인식론을 끝까지 옹호한 사람은 8세기의 인물 샨타락시타(Śāntaraksita, 寂護)와 그의 제자 카말라쉴라(Kamalaśīla)였다. 전자는 『진리강요』(*Tattvasamgraha*)를, 후자는 이에 대한 주석서를 써서 웃됴타카라와 쿠마릴라뿐만 아니라 당시 모든 학파를 논파하려고 했다. 결국 그들은 티베트로 망명할 수밖에 없었고 인도 불교의 마지막 거장들이 되었다.

진나로 시작된 불교와 정통 바라문 철학 학파들과의 논쟁은 인도 철학사에서 가장 흥미롭고 중요한 논쟁 중의 하나였다.[1] 이제 진나와 법칭의 설을 중심으로 해서 불교 인식론의 대강을 살펴보기로 한다.

불교는 본래 베다의 권위를 인정하지 않기 때문에 붓다 자신으로부터 비롯하여 오직 지각(pratyaksa)과 추론(anumāna)만을 인식의 정당한 방법으로 인정해 왔다. 이것은 진나와 법칭에 와서도 마찬가지로 그들의 인식론의 기반을 이루고 있다. 따라서 그들의 불교 인식론은 지각에 관한 이론과 추론에 관한 이론 두 부분으로 구성되어 있다. 이 가운데서 추론에 관한 이론이 인명학(因明學, hetuvidyā)이라 불리는 불교 논리학이다. 우선 진나와 법칭의 지각에 관한 이론부터 고찰해 보자.

지각 문제를 둘러싸고 인도 철학에는 두 가지 근본적으로 대립되는 이론이 있다. 하나는 무형상 인식론(nirākāra-vāda)이고, 다른 하나는 유형상 인식론(sākāra-vāda)이다. 무형상 인식론은 우리가 외계 사물을 인식할 때 감각기관에 의해 지각되는 형상(形相, ākāra)은 외부 대상 자체에 속한 것이고 지각 활동은 그 형상을 반영하는 것뿐이라는 이론이다.

정리 학파나 승론 철학에서는 지각이란 자아(ātman)가 내적 · 외적 감각기관을 통해 대상(artha)과 접촉하는 것이며, 설일체유부에서도 감각기관과 대상의 접촉을 말한다. 이에 반해 유형상 인식론은 지각이란 객관적 세계를 직접 있는 그대로 인식하는 것이 아니라 다만 지각상만을 상대로 인식한다는 것이다. 즉, 우리의 인식은 내면세계에서 일어나고 있는 표상들에만 관계한다는 이론이다. 경량부와 유식 철학의 입장이다.

---

1 정리 철학과 진나에 의해 대표되는 불교 철학의 논쟁에 관해서는 B. K. Matilal, *Epistemology, Logic, and Grammar in Indian Philosophical Analysis*(The Hague, 1971) 참조.

그러나 경량부는 외적 대상 세계의 존재 자체는 인정하는 데 반해 유식 철학은 인정하지 않는다. 경량부에 따르면 우리의 지각은 대상을 직접적으로 드러내지 않고 다만 마음속에 주어지는 상들에만 관여한다. 하지만 이 상이 나타나는 근거로서 외부 세계를 추리에 의해 인정할 수 있다고 한다. 진나를 중심으로 한 불교 인식론자들은 한편으로는 유식무경의 사상을 따르면서도, 다른 한편 인식론의 전개에서는 경량부 학설을 방편상 받아들이고 있다. 그들은 또한 경량부에서 강조하고 있는 제법의 순간성에 입각해서 지각과 추론의 구별을 더욱 날카롭게 했다.

지각이란 진나에 의하면 사물이 순간마다 변하고 있는 그대로의 모습인 자상(自相, svalaksana)을 직관적으로 포착하는 것이며, 어떤 개념적 판단(vikalpa)도 개입되지 않는 인식 양태이다. 추론은 이와 달리 추상적 개념을 매개로 해서 이루어지는 간접적인 인식 양태로서 사물의 보편상(sāmanyalaksana)을 내용으로 하여 오성(悟性)의 개념적 구성(kalpanā) 혹은 판단 작용에 근거한 것이라고 본다. 자상이란 직관상인 반면 보편상이란 마음에 의해 구성되고 분별되는 관념 혹은 개념이다. 직관상은 순간마다 변하는 사물의 실제 모습을 순간적으로 드러내는 것임에 반해 보편상이란 언표될 수 없는 유동적 실재를 언어와 오성의 분별 작용에 의해서 고정시킨 것이다.

우리는 이러한 분별 작용에 의해 순간적인 것들의 연속에 지나지 않는 사물들을 실체화해서 어떤 불변하고 안정된 것으로 착각하고 그러한 인위적이고 거짓된 세계에 안주하려 한다는 것이다. 예를 들어 순간순간 변하고 있는 불꽃의 양태들을 보면서 '불꽃'이라는 하나의 추상화된 개념으로 그것을 파악하고 있는 것과 같다는 것이다. 지각이란 바로 이런 언어나 오성의 활동에 의한 구성을 떠나 역동적 실재를 순수하게 순간적으로 접하는 인식 행위이다. 불교 인식론은 따라서 정리 철학과 달리 지각의 두 종류, 즉 무분별적(nirvikalpa) 지각과 분별적(savikalpa) 지각의 구별을 받아들이지 않는다. 분별적 지각은 이미 언어와 사고의 작용이 개입된 것이기 때문에 역동적 실재를 포착하지 못한다고 생각하기 때문이다.

진나는 이상과 같은 인식론에 의거하여 언어의 의미에 관한 독특한 견해를 폈다. 진나에 따르면 말이란 우리 마음에 의해 구성된 인위적인 것이고 보편의 세계를 지칭하기 때문에 결코 순간적인 특수들의 연속인 실재 세계를 지칭할 수가 없다. 실재는 언어의 비판에 있다. 그러나 진나에 의하면 언어는 간접적인 방식으로 실재를 드러낸다. 즉, 개념이나 이름은 상대적이며, 우리가 어떤 개념을 사용할 때 우리는 그것과는 다른 모든 개념을 배제(apoha)함으로써 한 특수한 사물을 간접적인 방식으로 지칭하게 된다고 한다. 예를 들어 어떤 사물을 '소'라고 할 때는 그것은 말 아닌 것 혹은 소 아닌 어떤 것이 아닌 것임을 의미한다는 것이다. 이렇게 해서 우리는 보편적 개념을 특수한 사물의 지칭을 위해 사용할 수 있다는 것이다. 그리고 이러한 언어의 용법은 결국 추론에 의거한 것이다.

진나는 이렇게 지각과 오성적 구성을 일단 확연하게 구별하지만, 다른 한편으로는 감각적 소여와 오성적 구성의 종합에서부터 오는 지각을 설명하기 위해서 양자 사이에 어떤 중간적 혹은 매개적 존재를 인정해야만 했다. 따라서 그는 소위 정신적 지각(mānasa-pratyaksa, mental sensation)이라는 말을 사용한다. 정신적 지각이란 내적 감각기관인 의근

(manas)에 의한 지각, 즉 의식(意識, mano-vijnāna)의 활동으로서 우리가 외적 감각기관을 통해 어떤 대상을 순간적으로 포착한 바로 다음 순간에 주어지는 지각이다. 그러나 이 지각 역시 어디까지나 직접적인 지식(pratyaksa)의 일종이며, 개념적인 간접적 지식에 속하는 것이 아니라고 한다.

진나와 법칭에 따르면 식 전변에 의해 일어나는 우리의 모든 인식은 자의식(svasamvedana)을 수반한다. 모든 의식은 동시에 자의식이며 우리의 앎은 스스로를 비추는 자명성(svayamprakāśa)을 지니고 있다. 마치 등불이 그 자체를 비추기 위해서 다른 또 하나의 등불이 필요하지 않듯이 지식이란 스스로를 드러내는 성격을 지닌다는 것이다. 따라서 진나에 의하면 지각적 지식에 있어서도 지각하는 주체(grāhaka-ākāra, 見分 · 能取 · 能量)와 지각되는 마음의 대상(grāhya-ākāra, 相分 · 所取 · 所量)과 더불어 인식의 자기 인식이라는 제3의 요소가 인식의 결과(pramāna-phala, svasamvitti, 量果 · 自證分)로서 주어진다. 이것이 진나가 주장하는 인식의 삼분설(三分說)로 식의 전변에 의해 일어나는 인식의 구조를 밝히는 이론이다. 인식 활동에서 하나의 식이 세 가지 양상을 띠게 된다는 이론이다.

이러한 이론에서는 인식 대상은 인식 행위 안에 내재해 있고, 인식 행위는 인식 결과와 일치한다. 인식 결과 곧 자증분(自證分)을 떠나서는 어떤 인식도 주어지지 않기 때문이다. 이렇게 되면 결국 존재하는 것은 인식 결과, 즉 자증분으로서의 인식 현상뿐이고 별도로 인식 주체와 객체가 존재하는 것이 아니다. 그리고 이 자증분은 하나의 식의 흐름일 뿐 영혼이나 자아의 속성이나 상태가 아니다. 한마디로 말해서 이 자증분의 인식론은 유식 사상에 입각해서 존재를 하나의 비인격적인 인식 현상으로 환원 내지 해체시켜 버리는 철학이라고 할 수 있다.

이상과 같은 진나의 인식론은 정리 철학이나 미맘사 철학 같은 실재론적 철학의 인식론과 큰 차이를 보인다. 가령 정리 철학의 인식론에 의하면 인식이란 자아, 즉 주체(ātman)의 행위이며 인식 주체와 인식 대상과 인식 수단(외적 · 내적 감각기관)과 인식 결과는 모두 별개의 요소들이다. 그리고 인식의 자의식(自證分)이란 내적 감각기관인 의근이 인식이라는 자아의 상태를 대상으로 해서 인식하는 행위로서 그 자체가 또 하나의 자아의 상태를 이루게 된다.

진나는 세친의 유식 사상을 계승 · 발전시킨 많은 유식학자들 가운데 한 사람으로서 그의 철학은 무성(無性, 5~6세기), 호법(護法, Dharmapāla, 6세기 전반), 계현(戒賢, Śīlabhadra, 6~7세기)에 의해 대대로 계승되었다. 무성은 『섭대승론석』을 저술했으며 진나는 인식의 삼분설을 계승했다. 호법은 『유식이십송』 및 『유식삼십송』에 주석을 썼으며, 그는 자증분 이외에도 그것을 의식하는 또 하나의 의식으로서 증자증분(證自證分)을 세워 식의 사분설(四分說)을 주장했다. 호법의 『유식삼십송』에 대한 해석은 그의 제자 계현을 통해 당의 현장(玄奘, 600~664)에게 소개되었고, 현장은 이에 근거해서 『성유식론』(成唯識論)을 번역해서 동아시아 불교의 유식 사상에 지대한 영향을 끼쳤고, 법상종(法相宗)의 철학적 기초를 놓았다.

한편 진나 계통과는 다른 동시대의 유식학자 덕혜(德慧, Gunamati)는 세친의 논에 주석을 썼고 그의 제자 안혜(安慧, Sthiramati, 6세기)는 『중론』 · 『중변판별론』 · 『구사론』 · 『유식삼십송』의 주석서를 썼다. 안혜는 인식론에서 오로지 자증분 하나만을 인정하고 그것을 의타기성의 법으로 간주했으며 상분과 견분은 변계소집성의 망법(妄法)으로 실재하지 않는다고 보았다. 이에 반해 진나나 호법은 3분 혹은 4분을 의타기성의 법으로 인정했다. 그러나 두 견해 모두 인식이란 심 자체, 즉 아뢰야식의 전변에 지나지 않는다는 점에는 유식 철학자들로서 의견을 같이하고 있다. 그 밖에도 난타(難陀, Nanda, 6세기)라는 유식학자는 상분 · 견분만을 인정하는 이분설(二分說)을 주장했다.

2. 법칭의 불교 논리학

지금까지 지각의 문제를 중심으로 진나의 인식론에 대해 고찰했다. 불교 논리학은 인식의 다른 하나의 방법인 추론에 관한 이론을 인명(hetuvidyā)학이라 부른다. 인명학은 소위 오명(五明)이라 부르는 인도의 전통적인 다섯 가지 학문의 하나이다. 오명은 성명(聲名, śabdavidyā) 즉 문법학 내지 훈고학, 공교명(工巧明, śilpa-karma-sthāna-vidyā) 즉 기술 · 공예 · 역수의 학문, 의방명(醫方明, cikitsā-vidyā) 즉 의학과 약학, 인명(因明, hetu-vidyā) 즉 논리학 그리고 내명(內明, adhyātma-vidyā) 즉 자기 종교를 연구하는 학문(바라문교에서는 베다에 관한 학문을 말하며, 불교에서는 물론 불교에 대한 학문)을 말한다. '인명'이란 말의 '인'(hetu)이란 논증의 형식에서 결론을 이끌어 내기 위한 이유를 가리키는 말로서 논증의 가장 중요한 부분이므로 논리학을 인을 밝히는(明) 학문이라 하여 '인명'이라 부르는 것이다.

불교 논리학의 전통을 살펴볼 것 같으면 용수의 『방편심론』(方便心論), 『해심밀경』의 제8품 「여래성소작사품」(如來成所作事品), 『유가사지론』의 「본지분」(本地分), 무착의 『대승아비달마집론』의 「논의품」(論義品), 세친의 『여실론』(如實論) 등에서 논증법에 대한 논의를 찾아볼 수 있다. 그러나 이와 같은 전통을 이어받음과 동시에 논증법의 새로운 경지를 수립한 철학자는 진나였다.

진나는 『집량론』과 『인명정리문론』(因明正理門論)을 저술했으며 인의 삼상설(三相說), 구구인론(九句因論) 및 삼지작법(三支作法) 등의 이론을 통해 소위 신인명(新因明)의 전통을 수립했다.[2] 진나 이전에는 추론의 논법으로 오분작법(五分作法), 즉 다섯 가지의 명제(宗, 因, 喩, 合, 結)를 사용했으나 진나는 이 가운데 '합'과 '결'을 불필요한 것으로 제거하고 삼지작법을 세웠다. 이것을 신인명이라 부르며 그 이전의 것을 고인명(古因明)이라 부른다. 진나 이후 그의 문하에서 상갈나주(商羯羅主, Śankarasvāmin)는 『인명입정이론』(因明入正理論)을 썼으며, 7세기에는 법칭이 출현해서 『집량론』의 주석서 『양평석』(量評釋, *Pramānavārttika*)과 『정리적론』(正理滴論, *Nyāyabindu*)이라는 논리학서를 저술하여 진나의 논리학을 더욱 정교하게 발전시켰다.

이제 불교 논리학의 명저로 높이 평가되고 있는 법칭의 『정리적론』에 의거하여 불교 논리학의 대강을 살펴보기로 한다.[3] 법칭은 정리 철학과 마찬가지로 추론을 자기 자신을 위한 위자비량(爲自比量, svārtha-anumāna)과 남을 위한 위타비량(爲他比量, parārtha-anumāna)으로 구별하고 먼저 위자비량을 다룬다. 우리가 정리 철학에서 이미 본 대로 추론의

---

2 인의 삼상설과 구구인론은 나중에 설명한다.

3 Th. Stcherbatsky trans., *Buddhist Logic*, Vol. II(New York: Dover Publications, Inc., 1962)에 근거한다.

가장 핵심적인 부분은 추리의 근거가 되는 인(因, hetu), 즉 대명사(大名辭, sādhya)와 소명사(小名辭, pakśa)를 연결시켜 주는 중명사 혹은 표징(linga)에 있다. 예를 들어

종(宗)ㅡ'산에 불이 있다'(불=대명사, 산=소명사)

인(因)ㅡ'연기가 나는고로'(연기=중명사, 표징)

유(喩)ㅡ'연기가 나는 곳에는 불이 있다, 아궁이에서처럼'

이라는 추론이 가능하고 타당한 것이 되려면 추론의 근거가 되는 인, 즉 연기를 바로 짚어야 하는 것이다.

따라서 법칭은 인이 반드시 갖추어야 할 세 가지 조건을 먼저 제시한다. 이것을 인의 삼상(三相)이라고 한다.[4] 첫째 조건은 인(연기)이 결론의 주어, 즉 소명사(산)에 반드시 존재해야 한다는 것이다(遍是宗法性). 거기에만 있어야 할 필요는 없지만, 거기에 반드시 존재해야만 결론이 타당하다는 것이다. 둘째 조건은 인은 반드시 결론의 술어, 즉 대명사(불)와 동류의 것인 경우에만 존재해야 한다는 것이다(同品定有性). 인이 대명사와 함께 언제나 존재해야 할 필요는 없으나 대명사에 한해서만 존재해야 한다는 규칙이다. 인의 세 번째 조건은 바로 이 점을 더욱 명확히 하는 것으로서 대명사와 이류(異類)적이 되는 것에는 인은 결코 존재해서는 안 된다는 법칙이다(異品遍無性). 둘째와 셋째 규칙은 인과 대명사의 보편적 주연관계(周延關係, vyāpti)를 알기 위하여 양자의 일치관계를 하나

4 인의 삼상에 관한 이론은 진나와 법칭뿐만 아니라 6세기의 승론 철학자 프라샤 스타파다에서도 발견된다.

는 긍정적(anvaya)으로 그리고 다른 하나는 부정적(vyatireka)으로 확인해 보는 것이다.[5] 동일한 조건을 두 가지로 표현한 것이며, 둘 중에 하나만이라도 예외 없이 들어맞으면 된다. 실용적인 이유로 해서 양자를 다 언급한다는 것이라고 한다.

다음으로 법칭은 이러한 세 가지 조건을 충족시키는 인에 세 가지 종류가 있다고 한다. 즉, 부정성과 동일성과 인과성이다. 만약에 추리된 술어(대명사, 불)가 부정적으로 표현되었을 때는 인도 부정적인 성격을 지닌다. 반면에 결론이 긍정적으로 표현될 경우에는 인은 그 추리된 서술어와 동일성 아니면 인과성의 관계를 가진다고 한다. 동일성이란 인 자체로부터 서술어가 논리적으로 추리되어 나올 때 혹은 인이 단순히 존재하기만 해도 이에 의존해 결론적 술어가 따라 나올 때(svabhāva-anumāna) 성립되는 인과 대명사의 관계를 말한다. 예를 들면 "이것은 나무이다. 왜냐하면 은행나무(혹은 마로니에)이기 때문이다"라는 것이다. 여기서 '은행나무'로부터 '나무'라는 서술어는 논리적 필연성을 가지고 나오는 결론인 것이다. 서양 철학에서 분석판단(analytical judgment)에 해당하는 개념이다. 인과성이란 인과 대명사가 인과적 관계를 가질 때 성립한다(kārya-anumāna). "산에 불이 난다, 연기가 나기 때문에"라는 식의 추론으로서 경험에 의존하는 종합판단(synthetic judgment)에 해당하는 개념이다.

법칭에 따르면 동일성이나 인과성의 관계가 성립하는 것은 인과 대명사 사이에 필연적인 본질적 의존관계(svabhāva-pratibandha)가 존립하

5 진나는『인명정리문론』에서 인의 정과 부정을 판별하기 위하여 인과 동품 · 이품의 관계를 9가지의 경우로 분류해서 고찰하는 구구인(九句因)의 이론을 수립했다.

기 때문이다. 그렇지 않은 경우에는 양자 사이에 필연적이고 보편적인 불리(不離)관계(avinā-bhāva)가 성립하지 않기 때문이다. 동일성의 경우에는 연역된 사실(大名辭 '나무')에 그로부터 연역하고자 하는 사실(因, 은행나무)이 본성상으로 혹은 논리적으로 의존하는 것이고, 인과성의 경우는 추리 근거로서의 인(연기)이 추리 결론으로서의 대명사(불)에 자연적으로 의존하는 것이다.

이상과 같이 인의 세 종류 가운데서 동일성과 인과성을 논한 다음 법칭은 부정의 문제와 관련하여 부정적 판단의 문제를 다룬다. 즉, 부정적 판단의 원리와 11가지 형태들 그리고 부정적 판단의 성격과 형이상학적 의의 등을 논의한다. 부정적 판단이란 법칭에 의하면 정리나 승론과 같은 실재론적 철학과는 달리 단순히 지각될 수 있는 것의 비지각(anupalabdhi)에 근거하지 부존(不存, abhāva)이라는 범주(padārtha)가 별개의 인식 대상으로서 있는 것이 아니라고 한다. 또한 미맘사 학파에서 주장하는 것처럼 부존을 인식하는 특별한 인식 방법으로서 부존량(不存量)이라는 것도 설정할 필요가 없다. 지각될 수 있는 것의 비지각이 그 사물의 부존에 대한 타당한 인식이 된다는 것이다. 그러나 법칭은 말하기를 부당한 인식의 방법, 즉 지각이나 추론을 통해 주어질 수 없는 대상의 존재에 대한 부정적 판단은 의심의 원인(samśaya-hetu)이 되며 지식이 될 수 없다. 따라서 어떤 사물에 대해서 인식 방법이 전혀 없을 때에는 그 대상의 부존은 지식으로서 성립될 수 없다고 본다. 올바른 인식의 존재는 대상의 존재를 증명하지만, 인식의 부족이 그 대상의 부존을 증명하지는 못하기 때문이다.

지금까지 우리는 위자비량(svārtha-anumāna), 즉 혼자서 자기 자신을 위해 추리하고 판단하는 과정에 대한 법칭의 이론을 고찰했다. 다음으로 그는 타인을 위해 자기의 판단을 공식적으로 제시하는 위타비량(parārtha-anumāna)의 논증 과정을 다룬다. 위타비량이란 인의 삼상을 타인에게 전달시키는 데 있다고 법칭은 정의한다. 그 형식은 위자비량과 달리 아리스토텔레스 논리학의 삼단논법(syllogism)과 같다. 즉, 유와 더불어 대전제('연기가 나는 곳에는 불이 있다, 아궁이에서처럼')를 먼저 세우고 그다음 구체적인 경우로 들어가서 결론을 내리는 형식을 취한다. 다시 말하면 위자비량은 귀납적 성격을 띠고 위타비량은 연역적 성격을 지닌다고 할 수 있다.

법칭은 위타비량의 두 형태를 구별하고 있다. 이 둘은 의미상의 차이는 없고 형식상의 차이뿐이다. 하나는 소명사(결론의 주어)와 유(예)가 인을 공통적인 성질을 지님에 따른 양자의 일치에 근거한 논증 형식으로서 다음과 같은 형태를 취한다.

유(喩) ― '모든 만들어진 것[6]은 무상하다, 병과 같이'
인(因) ― '말소리는 그런 만들어진 것이다'
결(結) ― '말소리도 무상하다'

다른 하나는 불일치의 형식을 취한다.

유 ― '영원한 것들은 만들어진 것이 아니다, 허공[7]처럼'

6 '만들어진 것'(krtaka)은 불교에서 유위법(有爲法, samskrta-dharma)에 해당하는 개념이다.

인ㅡ '말소리는 만들어진 것이다'

결ㅡ '말소리는 무상하다'

법칭은 이들 두 형태의 위타비량에 대해 여러 가지 예를 들어 자세히 설명하고 있으나 여기서는 생략한다. 위자비량에서와 같이 부정성과 동일성과 인과성에 근거한 추론의 양태들을 논의하고 있는 것이다. 법칭은 삼단논법에서 결론은 반드시 내릴 필요가 없다고 한다. 결론은 유와 인과 동시에 주어지는 것이기 때문이다. 이 밖에도 법칭은 결과적 명제의 정의와 논리적 오류의 삼종, 즉 성립될 수 없는(asiddha) 인, 불확실한 인, 반인(反因) 그리고 논파에 관해 논하고 있다. 이상으로 우리는 법칭의 『정리적론』에 따라 불교 논리학(신인명)의 대강을 살펴보았다.

---

7 허공(ākāsa)은 소승불교와 유가행 철학에서 무위법(無爲法, asamskrta-dharma)으로 간주된다.

제15장

자이나 철학의 체계

굽타 왕조 시대에 들어와서 꽃피게 된 각 철학 학파의 왕성한 철학적 활동은 불교 철학뿐만 아니라 자이나교에도 큰 영향을 끼치게 되어 이 시기에 자이나 철학도 체계적으로 정립되기에 이른다. 자이나 사상가들은 원시 자이나교의 해탈을 중심으로 한 세계관과 윤리를 그대로 유지하면서도 다른 학파의 철학적 이론들을 의식하여 자신의 인식론과 존재론적 사유를 좀 더 조직적으로 전개할 필요를 느끼게 되었다.

이런 추세에 응답하여 나온 자이나교의 대표적 철학자로서 공의파(空衣派)의 쿤다쿤다(Kundakunda, 4~5세기경)와 백의파(白衣派)의 우마스바티(Umāsvāti, 5~6세기)를 들 수 있다. 전자는 『오원리정요』(五原理精要, *Pancāstikāya-sāra*), 『교의정요』(*Pravacana-sāra*) 같은 자이나교 강요서를 썼고, 후자는 『진리증득경』(*Tattvārthādhigama-sūtra*)이라는 아주 조직적 강요서를 저술했다.[1] 우마스바티 이후로도 자이나 철학은 많은 사상가들을 배출했지만 큰 철학적 변화는 없었고 인도 철학사에서 다분히 하나의 방계적 흐름으로 존속해 왔다. 이제 이들 강요서를 중심으로 하여 자이나교의 체계화된 철학 사상을 소개한다.

---

1 『진리증득경』은 양파 모두에 의해 자이나교의 권위적 강요서로 받아들여진다.

1. 자이나 철학의 인식론

자이나 철학은 지식을 직접적인(aparoksa) 것과 간접적인(paroksa) 것으로 나눈다. 간접적인 지식은 우리가 일상생활에 사용하는 지식으로서, 의견(mati)과 청견(śruti)의 두 종류가 있다. 의견이란 지각적 지식이나 추론을 가리킨다. 지각적 지식은 다른 학파에서는 보통 직접적 지식으로 분류되지만, 자이나 철학에서는 순수한 감각만으로는 지식이 성립되지 못하고 사유 행위가 개입해야만 한다고 보기 때문에 지각적 지식은 간접적 지식으로 간주된다. 청견은 권위 있는 자들로부터 들어서 아는 지식을 말한다.

자이나 철학이 인정하는 직접적 지식이란 일종의 특수한 지각적 지식이며 제한지(avadhi-jnāna), 타심지(manahparyāya-jnāna), 완전지(kevala-jnāna) 3종이 있다. 우선 완전지의 개념을 이해하려면 자이나교의 영혼관을 잠시 고찰할 필요가 있다. 자이나교에 의하면 영혼(jīva) 혹은 명아(命我)는 마치 태양의 빛과 같이 의식을 본질적으로 지닌다고 한다. 따라서 방해가 없는 한 영혼은 대상들을 직접적으로 완전히 드러내는 지식을 소유한다. 하지만 보통 사람의 영혼은 업이라는 장애물 때문에 그러한 완전지를 누리지 못한다. 업의 산물인 우리의 몸과 감각기관과 의근은 영혼이 본래부터 가지고 있는 완전지를 제약할 수밖에 없기 때문이다.

만약 어느 정도 업을 제거한다면 우리는 보통 사람이 감각기관이나 마음을 통해 얻을 수 없는 미세한 혹은 잘 보이지 않는 사물까지도 볼 수 있는 투시력 같은 능력(clairvoyance)을 가지게 된다고 한다. 이것을 완전지에 대해 제한지라고 부른다. 아직도 영혼이 시·공의 제약을 받기 때문이다. 타심지는 문자 그대로 타인의 마음을 직접적으로 아는 지식으로서 영혼이 미움이나 시기 같은 번뇌들을 제거했을 때 얻을 수 있다. 이것 역시 시 · 공의 제약 아래 이루어진다. 제한지나 타심지는 감각기관이나 의근의 매개를 필요로 하지 않으므로 직접적 지식에 속한다.

자이나 인식론에서 특기할 만한 것은 지식에 대한 상대성 이론이다. 자이나교는 마하비라(Mahāvīra) 당시부터 실재에 대한 독단적 견해를 주장하는 것을 반대하는 관용의 정신을 가져왔다. 이 전통은 지식에 대한 상대성 이론을 통해 더욱더 분명한 인식론적 입장으로 발전되었다. 자이나에 따르면 실재나 혹은 하나의 사물조차도 무수히 많은 측면을 지니고 있고, 우리가 보통 가지고 있는 지식은 한 사물의 여러 측면을 전부 다 인식할 수 없고 오로지 관찰자의 관점에 따라 한 면만을 보게 된다고 한다. 이런 제한되고 부분적인 지식과 이에 근거한 판단을 '나야'(naya)라고 부른다. 따라서 이러한 부분적 판단은 사물의 한 측면과 보는 입장에 따라서만 참이지 절대적인 진리가 될 수 없다. 우리의 많은 논의와 논쟁은 이 점을 간과하고 부분적 지식을 무조건적 진리로 간주하는 데서 온다는 것이다.

따라서 자이나 철학은 불완전한 지식의 소유자인 우리의 모든 판단은 '어떻게 보면' 혹은 '아마도'(syād)라는 조건적 표현을 수반해야 한다고 주장한다. 자이나의 이러한 이론을 조건주의(syādvāda)라고 부른다. 자이나 철학은 이러한 조건적 명제(saptabhangīnaya)들의 일곱 가지 형태를 구별한다. 즉, 우리는 한 사물에 대해 말할 때 다음과 같은 일곱 가지 관점을 가지고 볼 수 있다는 것이다.

① S는 어떻게 보면 그럴 것 같다(syād asti).

② S는 어떻게 보면 그렇지 아닐지도 모른다(syād nāsti. 즉 다른 관점에서는).

③ S는 어떻게 보면 그런 것 같기도 하고 그렇지 않은 것 같기도 하다(syād asti ca nāsti ca).

④ S는 어떻게 보면 말할 수 없을지 모른다(syād avaktavyam). 모순되는 것을 동시에 주장할 수 없기 때문이다.

⑤ S는 어떻게 보면 그렇기도 하고 그렇게 말하기 어렵기도 하다(syād asti ca avaktavyam ca).

⑥ S는 어떻게 보면 그렇지 않을지도 모르고, 말하기 어려울지도 모른다(syād nāsti ca avaktavyam ca).

⑦ S는 어떻게 보면 그렇기도 하고 아니기도 하고 말하기 어려울지도 모른다(syād asti ca nāsti ca avaktavyam ca).

이상과 같은 진리의 상대성을 무시하고 오직 하나의 입장만을 절대적으로 옳다고 주장하는 것을 자이나 철학은 독단주의(ekāntavāda) 내지 일방주의라고 부른다. 그러나 자이나교의 인식적 상대주의는 회의주의나 불가지론은 아니다. 어떤 제한적 조건하에서는 어디까지나 하나의 판단을 확실하게 내릴 수 있다고 생각하기 때문이다. 다만 그 판단이 다른 각도에서 볼 때는 그릇된 것일 가능성도 있다는 것을 의식하면서 하면 된다는 것이다.

2. 자이나 철학의 형이상학

자이나 철학의 인식 상대주의는 자이나 실재관에 근거하고 있다. 자이나에 의하면 한 사물은 수없이 많은 성격(ananta-dharmakam vastu)을 지닌다. 그것이 어떻다는 긍정적 성격과 그것이 어떠하지 않다는 부정적 성격을 합쳐서 생각하면 하나의 사물이라 해도 무수한 측면을 지니고 있다는 것이다. 따라서 한 개의 사물이라도 완전히 안다는 것은 모든 것을 아는 것이나 다름없다고 본다. 오직 완전지를 소유한 자(kevalin)만 가능하다. 자이나교에 따르면 이러한 수많은 성질(dharma)은 그것을 소유하고 있는 것(dharmin)에 속해 있다. 이 후자를 실체(dravya)라고 부른다. 실체에 속한 성질 가운데는 없어서는 안 될 본질적인 것(guna)과 우연적인 것(paryāya) 두 종류가 있다. 예를 들어 의식은 영혼의 본질적인 성질이고 욕망 · 쾌락 · 고통 등은 변하는 우연적 성질들이다. 실체가 변하는 것은 이 우연적인 성질들 때문이며, 이 성질들은 실체의 양태(paryāya, mode)를 구성한다. 이렇게 볼 때 자이나교 철학은 실재는 변하지 않는 면과 변하는 양면을 지니고 있다고 주장하며 불교는 변하는 것만, 베단타 철학은 불변하는 것만 강조하는 일방적(ekānta) 견해들이라고 비판한다.

자이나 철학은 실체를 연장을 지닌 것(astikāya)과 연장을 지니지 않는 것으로 대별한다. 전자는 다시 두 종류로 분류된다. 즉, 영혼 혹은 생명(jīva)과 영혼이 없는 비생명(ajīva)이다. 생명/영혼은 또다시 해방된(mukta) 영혼과 속박된(baddha)영혼으로 구분되며 속박된 영혼은 가동적인(움직이는) 것(trasa)과 고정된 것(sthāvara)으로 나뉜다. 고정된 영혼은 지 · 수 · 화 · 풍 · 식물 등의 가장 불완전한 몸에 살고 있고 촉각만 있다. 반면에 가동적 영혼은 이보다 더 높은 형태의 몸을 가졌고 감각기관도 두 개 이상 다섯 개까지 있다. 의식은 영혼의 본질적 성질이며, 모든 영혼은 정도의 차이가 있지만, 의식을 가지고 있고 본질적으로 같다. 단지 그들이 갖고 있는 업의 장애에 따라 의식의 정도에 차이가 있을 뿐이다.

영혼의 고유한 상태는 믿음(darśana), 무한한 앎(jnāna), 무한한 행복(sukha), 무한한 힘(vīrya)을 가지고 있으며, 영혼은 지식(앎)과 행위와 경험의 주체(jnātr, kartr, bhoktr)이다. 속박된 영혼은 그것이 태어난 육체에 편재해서 비추고 있으며 그 자체는 형태가 없지만, 빛과 같이 그것이 속해 있는 육체의 크기와 같은 형태를 취한다고 한다. 그렇기 때문에 영혼도 연장을 지닌 실체의 부류에 속한다. 영혼은 영원하지만 유한한 것이라고 한다.

비생명체에는 물질(pudgala), 시간(kāla), 공간(ākāśa), 운동(dharma), 정지(adharma)가 있다. 물질적 실체는 부분들로 구성되어 있기 때문에 나누어질 수 있고 합쳐질 수도 있다. 더 이상 나눌 수 없는 가장 작은 부분을 원자(anu)라고 부르며 그들의 결합(samghāta, skandha)에 의해 물체들이 형성된다. 자이나 철학에서는 우리의 감각기관과 의근과 숨도 물질적인 것으로 간주된다. 물질은 원자들과 달리 촉 · 미 · 향 · 색의 네 성질을 갖고 있으며 소리(聲)는 물질의 본래적 성격으로 간주되지 않는다. 공간은 연장을 가진 실체들에게 장소를 제공해 주며 연장의 필연적 조건으로서 그 존재는 추리로 알 수 있다고 한다. 공간은 연장과 동일하지 않고 연장의 장소이다.

자이나 철학은 두 가지 공간을 말한다. 영혼과 다른 실체들이 거하는 세간적 공간(lokkāśa)과 이것을 넘어서서 있는 초세간적 공간(alokākāśa)이다. 해방된 영혼들은 세간적 공간의 맨 꼭대기에 거한다고 자이나교는 생각한다. 또한 시간을 실체로 인정한다. 시간은 연속 · 변형 · 운동 · 새로움 · 오래됨을 가능하게 하는 필연적 조건이며, 공간과 같이 비록 보이지는 않지만, 그 존재는 추리에 의해 알려진다고 한다. 시간은 다른 모든 실체들과 달리 연장을 가지지 않는다. 왜냐하면 시간은 하나이고 나눌 수 없으며 똑같은 시간이 세계 어디에나 존재하기 때문이다. 운동과 정지라는 실체 역시 추리에 의해 존재가 알려진다고 한다. 즉, 움직임과 멎음이라는 현상을 가능하게 하는 필수 조건으로 알려진다. 자이나 철학은 주장하기를 물고기가 스스로 운동하지만 물이라는 매개체 없이는 운동이 불가능한 것처럼, 영혼이나 물체들도 움직임의 필수 조건으로서 운동이라는 실체를 필요로 한다는 것이다. 운동이 움직이지 않는 것을 움직일 수는 없으나 움직임의 수동적 필수 조건이라는 것이다. 정지도 마찬가지이다. 운동과 정지는 영원하고 형태가 없으며 움직이지 않고 온 세간의 공간에 편재해 있다. 이상과 같은 자이나교의 실재관 및 형이상학은 승론 철학과 같은 다원적 실재론의 일종이라고 볼 수 있다.

자이나교의 윤리와 해탈의 방법에 대해서는 이미 원시 자이나교를 다룰 때 언급한 바 있다. 자이나교에서 속박이란 영혼이 업의 물질과 붙어 있는 것을 말하므로 해방은 우선 업의 물질이 영혼에 유입(āśrava)하여 달라붙지 못하도록 차단(samvara)해야 하며, 이미 붙어 있는 물질은 소진(nirjarā)되어야 한다.

그런데 영혼에 물질을 달라붙게 만드는 것은 결국 무지에 근거한 격정들이므로 자이나교의 수행은 실재에 대한 올바른 이해인 정지(正智,

samyag-jnāna)를 강조한다. 그러기 위해서는 자이나교의 가르침에 대한 기초적 이해와 믿음과 신뢰가 있어야 하므로 정신(正信, samyag-darśana)이 선행되어야 한다. 정신과 정지 후에는 정행(正行, samyag-carita)이 필요하다. 우마스바티는 그의 『진리증득경』에서 이 셋을 해탈의 방법으로 강조한다.

정행 가운데 가장 중요한 것은 오대서(五大誓, panca-mahāvrata)이다. 또 이미 영혼에 달라붙어 있는 업을 일찍 소모시키는 방법으로서 고행(tapas)이 특별히 강조된다. 마치 망고 열매가 더위를 많이 받으면 더 일찍 익듯이 우리의 업도 고행('열'이라는 뜻)을 통해 더 빨리 소진되고 힘을 잃게 된다고 한다. 해방된 영혼들은 자기 본성을 되찾아 신들의 세계보다도 더 높이 있는 우주 꼭대기에 상승하여 거기서 해탈의 영원한 안식과 행복을 누리게 된다고 한다.

제16장

미맘사 학파의 철학

1. 미맘사 철학의 전통

인도 철학에서 육파 철학은 불교나 자이나교와 달리 베다의 권위를 인정하는 정통 학파로 간주되어 왔지만 그중에서도 미맘사(Mīmāmsā) 학파와 베단타(Vedānta) 학파는 가장 정통적인 학파라고 할 수 있다. 다른 학파들과 베다의 관계는 사실상 명목적인 것 이상을 넘어서지 않는 경우가 많지만, 미맘사 학파와 베단타학파는 본래부터 베다에 충실한 연구와 해석을 주요 관심사로 해서 발전된 철학이기 때문이다.

앞에서도 언급했듯이 베다는 그 내용상 제신에게 바치는 송가들을 모아 놓은 본집(Samhitā)과 이를 설명하고 제식의 규정들을 취급하는 브라마나(Brāhmana)로 구분된다. 그런데 브라마나의 뒷부분에는 제사의 관심을 벗어나 우주와 인간에 대한 철학적 지식의 문제를 다루는 우파니샤드가 포함되어 있다. 이 부분을 지식편(jnāna-kānda)이라고 하여 제사 행위를 주로 하는 부분인 행위편(karma-kānda)과 구분해 왔다.

미맘사 학파와 베단타학파는 각기 이 두 부분을 탐구하고 고찰하는 것을 목표로 하는 학파들이다. 미맘사 학파는 전적으로 행위편만 다룬다 하여 푸르바미맘사(Pūrva-mīmāmsā), 즉 전(前)미맘사라 부르고 베단타 학파는 우파니샤드, 즉 뒷부분만 연구한다 하여 웃타라미맘사(Uttara-mīmāmsā), 즉 후(後)미맘사라고 부른다. 혹은 그 연구 대상이 각각 행위와 브라만에 대한 지식이기 때문에 카르마미맘사(Karma-mīmāmsā)와 브라마미맘사(Brahma-mīmāmsā)로 구분하기도 한다.[1]

'미맘사'란 말은 심구(尋究, investigation)라는 뜻이다. 통상적으로 미맘사라 하면 푸르바미맘사를 지칭하며 웃타라미맘사는 베단타라고 부른다. 제식에 대한 전통은 원래 본집이나 브라마나를 통해 완전하고 분명하게 전해진 것이 아니라 구전에 의해 보충되어 왔다. 그러나 오랜 시간이 지나는 동안 이 구전이 점점 불확실하게 됨에 따라 베다의 행위편으로부터 직접 추리와 논증을 통해서 제식의 올바른 규범을 찾으려는 노력을 하게 되었다. 이 추리의 활동을 냐야(nyāya)라 불렀으며, 이것이 나중에 제식의 문제와는 별도로 올바른 사고의 규범을 다루는 독립적인 형식논리학파로 발전하게 된 것이다.

한편 제식의 규범과 명령(vidhi)들을 체계적으로 연구하고 정돈하는 작업은 계속되어 미맘사 학파를 형성하게 되었다. 미맘사 학파의 창시자는 기원전 2세기경의 인물로 추정되는 자이미니(Jaimini)로 전해지고 있으며, 근본 경전인 『미맘사경』(*Mīmāmsā-sūtra*)은 1세기 전후에 현재의 형태를 갖추게 된 것으로 간주된다. 『미맘사경』은 다른 학파의 경들과 마찬가지로 간결한 문장으로 되어 있어 그 자체로서는 이해하기 어렵다. 현존하는 주석들 가운데 가장 오래된 것은 5세기경 샤바라스바민(Śabarasvāmin)의 것이다. 그 안에서 우리는 브르티카라(Vrttikāra)라는 사

---

1 혹은 Dharma-mīmāmsā, Jnāna-mīmāmsā라고도 부른다.

람에 의한 『미맘사경』 해석의 일부분이 인용되고 있는 것을 볼 수 있으며, 브르티카라가 불교의 철학적 견해를 비판하고 있는 것으로 보아 아마도 미맘사 철학에 상당한 깊이를 제공한 자로 간주된다. 샤바라스바민 이후 프라브하카라 미슈라(Prabhākara Miśra, 7세기)와 쿠마릴라 브핫타(Kumārila Bhatta, 8세기)라는 미맘사 철학의 거장들이 출현하여 샤바라스바민의 저서에 복주를 가하고 미맘사 철학의 양대 학파인 구루(Guru)파와 브핫타(Bhātta)파를 각각 형성하게 되었다. 미맘사 학파에 철학적 이론을 부여한 것은 거의 전적으로 이 두 사람의 공헌으로 간주되며, 그 후 미맘사 철학은 별로 이론적인 발전을 보지 못했다.

프라브하카라의 주석은 '브르하티'(Brhatī)라고 불리며 이 주석에 그의 제자 샬리카나타 미슈라(Śālikanātha Miśra)는 『르쥬비말라』(*Rjuvimalā*)라는 복주를 썼다. 그는 또한 프라브하카라의 미맘사 해석에 대한 강요서 『프라카라나판치카』(*Prakaranapancikā*)도 썼다. 한편 쿠마릴라는 샤바라스바민의 주석에 삼부의 해설서 『송평석』(*Ślokavārttika*), 『탄트라바르티카』(*Tantravārttika*), 『툽티카』(*Tuptīkā*)를 저술했다. 또한 그 문하의 만다나미슈라(Mandanamiśra)는 『비디비베카』(*Vidhiviveka*), 『미맘사아누크라마니』(*Mīmāmsānukramanī*), 『탄트라바르티카』(*Tantravārttika*)를 저술했다. 그러나 그는 나중에 샹카라(Śankara)의 영향으로 베단타 철학으로 전향했다. 그 외에도 쿠마릴라의 브핫타파에 많은 학자들이 출현하여 프라브하카라의 구루파를 압도하게 되었다. 쿠마릴라는 본래 불교를 공부했으나 나중에 바라문교로 전향했다고 하며, 저서를 통해 불교의 공 사상을 신랄하게 공격하고 있다. 쿠마릴라는 샹카라와 더불어 인도에서 불교 사상의 쇠퇴에 큰 역할을 한 철학자로 평가되고 있다.

이제 쿠마릴라와 프라브하카라를 중심으로 하여 미맘사 철학의 대강을 살펴보며, 필요에 따라 두 논사의 차이점도 언급한다.

2. 미맘사 철학의 인식론

『미맘사경』은 베다가 명하는 제식 행위를 올바로 행하도록 하는 해석의 원리들을 규정하는 것을 주된 내용으로 삼고 있다. 따라서 미맘사 철학은 '미맘사'(mīmāmsā), 즉 심구(尋究)의 방법에 대해 지대한 관심을 갖게 되었고, 미맘사 철학에서 규정한 논구 이론은 다른 학파들에서도 받아들여지게 되었다. 미맘사 철학에 의하면 어떤 본문(text)의 의미를 확정하려면 다음의 다섯 가지 절차를 거쳐야 한다.

① 주장 대상(visaya)의 확정

② 이에 대한 의문(samśaya)의 토론

③ 반론(pūrvapaksa), 즉 다른 주장에 대한 검토

④ 정설(uttarapaksa, siddhūnta), 즉 최종 결론

⑤ 결론이 본문의 다른 부분에 대해 갖는 관계(samgati)

이러한 논리 전개의 문제 외에 미맘사 학파의 근본 철학적 관심사는 어디까지나 베다가 명하는 행위의 의무(dharma)를 이론적으로 뒷받침해 주는 데 있다. 왜 그 의무를 수행해야 하며, 어떻게 해서 그 수행이 선한 업보를 가져오게 되는지 등의 문제들을 다룬다.

우리는 브라마나에서 이미 제사의 주관심이 제사의 대상인 신으로부터 제사의 행위 자체로 옮겨졌음을 보았지만, 이러한 경향은 그 후 더욱 발전해서 신의 존재 여부와 무관하게 제사 행위가 자동적으로 결과를 가져오기 마련이라는 생각을 낳았다. 그러나 미맘사 철학은 행위의 결과를 보증하는 어떤 최고신의 필요성도 느끼지 않고 그 존재조차 부정하게 되었다. 오직 베다 자체의 권위에 의거하여 제사 행위의 의무와 그 보이지 않는 결과에 대한 믿음이 받아들여질 뿐이었다. 그러면 베다의 권위는 어떻게 성립되며 베다가 명하는 의무를 행하면 천상의 복을 받게 된다는 것은 어떻게 알 수 있는가 하는 문제가 자연히 제기된다. 여기서 우리는 미맘사 철학의 인식론에 접하게 된다.

미맘사 철학은 올바른 지식의 수단으로 현량(現量, pratyaksa), 비량(比量, anumāna), 비유량(譬喩量, upamāna), 의준량(義準量, arthāpatti), 부존량(不存量, abhāva)을 인정한다.

현량, 즉 지각은 우리의 감각기관과 대상의 접촉에 의해 직접적 지식을 얻는 인식 방법이며 두 단계로 성립된다. 처음에는 감각기관이 물체와 접할 때 자아(ātman)에 무분별적(nirvikalpa) 지각이 일어난다. 즉, 사물의 성격에 대한 어떠한 의식이나 판단 없이 대상의 존재만 주어지는 인식 단계이다. 그다음에 비로소 분별적(savikalpa) 지각이 이루어진다. 즉, 대상의 의미를 파악하고 이해하는 지각이다.

그러나 미맘사 철학은 말하기를 두 번째 단계에서 분명히 알려지게 되는 것은 이미 첫 번째 단계에서도 암시적으로 알려져 있다고 한다. 우리 마음이 단지 과거의 경험에 비추어 현재의 대상을 분별하는 것일 뿐 어떤 새로운 내용이나 속성을 부여하는 것은 아니라고 한다. 진나의 인식론에서 말하고 있는 분별 작용(vikalpa)에 의한 왜곡을 인정하지 않는 것이다. 또 우리가 직접적으로 의식하고 있는 것은 불교의 주장처럼 보편적 성격이 전혀 없는 사물의 순간적 특수상(特殊相, svalaksana)만 인식하는 것이 아니고, 그렇다고 베단타 철학에서처럼 아무런 특수한 속성이 없는 순수존재만 의식하는 것도 아니라고 하여 중간적 입장을 취하고 있다.

비유량이란 현재 경험한 것과 과거에 경험한 것을 기억에 의해 비교해서 양자의 유사성을 아는 지식이다. 비량(추론)에 대한 이해는 정리 철학에서와 마찬가지이다.

이상의 세 가지 인식 방법은 모두 경험에 의거한 것이며, 미맘사에서 말하는 보이지 않는 업보에 대한 보증을 해 주는 것은 아니다. 따라서 미맘사 철학은 성량(聖量, śabda)을 중요한 인식 방법의 하나로 인정하고 있다. 성량에는 인격적인(pauruseya) 것과 비인격적인(apauruseya) 것, 두 가지가 있다. 구루파는 후자만 인정하고 브핫타파는 둘 다 인정한다. 베다는 미맘사 철학에 의하면 비인격적 성량이다. 신에 의하여 된 것도 아니고 믿을 만한 사람에 의하여 된 것도 아니기 때문이라고 생각한다. 그렇다면 어떻게 해서 미맘사 철학은 베다의 권위를 인정하는가? 미맘사 철학은 베다가 영원한 권위를 가졌다는 것을 증명하기 위해 언어에 대해 많은 독특한 이론들을 전개하게 되었다.

미맘사 철학에 따르면 말이란 단순히 발음과 함께 비로소 생기는 소리 현상이 아니다. 말의 본질은 소리의 기반을 이루고 있는 글자에 있다고 한다. 그리고 글자로서의 말은 여러 사람에 의해 여러 가지로 발음되지만 그 자체는 언제나 동일하며 시공을 초월한 영속적인 존재이다. 말이란 소리로 표현이 안 될 때에도 항시 잠재적으로 존재한다고 한다. 따라서 말은 인간이나 신에 의해 만들어진 것이 아니라 영원한 존재이다.

미맘사 철학은 이와 같은 언어 일반에 관한 이론을 통해서 베다의 영원성을 보장하려고 한다. 그뿐만 아니라 미맘사에 의하면 언어의 의미도 인간의 계약이나 관습에 따라 주어지는 것이 아니고, 그렇다고 신의 뜻에 근거한 것도 아니라 오로지 자연적인(anutpattika) 것이라고 한다. 언어와 대상의 관계는 본래적인 것이고 영원한 것이기 때문이다. 미맘사에 의하면 세계나 인간에는 시초가 없었으며, 따라서 말이 어느 한때 인간의 관습에 의해 만들어진 것이 아니고, 사람들은 처음부터 사물들에 대해 말을 사용했다고 한다. 따라서 말이란 영원히 존재하는 것이고 때에 따라 여러 조건하에 표현될 따름이다. 말이 개물을 나타내는가 아니면 유(類, jāti)를 나타내는가에 대해서도 미맘사 철학은 말은 영원하기 때문에 변하는 개물들을 뜻하기보다는 변하지 않는 유를 뜻한다고 주장한다. 말이 보편성을 지녀야 베다의 여러 명령도 보편성을 지니게 되기 때문이다.

미맘사 학파에 따르면 말의 본질적인 성격은 사물의 표현에 있을 뿐만 아니라 행동을 명령하는 데 있다. 이것은 물론 미맘사 철학의 제식행위에 대한 근본적인 관심을 반영하는 이론이다. 우파니샤드를 제외하고는 베다 전체가 미맘사에 따르면 우리의 종교적 의무에 관한 것이고, 베다의 모든 문장은 이러한 의무에 관계한 것이라고 한다.

인식의 다섯째 수단으로서 미맘사 철학은 의준량(義準量)이라는 것을 든다. 의준량이란 설명을 요하는 현상을 설명하기 위해 반드시 요청되는, 그러나 보이지는 않는 어떤 것을 필연적이고 유일한 가설로 세우는 것을 가리킨다. 이러한 가설은 진리로 받아져야 한다는 것이다.

예를 들어 미맘사 철학은 의준량에 의해 무전력(無前力, apūrva)이라는 것의 존재를 안다고 주장한다. 미맘사 철학은 제물을 받고 복을 주는 것은 신이 아니라 제물을 바치는 행위 자체이다. 이 행위는 전에 없던 어떤 보이지 않는 힘(śakti), 즉 무전력이라는 것을 자아에 산출하며, 이 힘은 필연적으로 그 업에 상응하는 결과를 가져온다는 것이다. 베다에 따르면 제사 행위는 어떤 결과를 가져오는데, 제사 행위 자체는 잠깐 동안에 끝나 버리기 때문에 무전력이라는 가설을 받아들이지 않으면 행위가 결과를 가져온다는 진리가 설명되지 않고 거짓일 수가 있게 된다고 한다. 다시 말해서 무전력이란 것은 현재의 행위와 그 행위로 인해 장차 내세에 천상에서 얻게 될 업보의 연속성을 설명하기 위해 행위로 인해 자동적으로 자아에 생기게 되는 어떤 보이지 않는 힘을 가정되게 된 것이다.

마지막으로 미맘사 철학의 브핫타파는 부존량(anupalabdhi)이라는 것을 독립적인 인식의 방법으로 인정한다. 즉, 무엇이 존재하지 않는다는 것을 아는 지식은 하나의 독립된 직접적인 인식 방법이라는 것이다. 우리는 무엇이 존재하지 않는다는 것을 지각을 통해서 알 수 없다. 왜냐하면 존재하지 않는 것은 우리의 감각기관을 자극할 수 없기 때문이다. 그렇다고 추론에 의해서 부존을 알 수 있는 것도 아니다. 그러한 추론이 가능하려면 우리는 이미 부지각과 부존 사이의 주연관계(vyāpti)를 알고 있어야 한다. 하지만 이것은 선결문제 미해결의 오류를 범하는 것이다.

따라서 부존은 지각이나 추론에 의해 인식될 수 없다. 그렇다고 비유량이나 성량에 의해 알 수 있는 것도 아니다. 부존이란 비교해서 아는 것도 아니고 말에 근거해서 아는 것도 아니기 때문이다. 결국 우리는 부지각(不知覺, anupalabdhi) 자체를 부존을 아는 하나의 독립적 인식 방법으로 인정해야 한다는 것이다. 그러나 부지각이라고 해서 무조건 다 부존을 알려 주는 것은 아니다. 지각될 수 있는 상황인데도 불구하고 지각되지 않는 경우에만 부존량은 성립된다고 한다.

미맘사 철학은 지식의 타당성에 대해 정리 철학과는 아주 다른 견해를 갖고 있다. 미맘사에 의하면 모든 지식은 그 자체가 스스로의 타당성을 지니고 있어서 그 타당성에 대해서 다른 어떤 외적 증거를 필요로 하지 않는다. 따라서 모든 지식은 그것에 대한 믿음을 자연적으로 발생시킨다. 물론 나중에 의심하는 경우가 생길 수도 있고, 그렇게 되면 우리는 추론에 의해서 그 지식이 틀렸다는 것을 알 수 있다. 그러나 지식의 타당성은 일단 자명해서 추론을 필요로 하지 않고, 우리는 우선 그것을 믿고 행동한다. 이러한 원리를 성량(śabda)의 경우에 적용할 것 같으면, 우리는 의심할 이유가 없는 한 일단 베다의 말을 믿고 행동해야 한다. 베다의 권위는 자명하다. 따라서 미맘사 학파는 베다의 의심할 만한 이유들을 논박하기만 하면 되지 베다의 진리를 적극적으로 증명할 필요가 없다고 한다. 이러한 미맘사 학설을 인식의 본유적 타당성 이론(svatah-prāmānya-vāda)이라고 부른다. 이에 따라 미맘사 학파는 오류에 관한 이론도 전개했지만 여기서는 생략한다.

인식의 본유적 타당성의 문제와 관련하여 프라브하카라는 진나의 인식론과 비슷하게 인식의 삼면(三面)을 말하고 있다. 즉, 지식(jnāna)은 언제나 스스로를 드러내는 빛(svayamprakāśa)을 갖고 있으며 동시에 앎의 주체(jnātr)와 객체(jneya)를 드러낸다. 따라서 프라브하카라에 따르면 모든 지식은 세 가지 인식, 즉 자아의 인식(ahamvitti, ātmavitti), 대상의 인식(visayavitti) 그리고 인식의 인식(svasamvitti)이라는 세 가지 인식을 가지고 있다. 여기서 자아(ātman, 영혼)는 모든 인식에서 앎의 주체로서 알려질 뿐 결코 앎의 대상으로는 인식되지는 않는다고 한다. 자아는 지식처럼 스스로를 드러내는 자명성을 지닌 존재가 아니다. 베단타의 자아관과 다른 점 가운데 하나이다.

한편 쿠마릴라는 지식의 본유적 타당성을 인정하면서도 프라브하카라와 달리 지식은 스스로의 인식을 갖고 있지 않다고 본다. 그에 따르면 지식은 스스로를 인식할 수 없다. 마치 손가락 끝이 스스로를 건드릴 수 없는 것과 마찬가지라고 한다. 지식이란 자아의 변형(parināma) 상태로서 자아가 대상을 아는 행위(kriyā)나 작용(vyāpāra)이다. 지식은 스스로를 드러낼 수 없으며 오로지 그 대상이 자아에 의하여 알려졌다는 사실(jnātatā)로부터 추리를 통해 간접적으로 알려질 뿐이다. 어떤 대상이 친숙하게 혹은 이미 아는 것으로 나타나면 우리는 이로부터 미루어서 그 대상에 대한 앎이 있었다는 사실을 안다는 것이다.

3. 미맘사 철학의 형이상학

미맘사 철학의 세계관에 의할 것 같으면 영원하고 무한한 영혼들이 개인의 수만큼 많이 존재한다. 그리고 물질세계를 구성하고 있는 요소들이 형성되는 데는 업의 법칙이 작용하고 있다. 따라서 세계는 영혼이 과거 업의 결과로 태어나게 되는 생명체들(bhogāyatana)과 업보를 감수하는 도구인 감각기관들(bhoga-sādhana)과 감수되어야 할 업보로서의 대상들(bhogya-visaya)로 구성되어 있다.

미맘사 철학의 형이상학은 대체로 실재론적 승론 철학의 강한 영향을 받아 둘은 많은 공통점들을 가지고 있다. 그러나 한 가지 중요한 차이는 승론 철학에서는 물질을 구성하는 원자의 결합과 재결합과 파괴, 원자와 영혼의 관계를 성립시키는 창조주(īśvara)의 존재를 인정하지만, 미맘사 철학은 그런 존재의 필요성을 부정한다. 힌두교에서 일반적으로 받아들이는 세계관인 세계의 주기적 창조와 파괴의 반복 과정도 인정하지 않는다. 세계가 항시 변하고 있다는 사실은 인정하지만, 영혼들의 주기적 윤회와 퇴전은 부인한다. 모든 생명체는 자연적으로 생성되며 신은 사람들의 공과를 알 수도 없고 감독할 수도 없다고 한다. 또한 원자들이 신의 의지에 따라서 행동한다고는 생각할 수 없다고 한다. 감독이 가능한 것은 영혼과 육체의 관계뿐이며, 영혼은 오직 자기가 지은 업의 공과에 따라 육체를 차지하게 될 뿐이라는 거의 기계적 혹은 자동적 업보 사상을 가지고 있다.

쿠마릴라는 당시의 여러 창조설을 신랄하게 공격하고 있다. 그는 물질의 창조 전에 프라자파티(Prajāpati) 같은 신이 존재했다는 것은 있을 수 없다고 본다. 신이 몸을 소유하지 않았다면 창조의 욕망을 낼 수도 없으며, 몸이 있었다면 그의 창조적 행위 이전에 이미 물질이 존재했다는 것이다. 또한 창조의 동기도 알 수 없다. 신은 어떤 도덕적 목적을 위해 세계를 창조했을 수 없다. 왜냐하면 도덕적 공과는 처음부터 존재했던 것이 아니기 때문이다. 또한 세계의 많은 고통과 죄악을 볼 때 신이 세계를 창조했다는 것은 용서하지 못할 일이라고 한다. 신이 단순히 자신의 즐거움을 위해 세계를 창조했다면 그는 완전한 행복을 누린다는 것과 모순되며 그가 쓸데없이 바쁜 일에 애쓰기만 하는 셈이 된다.

쿠마릴라는 불이론적 베단타의 입장도 반박하면서 말하기를 만약에 절대자가 절대적으로 순수하다면 세계도 순수해야 할 것이며, 그런 상태에서는 무지(avidyā)도 있을 수 없기 때문에 창조도 있을 수 없다고 했다. 만약 다른 어떤 것이 무지를 일으킨다면 브라만이 유일 실재라는 진리는 무너진다. 한편 만약 무지가 자연적인 것이라면 무지는 절대로 제거될 수 없다고 주장한다. 쿠마릴라는 수론(상키야) 철학의 세계전변설도 비판한다. 그는 말하기를 세계의 창조가 세 가지 구성 요소의 평형 상태가 깨어졌기 때문이라는데, 최초에는 과보를 초래하는 인간의 업이란 것이 없었는데 어떻게 그 평형이 깨어지기 시작했는지 반문한다.

미맘사 철학은 최고신을 부정한다는 의미에서 '무신론'을 주장하지만 업보를 누리게 되는 자아(영혼)의 불멸성은 인정한다. 따라서 미맘사 철학은 자아의 실체를 부정하는 불교의 견해를 신랄하게 공격한다. 불교에 의하면 자아란 순간적인 관념들의 연속적 나열에 지나지 않으며, 먼저 관념이 후의 관념에 영향을 준다고 한다. 그러나 처음 것과 나중 것의 근저에 어떤 공동의 실체(substratum)가 없다면 관념과 관념 사이의 어떤 연결이나 상호 작용은 불가능하다고 미맘사는 본다. 그뿐만 아니라 행위를 한 사람이 자기가 행한 행동의 결과를 얻는다는 보장도 없기 때문에 행위의 합리적 기반이 무너진다고 비판한다. 또한 관념들이 어떻게 한 육체에서 다른 육체로 옮겨질 수 있는지도 의심스럽기 때문에 윤회라는 것도 설명하기 어렵다고 불교를 비판한다.

쿠마릴라는 영혼의 존재를 증명하기 위해 다음과 같이 주장한다. 육체의 요소들은 지성이 없기 때문에 그들의 결합은 결코 지성을 산출하지 못한다. 육체가 하나의 유기체적 전체를 형성하고 있는 것도 육체가 그것을 다스리는 어떠한 다른 존재의 목적을 위해 존재한다는 것을 입증한다고 본다. 우리가 '나의 몸'이라는 말을 하는 것도 내가 몸이 아니라는 사실을 말한다. 또한 기억이라는 것이 가능한 것도 어떤 정신적 실체가 있기 때문이라는 것이다.

우리가 이미 본 바와 같이 미맘사 철학에 의하면 지식은 본유적 타당성을 갖고 있다. 그리고 프라브하카라는 지식이란 스스로를 드러내는 자명성까지 가지고 있다고 한다. 그러나 미맘사 학파에 따르면 자아 자체는 그러한 빛이나 의식을 갖고 있지 않다. 따라서 자아의 존재는 자명하지 않고, 그렇다고 정리 철학에서처럼 직접적 지각의 대상이 될 수도 없다. 프라브하카라에 따르면 자아는 우리의 모든 인식 활동에 필연적으로 관여하며 이러한 인식 활동들을 통하여서만 드러난다. 즉, 대상을 아는 인식 활동에서 자아는 그 지식의 주체로서 항시 드러난다는 것이다. 그래야만 인식이 '나의 인식'이 되기 때문이다.

이에 반해 쿠마릴라는 자아의식이 대상의식을 항시 동반하는 것이 아니라고 한다. 단지 우리가 가끔 자아에 대해서 생각할 때 생기는 자의식(self-consciousness, ahamvitti)의 대상으로서만 우리는 자아를 알 수 있다는 것이다. 그러나 구루파는 이 견해에 반대한다. 왜냐하면 바로 이 자의식이라는 것 자체가 불가능하다고 생각하기 때문이다. 자아는 의식의 주체와 객체가 동시에 될 수는 없다고 여기기 때문이다. 주체와 객체의 기능은 양립할 수 없기(karma-kartr-virodha) 때문이다.

4. 해탈론

미맘사 학파는 본래 제사의 행위와 이에 따른 업보를 궁극적 관심사로 하는 철학이다. 따라서 구원/해탈의 개념에 있어서도 본래는 올바른 제식 행위를 수행해서 얻어지는 천상의 복락을 이상으로 삼는 낙관적인 견해를 가지고 있었다. 그러나 나중에는 다른 학파들의 영향을 받아 자아의 해탈, 즉 육체와 윤회의 속박으로부터 벗어나는 것을 최고의 삶의 이상(nihśreyasa, 至高善)으로 인정하게 되었다.

해탈이란 자아가 좋고 나쁜 행위와 육체를 떠나 순수하게 존재하는 것을 말한다. 그러한 자아의 상태에는 아무런 인식이나 경험도 있을 수 없고 희열도 느끼지 않는다. 고통과 즐거움을 떠나 자아가 본래적 상태(svastha)에 들어갈 뿐이다. 자아는 식(cit)이나 희열(ānanda) 같은 것을 그 자체의 본질적 성격으로 갖고 있지 않기 때문이다.

미맘사 학파는 해탈에 이르는 방법으로 자아를 아는 지식과 의무적인 행위를 이해심 없이 순수하게 행하는 것을 강조한다. 『바가바드 기타』에서 말하는 '카르마 요가'(Karma-yoga)의 실천을 중시한다. 그럼으로써 미맘사 철학은 베다의 명령 및 제식 행위에 대한 의무와 해탈에 대한 요구를 동시에 충족시키고자 한다.

제17장

불이론적 베단타 철학

1. 샹카라 이전의 베단타 철학

베단타(Vedānta)라는 말은 본래 '베다의 끝'(anta) 혹은 목적이라는 뜻으로서 우파니샤드(Upanisad)를 가리키는 말이다.[1] 그러나 동시에 베단타는 우주의 궁극적이고 통일적인 원리를 탐구하는 우파니샤드의 사상을 체계적으로 해석하고 발전시킨 철학 체계를 지칭한다. 베단타 철학은 인도의 여러 철학 체계들 가운데서 가장 많은 추종자를 가진 가장 영향력 있는 철학으로서 과거 약 1,000년을 통해 다른 모든 학파들을 지적 활동에서 압도하게 된 철학이다.

베단타는 근본 경전으로 우파니샤드는 물론이고, 우파니샤드 철학의 연장이나 다름없이 간주되는 『바가바드 기타』, 우피나샤드의 다양한 사상을 간략하게 천명하는 『베단타경』 혹은 『브라마경』(*Brahma-sūtra*)에 기초하고 있다. 『브라마경』은 기원전 1세기경의 인물로 추정되는 바다라야나(Bādarāyana)가 저자로 전해져 왔으나, 내용상 4~5세기경에 현재

1 '베단타'라는 단어는 이미 후기 우파니샤드인 *Mundaka Upanisad*, III.2.6이나 *Śvetāśvatara Upanisd*, VI. 22 그리고 *Bhagavad Gītā*, XV. 15에도 나온다.

의 형태로 완성된 것으로 보인다.[2]

『브라마경』에 의하면 오로지 상층 계급의 사람만이 절대자인 브라만(Brahman)을 알 자격이 있다. 브라만에 대한 지식은 베다에 근거하며, 인간의 독립적인 사고나 이론도 베다와 더불어 지식의 근거가 될 수 있다고 본다. 브라만은 최고자, 인격적 존재, 순수한 정신적 실체, 순수존재(有)로서 상주편재하고 무한불멸이다. 만유의 생기와 존속과 귀멸(歸滅)을 일으키는 실재로서 만유의 모태이다. 브라만은 세계의 질료인이기도 하고, 세계의 창조주이기도 하다. 브라만은 전변(轉變)에 의해서 세계를 산출하며, 이렇게 전개되어 나온 현상 세계는 세계의 원인인 브라만과 다르지 않다. 세계가 브라만으로부터 전개돼 나올 때는 공(空) · 풍(風) · 화(火) · 수(水) · 지(地)의 순서로 전개되어 나오며, 이 다섯 가지 원소가 다시 브라만으로 돌아갈 때는 전개 과정의 역순을 따라 환멸(還滅)한다. 세계의 창조와 존속과 환멸의 과정은 무한히 반복된다.

개인아(jīva)는 브라만의 부분으로서 브라만과 같지도 않고 다르지도 않으며 무시(無始) 이래로 유전을 계속하고 있다. 업의 응보는 무전력(apūrva)에 의한 것이 아니고 신의 재정(裁定)에 따라서 받는다. 인생의 궁극 목적은 브라만과의 합일을 통해서 해탈을 얻는 데 있다. 해탈을 얻는 방법으로써 브라만의 명상에 의한 지(知, vidyā)를 강조하며, 브라만에 대한 지를 얻은 자는 사후에 신들의 길을 따라 브라만에 이르러 브라만과 합일한다. 이렇게 해탈을 얻은 자는 세계의 창조와 유지의 힘을 제외하고는 절대자와 똑같은 완성과 힘을 갖춘다고 한다.

---

2 『브라마경』은 후기 대승불교의 사상이나 무신론적 상키야 철학을 비판하고 있기 때문이다.

우리는 이미 우파니샤드 철학이 후기에 와서 다분히 상키야 철학적으로 발전되었음을 보았지만, 상키야 철학이 본격적으로 이원론적 세계관을 전개함에 따라 우파니샤드 연구자들 가운데는 이에 반발하여 우파니샤드의 본래적인 일원론적 사상을 옹호하려는 운동이 있었던 것으로 추정한다. 『브라마경』은 이러한 사상적 운동의 결정체로 간주될 수 있다. 실제로 『브라마경』은 상키야 철학의 무신론적인 이원론을 곳곳에서 비판하고 있다.

『브라마경』은 내용이 지극히 함축적이고 간략해서 그 자체로서는 이해하기 어려운 부분이 많다. 따라서 후세의 많은 철학자가 이 경에 주석서를 썼으며, 이들 주석가들은 각기 서로 다른 철학적 해석과 견해들을 보이므로 자연히 베단타 사상 내에서도 이 주석들을 중심으로 하는 여러 학파가 성립되었다.

모든 베단타학파는 세계를 여러 실체의 관계 속에서 파악하려는 다원론적 견해를 배척하고 다양한 현상 세계의 배후에 단 하나의 궁극적이고 통일적인 실재가 있다는 일원론적(monistic) 세계관과 형이상학을 따른다. 문제는 어떻게 이 궁극적인 실재와 현상 세계, 즉 물질계 및 개인 영혼들의 관계를 어떻게 이해하는가에 따라 학파 간에 차이를 보이고 있다.

브라만이라는 궁극적 실재와 함께 상이한 실체들의 존재도 인정하면서 세계를 이 실체들의 상호 작용으로 설명하되 브라만은 그것들을 초월하고 지배하고 조정하는 어떤 존재로 간주하는 견해가 있는가 하면, 다른 한편으로는 유일 존재인 브라만이 다양성의 세계로 자기를 전개한 결과로 나타나는 현현(manifestation, unfolding, 轉變)으로 간주하는 견해도 있다. 그런가 하면 또 다른 입장에서는 다양성의 세계는 유일무이한 실재인 브라만을 가리고 있는 무지의 베일과 같은 그러나 알고 보면 단지 허상/환상(māyā)에 지나지 않는 것으로 보는 사상도 있다.

현존하는 『브라마경』의 주석서 가운데서 가장 오래되고 가장 유명한 것은 800년경에 저술된 샹카라(Śankara)의 『브라마경소』(*Brahmasūtra-bhāsya*)로서 앞에 언급한 세 가지 견해 가운데 세 번째 입장을 옹호하는 해석서이다. 그러나 샹카라의 주석서를 통해 우리는 그전에도 『브라마경』에 대한 많은 해석과 주해가 있었다는 사실을 알 수 있다. 특히 샹카라의 철저한 불이론적(不二論的, advaita) 철학의 입장과는 상당히 거리가 먼 해석들이 있었음을 알 수 있다. 우리가 이미 본 대로 『브라마경』 자체의 철학적 입장은 샹카라의 불이론과는 상당한 차이를 보여 주고 있다.

샹카라의 불이론은 무엇보다도 그의 스승 고빈다파다(Govindapāda)를 통해서 혹은 직접적으로 가우다파다(Gaudapāda)의 사상적 영향을 받은 것으로 여겨진다. 가우다파다는 『만두키야 카리카』(*Māndūkya-kārikā*)라는 『만두키야 우파니샤드』(*Māndūkya Upanisad*)의 철학을 다루는 논서의 저자로서, 거기서 그는 우리가 아는 한 처음으로 철저한 불이론적 베단타 사상을 전개하고 있다. 샹카라는 이 『만두키야카리카』에 대한 주석서를 썼고, 거기서 불이론적 철학이 가우다파다에 의해 비로소 되찾아졌다고 하여 가우다파다에 대한 상당한 존경심을 나타내고 있다.

가우다파다는 대승불교의 공관(空觀) 사상이나 유식(唯識) 사상의 강한 영향을 받은 철학자로, 그의 저서에서 우리는 이들 불교 철학에서 사용하는 술어들이나 비유 등을 많이 발견할 수 있다. 실제로 그는 불교의 논사 박카(Bakka)의 제자였다고 한다. 그는 우파니샤드 철학이 붓다의 가르침과 일치한다고 믿었던 것처럼 보인다. 그는 일체의 생멸하는 현상 세계(prapanca)는 실재인 신의 불가사의한 힘의 환술(māyā)에 의해서 나타난 것이고, 실재는 어떤 다양성이나 이원성도 용납하지 않는다고 보았다. 높은 차원의 진리, 곧 진제(眞諦, paramārtha-satya)의 궁극적 차원에서 보면 깨어 있는 우리의 세계는 마치 꿈과 같고 외부 세계나 마음속에 나타나는 세계나 모두 우리의 망상의 소산이며 거짓이다. 마치 어둠 속에서 밧줄을 뱀이라고 착각하는 것과 마찬가지라는 것이다. 실재의 세계에는 주객의 구별이나 상이한 주체와 객체 모두가 사라지고, 생멸도 인과도 없고, 속박된 존재도 해탈을 원하는 자도 없다. 오직 빛나는 아트만(Ātman)만 존재할 뿐이다. 가우다파다는 아트만을 무한한 공간에 비유한다. 개인아는 병 속의 공간과 같이 제한된 것같이 보이지만 결국 하나의 아트만만 존재한다는 것이다. 현명한 자는 요가 수행을 통해 이와 같은 인식에 도달한다.

가우다파다는 이렇게 만물을 브라만의 가현(假現, vivarta)으로 보는 베단타 사상을 전개했다. '마야'(māyā) 개념은 이미 『슈베스바타라 우파니샤드』나 『바가바드 기타』에 나타나지만, 거기서는 어디까지나 신이 스스로를 다양성의 세계로 전개하는 그의 창조적 힘을 뜻했다. 그러나 그 후로 마야는 점차 인식 주관의 무지 혹은 우리를 속이는 신의 환술로 이해되었고, 이러한 사상이 가우다파다에 이르러 결정적으로 다양성 세계가 브라만의 가현일 뿐이라는 가현설(vivartavāda) 혹은 마야설(māyāvāda)로 성립된 것이다. 샹카라의 불이론적 베단타 철학은 바로 이러한 입장을 대표한다.

2. 샹카라의 불이론적 베단타 철학

가우다파다의 철저한 일원론적 실재관을 이어받아 불이론적 베단타(Advaita Vedānta) 철학을 대성한 사람은 샹카라(Śankara, 8~9세기)였다. 그는 『브르하드아라니아카 우파니샤드』(*Brhad-āranyaka Upanisad*)를 비롯한 주요 우파니샤드들에 주석서를 썼으며, 『바가바드 기타』의 주석서도 썼다. 그러나 철학적으로 가장 중요한 그의 저서는 『브라마경』에 대한 주석서 『브라마경소』(*Brahma-sūtra-bhāsya*)이다. 여기서 그는 다른 여러 학설을 비판하면서 불이론적 존재론의 입장을 확고히 다졌다.

샹카라는 남인도 출신 사람이며, 인도 각 지방으로 유행하면서 자신의 학설을 전파했을 뿐만 아니라, 자기 철학에 입각한 종교적 실천을 위해 불교 사원들처럼 많은 출가자들의 단체를 만들어 고행의 실천과 더불어 브라만의 지식을 추구했다. 샹카라는 대승불교 사상의 영향 아래 베단타 사상을 해석함으로써 바라문교 부흥에 크게 기여함과 동시에 이미 쇠퇴해 가고 있던 불교에 큰 타격을 가했다.

샹카라에 따르면 실재(Reality), 즉 참으로 존재하는 것은 모든 형상(ākāra)과 속성(guna)과 차별성(viśesa)과 다양성(nānātva)을 초월한 브라만이라는 절대적 실재뿐이다. 그것만이 유일한 실재이다. 브라만은 절대적으로 동질하고, 아무런 성질도 갖고 있지 않는(nirguna) 순수한 존재 그 자체이다. 브라만은 우파니샤드가 말하는 진리대로 인간의 참자아(Ātman)—"그대가 곧 그것이다"(tad tvam asi), "내가 브라만이다"(aham brahma asmi)—로서 스스로 빛을 발하는(svayamprakāśaka) 자명성을 지닌 순수식이다. 이 식은 브라만의 속성이 아니라 브라만 자체이다. 식으로서의 브라만 혹은 아트만은 모든 존재의 내적 자아(antarātman)로서 그 존재는 결코 의심하거나 부정할 수 없는 가장 확실한 것이다. 왜냐하면 부정하는 행위 자체가 이 자아를 전제로 하고 있기 때문이다. 동시에 자아는 모든 인식의 절대 주체이기 때문에 결코 대상화해서 알 수 있는 지식의 대상이 아니다. 자아는 우리의 모든 정신적 작용 내지 인식 활동의 배후에서 항시 빛을 비추어 주고 있는 증인(sākṣin, witness)과도 같은 것으로서 그 자체는 결코 인식의 대상이 될 수 없다.

샹카라에게 실재라는 개념은 부정하려 해도 부정될 수 없는(abhādita), 다시 말해서 끝까지 부정되지 않고 남아 있는 것이다. 여기서 '부정된다'는 말은 어떤 경험된 사물이 또 다른 경험에 의해 거짓이거나 존재하지 않음이 드러난다는 뜻이다. 예를 들어 꿈속의 실재는 꿈에서 깨어난 후 실재성이 부정당하게 되는 것과 같다. 이러한 의미에서 샹카라에 따르면 자아는 도저히 부정될 수 없는 실재이다. 우리가 이미 고찰한 바 있는 자아의 네 가지 상태에 관한 우파니샤드 철인들의 사유가 나타내고자 하는 것도 바로 이러한 진리이다. 즉, 깨어 있는 상태나 꿈을 꾸는 상태 혹은 꿈이 없는 깊은 잠을 잘 때나 어느 때 어느 상태에서든 사라지지 않고 항존하는 순수식인 자아야말로 실재라는 것이다. 샹카라에 의하면 이 자아가 다름 아닌 브라만이고, 이 브라만만이 유일의 실재이다.

그렇다면 우리 눈앞에 보이는 일상적 경험(vyavahāra)의 다양한 사물이나 현상 세계를 샹카라는 어떻게 설명하는가? 샹카라에 의하면 하나의 실재인 브라만/아트만이 우리의 무지(avidyā)나 환술(幻術, māyā) 때문에 잡다한 이름과 형상(nāmarūpa)을 가진 현상 세계(prapanca)로 나타나 보이게 된다고 한다. 즉, 세계는 브라만의 가현(假現, vivarta)에 지나지 않는다. 샹카라의 이러한 입장을 '브라만가현설'(Brahmavivartavāda)이라고 부른다. 세계를 브라만으로부터 전개돼 나온 것으로 보는 '브라만전변설'(Brahmaparināmavāda)과 대비되는 존재론이다. 양자 다 브라만을 세계의 질료인(upādāna-kārana)으로 보는 것은 마찬가지이지만, 전자는 세계를 브라만의 가현으로 보고, 후자는 세계를 브라만의 전변으로 보는 차이가 있다. 양자 모두 결과가 원인에 이미 존재한다고 믿기 때문에 인중유과론(因中有果論, satkārya-vāda)에 속하지만, 브라만 가현설은 원인만 실재하고 결과는 원인의 가현이라고 보는 반면 브라만전변설은 결과를 원인의 전변으로 본다는 차이가 있다.

샹카라에 따르면 무지는 존재도 아니고 비존재(asat)도 아닌 규정할 수 없는(anirvacanīya) 어떤 것이다. 왜냐하면 브라만이 유일한 실재이며 무지도 존재하는 것으로 볼 수는 없기 때문이다. 그러나 동시에 이 현상계를 나타나게끔 하기 때문에 비존재라고도 할 수 없다. 무지의 본질은 샹카라에 따르면 우리로 하여금 어떤 사물을 오인하게끔 하는 데 있다. 한 사물을 다른 사물로 보게끔 그 위에 다른 어떤 것을 뒤집어씌우는 가탁(假託, adhyāsa, superimposition)이다. 예를 들어 우리가 어두운 밤길을 갈 때 밧줄을 보고 뱀으로 착각하고 놀라는 것 같다는 것이다. 실제로 존재하는 것은 브라만 혹은 아트만뿐인데 사람들이 무지로 인해 잡다한 현상과 대상들을 그 위에 뒤집어씌워 환상을 본다는 것이다.

샹카라에 의하면 이 무지의 영향으로 인해 우리는 본래 아무런 속성도 없는 브라만(nirguna-brahman)을 세계를 창조하고 지배하는 주재신(主宰神, Īśvara)으로 인식한다고 한다. 이 신은 세계의 질료인임과 동시에 능동인으로서, 성스러운 베다를 고취(鼓吹)해냈고 세계의 도덕적 질서를 보호하는 신이다. 따라서 샹카라는 브라만을 두 가지로 구별한다. 즉, 아무 모양이나 속성이 없는 높은 브라만(para-brahman)과 온갖 속성과 현상 세계를 창조하고 다스리는 낮은 브라만(apara-brahman), 즉 주재신/인격신이다. 전자는 어떤 형상이나 속성이나 제한/제약(upādhi)도 없기 때문에 엄격히 말해서 우리의 언어로는 도저히 표현할 수 없는 절대 실재, 순수존재(sat)이다. 우파니샤드에 따라서 오직 '무엇도 아니고 무엇도 아니다'(neti neti)라는 부정적 표현밖에는 허용될 수 없는 실재이다. 단지 명상을 통해서 순수존재 혹은 존재 그 자체, 순수식 혹은 식 그 자체, 순수희열/기쁨으로 체험될 뿐이다.

주재신은 인격신으로서 수많은 훌륭한 속성과 형상을 지니고 있으며 동시에 제한된 존재이다. 신은 인간과 인격적인 관계에 들어갈 수 있고, 인간이 경배/숭배(upāsana)하는 대상이 되는 존재이다. 샹카라는 이렇게 '높은 브라만'과 '낮은 브라만'을 구별하지만, 때로는 그의 저서들 속에서 두 개념을 엄격히 구별하지 않고 혼용하기도 한다.

무지는 브라만, 즉 우주의 궁극적 실재인 최고아(paramātman)를 수없이 많은 제한된 개인아로 나타나게끔 한다. 개인아란 다시 말해서 최고아가 무지의 영향 아래서 나타나게 되는 수많은 현상적 자아들이다. 마치 해나 달이 하나지만 여러 물통에 비칠 때 여럿으로 나타나는 것과 같다. 혹은 무한한 공간이 좁은 방 안에서는 제한된 공간으로 보이는 것과 마찬가지라고 한다. 이렇게 절대아를 제한된 개인아로 나타나게끔 하는 것은 우리의 몸과 감각 기간과 의근 같은 제한적 부가물(upādhi)의 영향 때문이며, 이 부가물들은 무지의 소산이다. 따라서 무지를 제거하는 순간 우리는 제한된 현상적 자아가 망상일 뿐이고 실제로는 절대적 자아, 즉 브라만 자체임을 깨달아 해탈을 얻게 된다는 것이다.

이상과 같이 높은 브라만과 낮은 브라만, 최고아와 개인아의 구별은 높은 지식(parā-vidyā)과 무지로 인한 낮은 지식(aparā-vidyā) 혹은 궁극적 진리(paramārtha)와 세속적/일상적 진리(vyāvahārikārtha)의 구별을 수반한다. 용수(龍樹)와 마찬가지로 샹카라도 철저한 일원론적 존재론을 위해서 인식론적 이제설(二諦說)을 주장해야만 했다. 궁극적 진리에 의하면 개인아와 창조신과 일상적 사물/현상들은 모두 망상에 지나지 않지만, 세속적/일상적 진리의 차원에서는 개인아와 창조신, 속박과 해탈, 윤회 등 모든 것이 존재하고 우리의 언어도 유효하다. 샹카라는 이와 같은 지식/인식의 이중성 이론에 입각해서 우파니샤드, 『바가바드 기타』, 『브라마경』을 철저히 일원론적으로 해석할 수 있었다. 하지만 실제로는 이들 경전은 개인아, 업, 윤회, 해탈, 창조, 주재신 등의 실재성을 인정하는 부분이 많다. 샹카라는 정통 바라문교도로서 이러한 개념들 모두를 성스러운 베다의 진리이기 때문에 결코 무시할 수는 없었다. 결국 그는 이제설에 입각해서 이 문제를 해결한 것이다. 세속적 진리는 어디까지나 궁극적 진리로 이끌기 위한 수단이지만, 베단타 사상은 양자를 다 인정하고 가르친다. 결국 베다 자체도 다양성의 세계에 속하는 것이기에 이 세상의 언어를 통해서 우리로 하여금 무지를 제거하고 참다운 인식에 도달하게 하는 수단 내지 방편일 뿐이다.

이상과 같이 현상 세계의 모든 차별성과 다양성을 부정하고 최고아의 유일무이한 실재성을 주장하는 샹카라 철학의 입장을 '불이론적(不二論的) 베단타'(Advaita Vedānta)라고 부른다. 여기서 한 가지 유의할 사항은 궁극적 진리의 관점에 따라서 비록 현상 세계가 환상이라 해도 세계는 결코 '공중의 꽃'이나 '토끼의 뿔'처럼 전혀 존재론적 근거가 없는 주관적 망상과는 다르다는 것이다. 세계는 어디까지나 브라만이라는 실재를 근거로 해서 나타난 가현이지 전혀 사실무근의 환상이 아니라는 말이다. 샹카라는 불교의 유식 철학의 주관적 관념론을 배척한다. 샹카라에 의하면 외계가 비록 가상이기는 해도 유식 철학에서 말하는 것처럼 현상계는 식의 전변인 우리의 주관적 환상이 아니라 객관적 실재/근거를 바탕으로 하는 가현이라는 것이다. 다시 말해 불이론적 베단타 철학은 대승불교 철학과 달리 일원론적 형이상학(monistic metaphysics)에 속한다.

불이론적 베단타 철학에서 인생의 최고 목표, 즉 지고선(nihśreyasa, summum bonum)은 물론 해탈(moksa)이다. 샹카라에 의하면 해탈은 오직 지식/지혜에 의해서만 가능하다. 물론 선한 행위와 신에 대한 경배도 해탈에 도움이 되지만 그것들은 궁극적으로 무지에 근거한 것이기에 우리를 현상계에 계속 얽매이게 만든다. 높은 지식은 지각이나 추론에 의해 주어지는 것이 아니라 오로지 계시(śruti), 즉 베다의 우파니샤드 곧 지식편(jnāna-kānda)의 공부를 통해 얻을 수 있다. 샹카라는 물론 베다 전체가 신에 의해 주어진 계시로서 영원하다고 믿는다. 우리는 이 점에서 샹카라 철학의 전통성과 보수성을 엿볼 수 있다. 높은 지식/지혜를 얻기 위해서는 베다 전체의 가르침도 중요하다. 또 선한 행위도 중요하지만, 무엇보다도 명상(upāsana), 특히 우파니샤드의 위대한 선언들(mahāvakyam: "그대가 곧 그것이다", "내가 브라만이다" 같은)을 경건하게 숙고하고 반복하는 것이 중요하다.

개인아가 곧 최고아라는 진리를 아는 지식, 현상계의 다양성과 윤회의 세계가 환상뿐이라는 지식/지혜는 모든 업을 파괴한다고 말한다. 지식을 얻은 자에게는 업도 존재하지 않고, 업의 결과인 육체도 더 이상 존재하지 않는다. 그에게는 또한 지켜야 할 의무도 존재하지 않는다. 샹카라에 의하면 지식은 업의 씨를 태워 버린다. 그러나 그 씨가 이미 발아하기 시작한 업, 즉 현세의 원인이 되고 있는 업은 파괴할 수 없다. 따라서 완전한 지식을 획득한 자라 할지라도 현재의 몸은 당분간 지속된다. 마치 도공의 녹로(轆轤)가 그릇을 다 만든 후에도 얼마 동안 계속해서 돌아가는 것과 마찬가지라고 한다. 그러나 깨달은 자는 현재의 몸을 파괴할 수는 없지만 더 이상 몸에 속임을 당하지 않는다. 이것이 생해탈(jīvanmukti)의 상태이며, 사후에야 비로소 육체를 완전히 벗어버린 탈신해탈(videhamukti)이 가능하다.

한편 낮은 지식의 소유자는 브라만을 자신의 자아로 깨닫지 못하고 창조신으로 믿고 숭배한다. 샹카라에 의하면 이러한 사람의 영혼(개인아)은 사후에 '신들의 길'(devayāna)을 통해 낮은 브라만과 연합한다. 이 상태는 아직 해탈은 아니지만 점차적 해방(kramamukti)을 통해 완전한 지식과 해탈에 이른다고 한다. 이보다도 더 낮은 단계의 사람은 높은 지식도 낮은 지식도 없는 사람으로서, 단지 선행을 행한 사람들이며 이들은 사후에 '조상들의 길'(pitryāna)을 따라 달에 도달해서 거기서 업의 보상을 누리고 난 후 또다시 지상에 태어난다. 이때 윤회의 주체가 되는 것은 개인아로서, 무지의 소산인 여러 제한적 부가물을 수반하고 사후에 존속한다.

사대(四大)로 구성된 우리의 거친 육체(gross body)는 사후 물질적 요소로 되돌아가지만 개인아는 제한적 부가물과 함께 존속한다. 이러한 부가물에는 의근과 감각기관들, 목숨(mukhya-prāna), 세신(細身, suksmaśarīra)이 있다. 여기서 감각기관이란 육체적 기관 자체를 말하는 것이 아니라 그것들의 능력 혹은 씨앗을 말하며, 세신은 육체가 멸한 후에도 남게 되는 '육체의 씨를 형성하는 미세한 요소들'(deha-bījāni bhūta-suksmānī)을 의미한다. 이러한 부가물들은 우리가 해탈을 얻기 전까지는 영원히 개인아에 부착되어 따라다닌다. 이 밖에도 개인아는 미래의 생을 결정할 업의 소의(所依, karmāśraya)를 가변적 부가물로 가지고 있다.

3. 샹카라 이후의 불이론적 베단타 철학

샹카라의 불이론적 철학은 인도 철학사에서 오늘날까지 막대한 영향력을 발휘해 왔으며, 샹카라는 인도의 가장 위대한 철학자로 추앙받아 왔다. 따라서 그의 철학은 수많은 제자와 추종자들에 의해 활발한 논의의 대상이 되어 왔고, 그의 저술들에는 다시 많은 복주들이 만들어졌다.

샹카라의 제자 파드마파다(Padmapāda, 9세기)는 『브라마경』의 첫 네 구절에 대한 샹카라 주석에 대한 복주인 『판차파디카』(*Pancapādika*)라는 중요한 저술을 펴냈고, 이 주석은 프라카샤트만(Prakāśātman, 1100년경)의 『판차파디카 주석』(*Pancapādika-vivarana*)이라는 또 하나의 복주를 낳았다. 한편 샹카라의 제자 수레슈바라(Sureśvara)는 샹카라 철학을 체계적으로 다루는 『나이스카르미야싯디』(*Naiskarmya-siddhi*)와 샹카라의 『브르하드아라니아카 우파니샤드』의 주석에 대한 복주도 썼다. 또한 샹카라의 또 다른 제자 아난다기리(Ānandagiri)는 『브라마경소』에 『냐야니르나야』(*Nyāyanirnaya*)라는 복주를 저술했다. 한편 9세기의 바차스파티미슈라(Vācaspatimiśra)도 『브하마티』(*Bhāmati*)라는 유명한 주석을 써 샹카라 철학을 독자적으로 해석했다. 또한 사르바즈나트만(Sarvajnātman, 900년경)은 샹카라가 쓴 『브라마경소』의 요점을 추려 『삼크세파 샤리라카』(*Samksepa-śārīraka*)라는 강요서를 저술했다.

이들 샹카라의 추종자들이 논의한 중요한 문제 중 하나는 무지 또는 환술의 존재론적 가치 혹은 위상에 대한 것이었다. 이들은 대체로 무지나 환술을 상키야 철학의 프라크르티처럼 다양성의 세계를 산출하는 어떤 창조적 원리로 보았다. 샹카라에게 무지가 단순히 현상 세계가 나타나게 하는 망상이었다는 사실에 비추어 볼 때, 샹카라의 추종자들은 무지를 좀 더 실체화해서 보는 경향이 있었음을 알 수 있다. 그들은 또한 무지는 모든 현상 세계를 나타나게끔 하기 때문에 비존재(asat)라고 할 수 없고, 그렇다고 존재라고도 할 수 없다고 여겼다. 왜냐하면 지(知, jnāna)에 의해 무지는 사라지게 되고 결국 브라만이 유일한 실재로 남기 때문이다. 따라서 불이론적 철학자들은 모두 무지를 규정할 수 없는(anirvacanīya) 어떤 것으로 간주했다.

문제는 무지가 누구의 무지냐는 것이다. 이에 대해 불이론적 베단타 철학에는 두 가지 견해가 있다. 하나는 무지는 브라만에 근거(āśraya)를 두고 브라만을 대상으로 하는 어떤 힘(śakti)이라는 견해이고, 다른 하나는 무지는 개인아에 근거하며 브라만은 무지의 대상은 되지만 소의(所依)가 될 수는 없다는 견해이다. 만다나미슈라(Mandanamiśra)[3]와 바차스

---

3 『브라마싯디』(*Brahmasiddhi*)의 저자인 만다나는 전통적으로 수레슈바라와 동일한

파티미슈라 같은 철학자는 후자를 택했는데, 바차스파티미슈라가 쓴 주석서의 이름을 따라 이들을 '브하마티파'라고 부른다. 반면에 수레슈바라, 파드마파다, 프라카샤트만, 사르바즈나트만 등은 전자의 견해를 따른다. 이들을 프라카샤트만의 주석서 이름에 따라 '비바라나(Vivarana)파'라고 부른다.

무지가 브라만에 근거를 둔다고 하는 이론의 장점은 세계의 원인을 브라만 자체에서 찾기 때문에 일원론적 사상에 철저하지만, 문제는 어떻게 무지가 순수식인 브라만에 근거할 수 있는가 하는 것이다. 반면에 무지의 소의가 개인아에 속한 것이고 브라만과는 무관하다고 보는 견해의 문제점은 무지가 브라만을 떠나 하나의 독립적인 힘으로 간주될 위험이 있다는 사실이다. 더군다나 논리적으로도 순환논법을 범하는 문제점이 있다. 즉, 개인아가 이미 무지의 소산이라고 하면서 어떻게 개인아가 무지가 속하는 것이 될 수 있다는 것인가 하는 난점이다.

샹카라의 불이론적 베단타 철학은 슈리하르사(Śrīharsa, 1150년경)와 그의 제자 칫추카(Citsukha, 1220년경)에 의해 새롭게 계승·발전되었다. 전자의 가장 중요한 철학적 저서는 『논파미미』(論破美味, *Khandana-khanda-khādya*)이고, 후자는 슈리하르사의 저서에 주석을 썼을 뿐만 아니라 『진리의 등불』(*Tattva-pradīpika*)이라는 독자적인 저서도 썼다. 이들은 특별히 불이론적 입장에서 경험 세계에 주어지는 여러 범주를 실재론적으로 해석한 정리 철학을 공격했다.

슈리하르사는 용수의 방법과 유사하게 자신의 철학적 입장을 적극

인물로 간주되어 왔으나 최근에는 다른 인물로 간주되고 있다. S. Dasgupta, *A History of Indian Philosophy*, Vol. II(Cambridge, 1932), 82-87 참조.

적으로 주장하기보다는 상대방의 모든 사유 범주를 모순적인 것으로 비판하는 파괴적 변증법에 주력했다. 결국 유일 실재인 브라만은 현상계의 모든 사유의 범주와 언어를 초월한 실재라는 것이다. 현상계는 무지의 산물이므로 존재라고 할 수 없지만, 어디까지나 브라만을 근거로 해서 나타나 보이는 세계이므로 비존재라고도 할 수 없는 규정 불가능한 어떤 것이다. 따라서 슈리하르사에 의하면 이러한 모순적이고 불가사의한 세계에 대해 어떤 범주를 사용해서 분석하고 한계를 짓는 행위는 궁극적으로 무의미하고 자기 모순적이라는 것이다. 슈리하르사는 이 점에서 정리 철학이 제시하는 범주들의 정의와 설명이 공허하고 타당하지 않음을 밝히고, 결국 그 범주들은 정의할 수 없고 따라서 실재하는 것이 아니라는 것이며, 이는 또 현상 세계 자체가 궁극적으로 규정할 수 없는 거짓 존재임을 말한다는 것이다. 슈리하르사는 자신의 논의까지 포함해서 모든 철학적 논의가 결국 속제(俗諦)에 준한 것임을 말하며, 궁극적 실재는 직접적으로 깨달아야 하고 진제와 속제의 구별마저 현상 세계에서만 타당한 것이라고 한다.

슈리하르사가 정리 철학의 범주들을 비판할 때 사용하는 범주들은 주로 우다야나(Udayana)에 의한 정의들을 대상으로 이 정의들이 타당치 않다는 점을 증명하려는 반면 그의 제자 칫추카는 좀 더 나아가서 범주들의 정의뿐만 아니라 범주들 자체를 논파하려고 했다. 그는 이러한 파괴적 논파뿐만 아니라 『진리의 등불』에서 불이론적 베단타 철학의 여러 중요한 개념에 대해 자신의 해석을 가하고 있다. 그가 중관 철학의 이제설(二諦說)을 미맘사 학파의 쿠마릴라 브핫타 비판에 대해 옹호하고 있음은 주목할 만한 점이다. 그는 말하기를 이제의 구분은 어디까지나 현상계에서 활동하는 지성이 하는 것이기 때문에 궁극적으로는 비실재적이고 진리는 오직 하나뿐이라고 한다. 그러나 우리가 무지 속에 있는 한 우리는 이 구별을 할 수밖에 없고 속제를 의심할 수 없다는 것이다. 이러한 견해는 현상 세계가 '토끼의 뿔' 혹은 '공중의 꽃'처럼 전혀 근거가 없는 비존재가 아니라, 비록 가상이기는 하지만 브라만이라는 실재에 근거해서 나타나는 것이라는 불이론적 베단타의 실재관에 입각한 것이기도 하다.

제III부

교파 철학

제18장

한정불이론적 베단타 철학

1. 한정불이론의 종교적 배경

샹카라의 불이론적 베단타 사상은 우파니샤드의 철학을 일관성 있는 체계로 해석한 것으로서, 그 후 인도 철학의 가장 정통적인 주류를 형성하게 되었다. 그러나 샹카라의 철학은 종교적인 면에서 몇 가지 심각한 문제점을 지니고 있었다. 첫째는 인격신에 대한 신애(信愛, bhakti)는 샹카라에 의하면 궁극적 진리(眞諦)에 근거한 것이 아니고 어디까지나 낮은 지혜인 속제(俗諦)에 따른 것이라는 점이다. 인격신 자체가 궁극적으로 우리의 무지에 의해 나타나는 '낮은 브라만'으로 간주되기 때문이다. 따라서 신에 대한 종교적 신앙을 구원의 최고의 길로 간주하는 많은 힌두교 신자에게 샹카라의 철학은 매우 불만스러운 것이었다. 신과 개인아 혹은 영혼도 무지의 산물인 환술(māyā)로 간주하는 철학에서 영혼의 고통과 속박과 윤회라는 것도 결국 환술에 지나지 않을 것이고 해탈 또한 마찬가지이다. 지식/지혜(jnāna)에 모든 것을 거는 샹카라의 철학은 결국 모든 종교적 노력과 추구를 궁극적으로 무의미하게 만드는 결과를 초래한다는 비판을 면하기 어렵다.

우리는 후기 우파니샤드와 『바가바드 기타』의 사상에 이미 쉬바(Śiva)와 비슈누(Visnu)에 대한 신앙이 본격적으로 나타나기 시작하는 것을 보았다. 이 두 신을 중심으로 한 대중적 신앙 운동은 그 후 점점 더 확대되어 중세 인도의 종교 생활을 지배하다시피 하게 되었다. 대체로 200년경에 완성되었다고 여겨지는 『마하바라타』(*Mahābhārata*)와 『라마야나』(*Rāmāyana*) 같은 서사시에도 이러한 신앙 운동이 반영되어 있으며, 무엇보다도 푸라나(Purāna, 古書)라고 불리는 새로운 문헌들에서 본격적으로 등장한다. 푸라나는 서사시들처럼 베단타 철학을 연구하는 학파들 밖에서 운문의 형식으로 전해져 오던 문헌으로서 세계의 주기적 창조와 해체, 신들과 성인들의 계보, 왕들의 계보 등을 다루고 있는 '고사' 혹은 '고서'라는 뜻의 문헌이었다.

그러나 쉬바와 비슈누 숭배자들은 이 문헌들에 각각 자기들의 신앙적 내용을 부가해서 1000년경까지 많은 교파적 푸라나들을 산출했다. 그리고 이들 푸라나는 실제상 베다보다도 더 직접적으로 힌두교 신자들의 대중적인 종교 생활을 지배하게 되었다. 종래의 정통 바라문주의의 보수적 윤리에 의해 베다의 학습으로부터 소외되었던 낮은 계급의 사람들과 여성들에게도 푸라나는 큰 호소력을 지닌 대중적 신앙의 문헌이 되었다.

특히 비슈누 숭배는 그의 화신(化身, avatāra)으로 간주되는 목동(gopāla) 크리슈나(Krsna) 이야기와 그에 대한 신애를 북돋우는 『비슈누 푸라나』(*Visnu-purāna*)와 『바가바타 푸라나』(*Bhāgavata-purāna*) 등을 통해 더욱 대중화되었다. 그뿐만 아니라 굽타 왕조의 통치자들은 비슈누와 그의 화신들에 대한 신앙을 공식적으로 지원하여 많은 석조 신전과 신상을 제작

해서 비슈누 신앙을 보급하는 데 기여했다. 비슈누와 쉬바 숭배자들은 번거로운 베다의 제사(yajna) 대신 가정이나 신전에서 간단하게 그들의 신상을 모시고 신을 공경하고 예배하는 대중적인 푸자(pūjā) 의식을 발전시켰다.

여기서 우리는 교파적 푸라나의 대표적 문헌인 『비슈누 푸라나』의 내용을 잠시 살펴볼 필요가 있다. 푸라나에 나타나 있는 세계관은 후세 라마누자를 비롯한 많은 비슈누파 베단타 사상가들의 철학에 종교적 기반을 제공했기 때문이다. 『비슈누 푸라나』는 서사시 『마하바라타』에 언급되고 있는 판차라트라(Pancarātra)라고 불리는 비슈누 신앙의 일파에 의해 산출된 문헌이며, 그들은 『마하바라타』의 「해탈법품」 중 『나라연천장』(那羅延天章, *Nārāyanīya*)이라는 문헌도 산출했다.

『비슈누 푸라나』에서 철학적으로 중요한 의의를 지닌 것은 세계의 창조와 주기적 변화에 관한 설화와 목동 크리슈나 이야기이다. 『비슈누 푸라나』에 의하면 비슈누는 브라만 자체로서 자신 안에 온 우주를 포함하고 있다. 그는 정신(purusa)과 원초적 물질(prakrti) 그리고 이 둘을 결합시키고 분리시키는 시간(kāla)의 형태로 존재하며, 이 셋을 가지고서 하나의 유희(遊戲, līlā)로 세계를 창조한다. 창조 과정은 대체로 상키야 철학에서 논하는 물질의 전개 과정을 따르지만, 이 물질의 원초적 균형 상태를 깨뜨리는 것은 세계의 정해진 주기에 따라 신이 정신과 물질을 자극하기 때문이라고 본다. 원초적 물질로부터 일차적인 세계의 전개가 이루어지면 여러 요소들이 결합해서 하나의 거대한 난(卵, egg)과 같은 덩어리를 형성하여 물 위에 떠 있게 된다. 이때 비슈누는 창조신 브라마(Brahmā)의 형태로 이 우주적 난 속으로 들어가 하늘과 땅과 대기권을 창조하고 신들과 생명들을 거(居)하게 한다. 다음에 그는 세계의 유지자인 비슈누로서 세계를 유지하다가 때가 오면 세계의 파괴자 루드라(Rudra)로서 세계를 불로 파괴하고 비를 내려 온 우주를 하나의 대양으로 만든다. 그리고 비슈누는 이 대양 위에 있는 쉐샤(Śesa)라고 불리는 큰 뱀 위에서 밤의 수면과 휴식 상태로 들어간다.

브라마 신의 세계 창조로부터 파괴에 이르는 기간을 일 겁(劫, kalpa)이라 부르며 브라마의 하루 가운데 낮에 해당한다. 이 일 겁 동안 세계는 대유가(mahāyuga)라 불리는 주기들을 경과하며, 각 대유가는 또 네 개의 소유가로 되어 있다. 대유가의 길이는 인간에게는 432만 년이며 신들에게는 1만 2,000년에 해당한다. 네 개의 소유가의 이름과 길이는 크리타(Krita) 유가 4,800년, 트레타(Treta) 유가 3,600년, 드바파라(Dvāpara) 유가 2,400년, 칼리(Kali) 유가 1,200년이다. 소유가들이 경과하는 동안 인간 사회에는 온갖 불법(不法, adharma)이 증가하며 인간의 수명은 점점 더 단축된다. 네 개의 소유가로 된 대유가가 1,000번 반복되는 것이 일 겁이며, 브라마의 한 낮에 해당한다. 브라마의 낮이 지나면 이 낮과 똑같은 길이의 브라마의 밤이 오며, 이때에 비슈누는 잠이 든다. 이러한 우주의 밤이 끝나면 비슈누는 깨어나서 브라마로서 세계를 다시 창조하고 브라마의 낮이 시작된다. 브라마의 낮과 밤은 360일 100년간 계속되며, 이 기간이 끝나면 시간과 물질과 정신은 무한한 비슈누 안으로 흡수되어 비슈누 홀로 남게 된다. 그가 다시 유희를 시작하면 전 과정이 다시 되풀이된다.

『비슈누 푸라나』에서 후세의 철학적 영감을 불러일으킨 또 하나의 설화는 비슈누의 화신으로 간주되는 크리슈나의 어린 시절과 목동으로서의 이야기들이다. 특별히 브린다반(Vrindāvan)이라는 숲에서 전개되는 목동 크리슈나와 목동들의 아내들(gopīs)의 열렬한 연애 이야기는 인간 영혼과 신과의 사랑을 나타내는 상징으로 해석되면서 비슈누파의 철학 사상에 중대한 영향을 끼치게 되었다.

비슈누와 쉬바에 대한 신앙 운동은 6세기경에 남인도 타밀(Tamil) 지방에서 출현한 여러 시인 성자들에 의해 새로운 경지로 들어간다. 이들은 종래의 베다나 서사시 그리고 푸라나의 언어인 산스크리트어 대신 그들의 지방 언어인 타밀어로 시와 노래를 지어 비슈누와 쉬바를 향한 그들의 열렬한 사랑과 헌신을 노래했다. 그럼으로써 그들은 종전보다 훨씬 더 감정적이고 개인적인 신앙을 거침없이 표현했다. 그들의 종교적 갈망은 탈인격적인 절대적 실재인 브라만과의 신비적 일치보다는 그들이 섬기는 인격신과의 강렬한 사랑의 교제를 경험하는 것이었다.

이들 타밀 시인 성자들이 지은 많은 시와 노래는 자연히 성전(聖典)으로 수집되었고, 이 성전들은 비슈누파와 쉬바파의 교리 형성에 중요한 역할을 하게 되었다. 쉬바파에서는 10세기경에 나야나르(Nāyanār)라 불리는 시인 성자들의 역대의 찬가들을 모아 12'성전'(Tirummurai)을 편찬했고, 이것을 바탕으로 13세기에는 샤이바 싯단타(Śaiva-siddhānta)라 불리는 체계적인 쉬바파 철학 체계를 만들었다. 샤이바 싯단타는 신과 인간의 차이, 인간의 죄와 신의 은총을 강조하는 사상으로 쉬바 신앙에 신학적 · 철학적 기반을 제공했다.

한편 비슈누파에서는 11세기에 알바르(Ālvār)라는 시인 성자들의 노래를 수집해서 4,000'성시'(聖詩, Divyaprabandham)를 편찬했다. 이 성시 편찬은 나타무니(Nāthamuni, 824~924)에 의해 비롯되었다고 전해지며, 그와 그의 후계자들은 이 성시들을 비슈누 신전에서 정기적으로 노래하면서 그들의 신앙을 표현했다. 알바르들의 시는 특히 목동 크리슈나와 목동들의 아내들의 강렬한 사랑의 기쁨과 고통을 인간과 신의 관계를 상징하는 것으로 여기면서 찬미했다. 나타무니와 그의 후계자들은 슈리바이쉬나바(Śrī-Vaisnava)라는 유력한 교파를 형성했다.

슈리바이쉬나바파는 샤이바 싯단타파와 달리 베다 전통의 연구를 통해서 자기들의 신앙과 사상을 뒷받침하려고 노력하는 한편, 산스크리트어로 철학적 저술들을 산출하여 타밀 지방을 넘어서 인도 전역에 사상적 영향을 끼치게 되었다. 이러한 슈리바이쉬나바파의 종교적 사상을 철학적으로 가장 잘 대표한 사상가는 라마누자(Rāmānuja, 대략 1055~1139)였다. 그는 남인도 타밀 지방에서 태어난 슈리바이쉬나바파 사제로서 비슈누에 대한 신앙의 정통성과 신애를 통한 구원의 길을 옹호하기 위해 『브라마경』과 『바가바드 기타』의 주석서를 써서 샹카라의 불이론적 철학을 신랄하게 공격하고 독자적인 베단타 전통을 수립했다. 그 후부터 샹카라의 불이론적 베단타 사상은 다른 많은 철학자들에 의해 유사한 도전을 받게 되었다.

라마누자 사상의 근원은 어디까지나 그가 속해 있던 슈리바이쉬나바파의 신앙 전통에 있고, 그의 사상의 골격은 그가 존경하던 슈리바이쉬나바파의 학자 야무나(Yāmuna, 918~1034)에게서 이미 찾아볼 수 있다. 야무나는 나타무니의 손자이자 후계자로서 『바가바드 기타』의 해석서인 『기타의(義) 강요』(*Gītārtha-samgraha*)를 써서 라마누자의 『기타』 해석에 절대적인 영향을 주었다. 야무나는 또한 『싯디트라야』(*Siddhitraya*)라는 저서에서 상키야 철학과 냐야 철학을 빌려 개인아와 현상 세계가 최고신(Īśvara)과는 별개의 실재들임을 논하고 있다. 라마누자는 바로 이러한 야무나의 사상을 이어받아 발전시키고 완성시킨 철학자이다. 그는 또 『브라마경』의 주석서인 『성소』(聖疏, *Śrī-bhāsya*)에서 자기가 보다야나(Bodhāyana)라는 사람의 『브라마경』 해석을 따르고 있음을 밝히고 있다.

2. 라마누자의 형이상학

라마누자의 형이상학적 입장은 단적으로 말해 샹카라의 불이론적 철학과 상키야 철학의 이원론적 철학을 절충한 것으로 볼 수 있다. 그는 샹카라 철학의 근본 입장인 브라만의 유일 실재성을 인정하면서 동시에 상키야 철학의 이원론적 세계관, 즉 푸루샤와 프라크르티의 두 원리를 포섭하면서 인간의 개인 자아/영혼과 물질세계의 실재성을 긍정하고자 한다.

라마누자에게도 브라만은 유일한 실재이다. 그러나 샹카라의 철학에서처럼 아무 속성도 없는 순수한 탈인격적 실재(nirguna-Brahman)가 아니라 속성(saguna)과 차별성을 내포하는(saviśesa) 인격성을 띤 브라만(saguna-Brahman)이다. 곧 그가 믿는 비슈누이다. 라마누자 철학은 따라서 브라만과 인간 혹은 우주의 궁극적 실재와 인간의 참자아 사이의 완벽한 동일성을 말하는 우파니샤드적인 범아일여(梵我一如) 사상과 달리 신과 인간 사이에 차이와 일치를 동시에 인정하는 입장을 취한다. 따라서 그의 형이상학적 입장을 한정(제한적)불이론, 즉 차별성을 띤 불이론(Qualified Non-dualism, Viśistādvaita)이라고 부른다. 브라만은 다양성과 속성과 양태를 지닌 일자(一者)이다.

라마누자에 따르면 브라만/신은 두 가지 속성 혹은 양태(prakāra)를 가지고 있다. 즉, 비물질적인(acit)[1] 개인적 자아/영혼들(cit)과 원초적 물질(prakrti)을 내포하고 있는 양태이다. 물질과 영혼은 브라만을 떠나 독립적으로 존재하지 못하고 언제나 브라만에 의존하며, 브라만은 그들의 실체(prakārin)이다. 영혼과 물질은 비록 브라만/신의 속성/양태이지만 샹카라의 불이론적 철학에서처럼 환술이 아니라 실존하는 존재들이다. 라마누자에게 '환술'이란 무지를 뜻하지 않고 신의 창조적 힘을 뜻한다. 따라서 라마누자는 샹카라의 이제설(二諦說)이나 거기에 근거한 '높은 브라만'(para-brahman)과 '낮은 브라만'(apara-brahman)의 구별을 받아들이지 않는다. 그는 샹카라처럼 인격신과 물질세계와 인간의 개인 영혼들을 무지(avidyā)의 산물로 간주하지 않고 모두 실존하는 것으로 본다.

신과 개인 영혼과 물질세계의 차이와 실재성을 믿는 슈리바이쉬나바파의 신앙과 신학을 옹호하는 라마누자의 입장에서는 당연히 이 셋을 무지의 산물로 간주하는 불이론적 베단타 철학의 입장을 수용할 수 없었다. 따라서 라마누자는 샹카라의 환상론(māyavāda)을 논박하지 않을 수 없었다. 라마누자의 논변 가운데 가장 치명적인 논박은 무지가 과연 누구의 무지인가 하는 문제인데, 무지는 모든 것을 아는 전지의 신이나 브라만에 귀속시킬 수 없는 것은 물론이고, 그렇다고 개인아/영혼의 속성일 수도 없다. 왜냐하면 샹카라의 교설에 따르면 개인아라는 현상 자

1 'acit'란 '비물질적인'이라는 뜻으로, 엄격히 말하면 자아/영혼뿐만 아니라 시간도 비물질적인 범주에 속한다. 라마누자에 의하면 시간은 승론 철학에서처럼 하나의 독립된 실체가 아니며, 그렇다고 상키야 철학에서처럼 물질의 작용도 아니다. 시간은 신 안에 내재하는 실재로서 신은 시간의 도움으로 창조 활동을 한다.

체가 바로 우리의 무지가 만들어 낸 망상의 소산이기 때문이다.

라마누자는 더 나아가서 아예 환상이라는 현상 자체를 부정한다. 환상 혹은 무지란 샹카라가 즐겨 사용하는 뱀과 밧줄의 예에서 볼 수 있듯이 하나의 실체에 다른 실체의 이미지를 뒤집어씌우기(adyāropa)인데, 만약 둘 사이에 어떤 유사성이 실제로 존재하지 않는다면 무지나 환상은 불가능하다. 그러나 우리는 실제로 이 유사성을 본다는 것이 라마누자의 주장이다.

라마누자는 또 동일한 두 사물 사이에는 정말로 동일성이라는 것이 존재할 수도 없다고 주장한다. 만약 둘이 정말로 동일하다면—가령 우파니샤드의 유명한 '그대가 곧 그것이다'(tad tvam asi)라는 말과 같이—둘이 같다는 말은 무의미한 동의어반복(tautology)에 지나지 않기 때문이다. 또 라마누자는 무지 혹은 환상이 불이론적 철학에서 주장하는 대로 '존재하지도 않고 안 하지도 않는, 무어라 규정할 수 없는 것(anirvācanīya)'이라고 하는데, 그런 모순적인 것은 있을 수 없다고 한다.[2]

라마누자는 브라만과 세계의 관계를 영혼과 육체의 관계에 준해 설명한다. 영혼과 육체는 다르지만, 육체는 영혼 없이 존재할 수 없고 영혼은 육체를 지배한다. 이와 마찬가지로 신은 개인 영혼들과 물질세계의 내적 지배자(內制者, antaryāmin)로서 물질과 영혼은 신에 의존한다. 인간의 영혼은 결코 신/브라만과 동일하지 않고, 신은 인간 영혼의 내적 주인으로서 말하자면 '영혼의 영혼'이라고 할 수 있다. 그럼에도 양자는

2 샹카라의 불이론적 입장과 라마누자의 한정불이론적 입장의 차이에 대해서는 S. C. Chatterjee, D. M. Datta, 『학파로 보는 인도사상』, 김형준 옮김(예문서원, 1999), 406-409 참조.

완전히 동일하지 않고 엄연히 차이가 있다. 신은 무한하지만, 영혼은 영원하기는 하나 유한하고 개별적이고, 따라서 개인의 자아이다. 라마누자는 또 신과 세계의 관계를 전체와 부분의 관계로 설명하기도 한다. 물질과 영혼은 신의 부분들과 같다는 것이다. 전체와 부분이 구별되지만 불가분적이듯 신과 영혼 혹은 신과 물질세계의 관계도 이와 유사하다는 것이다.

샹카라와 라마누자는 모두 세계가 브라만에 의존하고 있음을 인정하지만, 샹카라에 의하면 세계는 브라만의 가현(假現, vivarta)인 반면 라마누자에는 세계가 이미 브라만에 내재하다가 거기로부터 전변해 나온 결과물이다. 라마누자에 의하면 브라만에는 두 가지 상태가 있다. 하나는 세계가 신 안에 내재하지만, 아직 브라만으로부터 전개되어 나오지 않은 상태 혹은 세계가 해체기를 맞아 완전히 해체되어서(pralaya) 브라만에 흡수된 브라만의 원인적 상태(kārana-avasthā)이다. 다른 하나는 세계, 즉 영혼들과 물질/물체들이 브라만으로부터 전개되어 나온(srsti, 방출)[3] 브라만의 결과적 상태(kārya-avasthā)이다. 어쨌든 신의 원인적 상태에서든 혹은 신의 결과적 상태에서든 세계와 인간 영혼은 신에 의존하는 가변적인 신의 부분들이고 두 양태 혹은 신의 몸과 같고, 신은 그들의 실체이고 내적 지배자이다.

---

3 'srsti'를 '창조'(creation)라고 변역하는 것은 정확하지 않다. 라마누자와 인도 철학 일반에서 세계는 신의 창조라기보다는 신에서 흘러나온 혹은 신에서 방출된 것이다. 신과 세계는 그리스도교의 창조주와 피조물의 관계보다는 어머니의 모태와 자식의 관계에 더 가깝다. 신은 세계의 '자궁'과 같고, 만물은 신에서 흘러나온다. 창조론보다는 신플라톤주의에서처럼 만물이 일자(一者)로부터 흘러나온다고 보는 유출론(流出論)에 가깝다.

브라만은 그 안에 부분과 차별성을 지니고 있고 세계와 영혼의 내적 지배자이며 세계의 질료인도 되고 능동인도 되지만, 브라만 자체는 변화하거나 움직이지 않는다. 그의 속성과 양태들만 변화할 따름이다. 신은 세계를 초월한다. 그는 전지 · 전능 · 자비 등 무수히 많은 완전한 성품들을 가지고 있으며 세계의 창조자 · 지배자 · 파괴자이다. 그는 바이쿤타(Vaikuntha)라는 천계에서 다른 신들과 성자들과 해방된 영혼들과 함께 영원히 거한다고 한다. 세계는 신의 몸이고 신은 세계라는 신체를 가지고 있지만, 그의 신체는 그를 속박하지 않는다. 왜냐하면 속박은 업의 결과인 반면 신은 바로 업의 주재자이기 때문이다.

세계가 해체될 때 물질은 미세하고 무분별적인(avibhakta) 잠재적 상태로 있지만, 신은 이러한 물질로부터 영혼들의 업에 따라 그들의 몸과 감각기관들과 대상 세계를 전개시킨다. 신의 전능한 의지에 따라 미세한 상태의 물질은 우선 화 · 수 · 지의 미세한 요소들로 바뀌고 이들이 섞여 우리가 경험하는 다양한 현상 세계를 형성한다. 화 · 수 · 지의 세 요소는 상키야 철학에서처럼 사트바(sattva) · 라자스(rajas) · 타마스(tamas)라는 물질의 세 성질을 각각 나타낸다. 하지만 상키야 철학과는 달리 라마누자는 사트바 · 라자스 · 타마스를 물질을 구성하는 세 요소가 아니라 물질의 세 가지 성질(속성)로 본다. 라마누자에 따르면 라자스와 타마스의 성질이 전혀 없이 순수하게 사트바만 성질로 가지고 있는 특수한 물질도 존재한다. 이 물질은 따라서 비정신계(acit)보다는 정신계(cit)에 속하는데, 신이나 해방된 자들의 몸과 그들이 거하는 곳에 있는 사물들은 이러한 특수 물질로 되어 있다고 한다.

개인 영혼(jīva)들은 비록 브라만/신의 몸의 일부분들이기는 하지만,

그들 나름대로 영원히 실재한다. 하지만 그들은 신의 양태이기 때문에 유한하다. 영혼은 원자(anu)의 크기만 한 개별 단자로서 영혼들은 본질상 모두 동일하다. 영혼들은 브라만의 결과적 상태, 즉 세계가 브라만으로부터 전개되어 나온 상태에서는 각각 그 업에 따라 육체를 가지고 있지만, 세계가 해체된 상태나 해방된 상태에서는 육체에서 벗어나 존재한다. 영혼은 육체나 감각기관이나 의근이나 호흡들과는 다르다. 영혼이 윤회의 세계에서 무지와 업으로 인해 자신을 그것들과 혼동하고 있을 뿐이다. 이러한 혼동에서 생기는 자아의식인 아만(我慢, ahamkāra)은 영혼이 본래 가지고 있는 자의식과는 다르다.

영혼은 앎과 행위와 경험의 주체이다(jnātr, kartr, bhoktr). 영혼은 그 자체가 빛을 가진(svayamprakāśaka) 자의식적인 존재이다. 영혼은 자기 자신을 알기도 하고 대상을 알기도 하며 자기 자신을 드러내지만, 대상들을 그렇지 않다. 대상들은 오직 지식(앎)을 통해 영혼에 드러난다. 반면에 앎은 그 자체와 대상은 드러내지만 대상을 알지는 못한다. 아는 것은 어디까지나 인식의 주체인 영혼이 하는 일이다.

라마누자는 미맘사 학파의 프라브하카라(Prabhākara)와 같이 지(知) 혹은 식(識)은 스스로를 드러내는 자명한 것이라고 생각하지만, 프라브하카라와는 달리 지 혹은 식은 영혼의 본질적 성질이며 우연적 성질이 아니라고 한다. 지(앎)는 깊은 수면의 상태에서나 해방된 상태에서나 항시 영혼에 존재한다. 지/식은 영혼의 본질적 성질이지만, 라마누자는 샹카라처럼 영혼/자아 자체가 지 혹은 순수식이라고 보지는 않는다. 라마누자에 의하면 순수식이라는 것은 있을 수 없다. 식이란 어디까지나 주체에 속한 것이고 대상이 있다. 식은 따라서 언제나 한계가 있고 특수한 속성들을 지니고 있다. 우리는 "나는 의식하고 있다"고 말하지 "나는 식이다"고 말하는 사람은 없다는 것이다. 그리고 영혼이 영원한 것처럼 지/식도 영원하다. 식은 본래 만물에 편재하고(vibhu) 무한하고 전지하지만, 우리가 지은 업의 제약과 방해를 받아 한계를 갖게 된다고 한다.

식과 마찬가지로 영혼은 본질적으로 희열(ānanda)을 가지고 있다. 따라서 현상 세계에서 우리가 경험하는 불완전성과 고통은 영혼의 본질을 건드리지는 않는다. 해방된 영혼은 무한한 식과 행복을 누린다.

3. 해탈론

라마누자에 따르면 영혼의 해방은 무지와 업의 제거를 통해 이루어진다. 그러기 위해서 라마누자는 샹카라와 달리 행위(karma)와 지식(jnāna) 둘 다 필요하다고 본다. 따라서 그는 베다 연구에서도 행위편(karma-kānda)과 지식편(jnāna-kānda) 그리고 푸르바미맘사(Pūrva-mīmāmsā)와 웃타라미맘사(Uttara-mīmāmsā) 둘 다의 필요성을 강조한다. 즉, 푸르바미맘사 연구는 베다 연구를 위한 준비로 간주되며, 행위는 순수한 마음으로 신을 기쁘게 하기 위해 행하면 영혼의 정화에 도움이 된다고 본다. 이 점에서 행위에 대해 지식의 절대적 우위를 강조하는 샹카라와 차이를 보이고 있다.

라마누자에 의하면 해탈이란 궁극적으로 영혼이 물질과 다르다는 인식에 의해서 가능하다. 그러나 라마누자가 말하는 인식이란 단순한 베다에 대한 지적 이해가 아니라 요가적인 명상을 통해 얻어진 지식으로서, 이러한 지식은 영혼을 물질의 속박과 윤회의 세계로부터 해방시킨다. 그러나 이렇게 물질로부터 해방된 영혼은 육체를 떠나 순수하게 존속하지만 아직 신과 함께 거하는 행복에 참여하지는 못한다. 최고의 구원은 오직 신에 대한 사랑의 명상을 실천하는 신애의 요가(bhakti-yoga)를 통해서만 가능하다. 신애란 신에 대한 끊임없는 기억(dhruva-smrti)과 명상(upāsana, dhyāna)을 의미한다. 이러한 신애를 행하는 자는 신에 대한 직접적인 직관적 지식을 얻으며 자기는 신의 잔여물(śesa)에 지나지 않는 존재로서 그에게 전적으로 의존하고 있다는 것을 깨닫게 된다고 한다.

신애의 요가는 베다에 대한 명상을 필요로 하므로 슈드라 계급의 사람들은 이 길을 따를 수 없다. 따라서 라마누자는 이러한 사람들을 위해 별도의 구원의 길을 제시하고 있다. 즉, 누구든지 신을 믿는 마음으로 그를 향해 자기 자신을 포기(prapatti)하고 귀의하며 그에게 모든 것을 맡기는 자는 신의 은총(prasāda)에 의해 구원을 얻을 수 있다고 한다.

라마누자는 생해탈(jīvanmukti)을 인정하지 않는다. 영혼이 업의 결과인 육체와의 교섭을 떠난 상태, 즉 사후에야 비로소 해탈이 가능하기 때문이라는 것이다. 라마누자에게는 개인아인 영혼 그리고 영혼의 속박과 윤회가 단지 무지로 인해 나타나는 환술일 수는 없다. 따라서 해탈의 상태란 영혼이 브라만과 완전히 하나가 된다든가 혹은 그 속에 흡수되어 개별성을 상실하는 것이 아니다. 신과 개인 영혼의 차이는 언제나 남아 있고, 영혼은 육체의 속박을 벗어나 그 고유의 완전성을 회복하고 순수한 사트바적 몸을 갖고서 무한한 행복 속에서 신과 사랑의 교제를 향유하는 것이다.

라마누자가 죽은 후 그의 추종자들은 벤카타나타(Venkatanātha 혹은

Vedāntadeśika, 14세기)를 중심으로 하는 북쪽의 바다갈라이(Vadagalai)파와 로카차리야(Lokācārya, 13세기 말)를 중심으로 하는 남쪽의 텐갈라이(Tengalai) 파로 분립되었다. 이 두 파는 신의 은총과 인간의 노력에 대해 상이한 견해를 보였다.

바다갈라이파에 따르면 신의 은총을 받기 위해서 우리는 스스로를 정화하려는 노력이 필요하다. 마치 어린 원숭이가 어미의 목에 매달리려는 것과 같이 우리는 모든 것을 포기하고 신의 은총을 받기 위해 신에게 매달리려는 개인적 노력을 해야 한다는 입장이다. 반면에 텐갈라이파는 신의 은총을 받기 위해 인간의 개인적 노력이 필요 없다는 입장이다. 마치 고양이가 입으로 자기 새끼를 물어 올려 안전한 곳으로 운반하듯이 신은 그의 은총을 죄인들에게도 선사하며 그들을 윤회의 세계로부터 구원한다는 것이다.

라마누자의 철학은 많은 후계자들에 의해 계승되었으나 전체적으로 보아 샹카라나 또 하나의 위대한 베단타 철학자 마드바(Madhva)의 문하들과 같이 철학적 능력이 예리하고 뛰어난 사상가들을 배출하지는 못했다.

제19장

비슈누파의 베단타 철학

1. 라마누자 이후 인도 철학의 경향

베단타 사상이 일단 라마누자에 의해 샹카라의 불이론과 달리 신앙적으로 해석될 수 있다는 것이 드러남에 따라 그의 철학은 베단타 사상사에 지대한 영향을 끼치게 되었다. 라마누자의 뒤를 이어 나타난 여러 비슈누파 · 쉬바파 철학자들은 모두 물질세계와 영혼을 주저 없이 실존하는 것으로 보았고, 영혼과 최고신/브라만의 관계를 각기 자기 나름대로 설명하려고 시도했다.

라마누자만 해도 영혼과 물질의 실재성을 인정하면서도 아직도 불이론적(advaita) 입장, 즉 브라만이 유일한 실재라는 입장을 견지하고 있었던 반면 그들은 더욱 영혼과 물질이 브라만과는 별개의 준 독립적 실재임을 적극적으로 주장하게 되었다. 또한 해탈/구원의 방법으로 라마누자는 지혜와 신애와 법도를 준수하는 행위를 결부시켜 해석하는 반면 이들 신앙적 베단타 철학자들은 신애만이 유일한 길임을 강조하면서 신의 은총을 중시하는 중세 힌두교의 성향을 여실히 반영하고 있다.

사실 라마누자를 전환점으로 해서 이들 교파 신앙적인 사상가들에 의해 전개된 구원론/해탈론은 인도 철학에서 하나의 큰 흐름을 형성하게 되었다. 샹카라의 불이론적 철학은 어떤 특정 신을 섬기는 종파적 입장을 초월한 것이었지만, 라마누자 이후의 베단타 철학은 대다수 특정 종파적 입장에서 베단타 사상을 전개했다. 이와 대조적으로 샹카라의 불이론적 철학은 어떤 특정 신을 섬기지 않고 여러 신들을 관습적으로 섬기는 많은 정통 바라문들에 의해 지지를 받는 철학으로 자리하게 되었다.

2. 마드바의 이원론적 베단타 철학

마드바(Madhva, 1199~1278)는 서남 인도의 우디피(Udipi)에서 태어나 일찍부터 베다를 공부했고 출가 고행자(samnyāsin)가 되었다. 그는 본래 샹카라 철학의 추종자였으나 그의 스승이자 샹카라 철학의 신봉자인 아츄타프렉사(Acyutapreksa)와의 논쟁을 통해 샹카라 철학을 버리고 이원론적 베단타 철학을 전개하게 되었다고 한다. 그는 비슈누와 그의 화신 크리슈나를 지고의 신으로 섬기는 자로서 여러 지방을 다니면서 많은 사람들을 개종시켰고, 고향 우디피에 크리슈나 신전을 짓고서 그의 활동의 본거지로 삼았다.

마드바는 많은 저서를 남겼다. 그는 『브라마경』, 우파니샤드, 『바가바드 기타』, 『마하바라타』, 『바가바타 푸라나』 등의 해석서를 썼고, 자신의 베단타 사상을 옹호하는 『수해설』(隨解說, *Anuvākyayāna*)을 비롯해서 다수의 철학적 논문들도 남겼다. 마드바의 사상을 계승한 그의 제자들 가운데서 가장 유명한 사람은 자야티르타(Jayatīrtha)이다. 그는 마드바의 『브라마경소』에 대한 복주 『진리해명』(*Tattvaprakāsikā*)과 『수해설』의 주석서 『정리감로』(正理甘露, *Nyāyasudhā*)를 저술했으며, 그의 저서들은 또한 뱌사티르타(Vyāsatirtha)와 라가벤드라 야티(Rāghavendra Yati) 같은 후계자들에 의해 대대로 계승되었다. 마드바와 그의 추종자들은 특별히 샹카라의 불이론적 베단타 철학을 신랄하게 비판하는 많은 논쟁을 벌였다.

마드바는 인식의 방법으로 지각과 추론과 성전(聖典, āgama)을 인정한다. 실재의 올바른 인식을 위해서는 증언에 의지해야 하며, 성전에는 오류의 가능성이 있는 인간적인 것(pauruseya)과 절대적 확실성을 지닌 초인간적인 것(apauruseya)의 두 종류가 있다고 보았다. 베다는 후자로서 인간적인 저자를 갖고 있지 않다. 인식은 반드시 주체와 객체로 구성되며 양자의 관계는 직접적이다. 인식에는 파악되는 대상에 대한 직접적인 명증성이 있다고 한다. 이 명증성은 직관의 주체(sāksin, 증인)인 자아가 갖는 명증성이다.

마드바에 따르면 우리의 지식은 별다른 장애와 결함이 없는 한, 자의식적인 직관적 주체에 의해 그 타당성 내지 자명성을 부여받는다. 이것이 지식의 본유적 타당성(svatah-prāmānya)에 대한 마드바의 견해이다. 그뿐만 아니라 설령 우리의 인식에 결함이 있어서 그릇된 인식이 발생한다 해도 그 인식도 어떤 객관적 대상의 근거 위에서만 가능하다고 한다. 그릇된 인식이란 대상을 있는 그대로와 다르게 인식하는 것(anyathā vijnānam eva bhrāntih)이다.

이렇게 볼 때 현상 세계는 순전한 망상일 수 없다. 망상이란 실재하는 어떤 것이 다른 어떤 것으로 나타나 보일 뿐, 전혀 아무 대상도 존재하지 않는 것을 인식하는 것이 아니기 때문이다. 우리의 모든 지식이 그릇된 것이라면 옳은 관념과 그렇지 못한 관념의 차이는 설명될 수 없고, 사물 자체에 객관적 차이가 없다면 우리가 가지고 있는 관념들의 차별도 있을 수 없다고 한다.

마드바에 의하면 실재(padārtha)에는 두 종류가 있다. 하나는 독립적(svatantra) 실재, 다른 하나는 의타적(paratantra) 실재이다. 신만이 독립적 실재이며, 의타적 실재는 유(bhāva)와 무(abhāva)로 구분된다. 유에는 의식이 있는(cetana) 영혼(개인)들과 의식이 없는(acetana) 물질이나 시간 같은 존재들이 있다. 무의식적인 존재에는 베다처럼 영원한 것도 있고 시간 · 공간 · 물질처럼 영원하기도 하고 영원하지 않기도 한 존재도 있으며, 물질의 전개물들처럼 영원하지 않은 것도 있다.

마드바는 샹카라의 불이론적 철학을 불교의 공 사상에 영향을 받은 거짓 이론으로 신랄히 공격하면서 차별의 세계를 적극적으로 인정하는 세계관을 수립했다. 그는 라마누자처럼 신과 영혼과 물질을 각기 영원한 실재로 간주하고, 이 삼자 간에 5종 차별(panca-bheda)이 있음을 주장했다. 즉, 영혼과 신, 영혼과 영혼, 영혼과 물질, 신과 물질, 물질로 된 사물들 사이의 차별이다.

신(Visnu)은 무한히 많은 성질(guna)을 가지고 있으며, 삿트(sat, 존재)와 칫트(cit, 식)와 아난다(ānanda, 희열)를 그의 본질로 가지고 있다. 그는 세계의 창조자 · 유지자 · 파괴자이다. 그는 자신을 여러 형태(vyūha)나 화신(avatāra)으로 나타내며 성스러운 신상들에 현존한다. 신은 세계의 초월자이기도 하고 세계와 영혼들에 내적 지배자로 내재하기도 한다. 물질과 영혼은 전적으로 신의 의지에 의존하고 있다.

마드바는 신의 의지와 활동을 강조한 나머지, 영혼들이 비록 제한된 자유와 의지를 지니고 있기는 하지만 구원/해탈이 신의 결정에 달렸다는 일종의 예정설 같은 것을 주장한다. 그의 철학은 존재론적으로는 다원론적이지만, 만유가 신의 의지와 힘에 종속되고 지배를 받는다는 점에서는 기능적 일원론을 주장하는 입장이다. 마드바는 라마누자처럼 신과 세계(물질과 영혼들)의 관계를 영혼과 몸의 관계로 보거나 세계를 신의 속성이나 양태로 간주하지는 않는다. 영혼들과 물질은 비록 신에 의존하지만 신과는 별개의 실체이다. 따라서 신은 세계의 능동인이지만 질료인은 아니다. 이 점에서 마드바는 결정적으로 우파니샤드나 『바가바드 기타』의 범신론 내지 만유재신론(panentheism)적 세계관에서 벗어나 있다. 이와 같은 마드바의 철학적 입장을 이원론적 베단타(Dvaita Vedānta)라고 부르며, 샹카라의 불이론이나 라마누자의 한정불이론과 구별한다.

개인 영혼(jīva)들은 영원하고 무수히 많으며, 크기에 있어서 미세한 원자적(anu)이라고 한다. 마드바에 의하면 자이나교처럼 땅 위의 모든 존재는 생명(jīva)이 있는 유기체들이다. 영혼은 식을 가지고 있기 때문에 그것이 속해 있는 물체에 편재한다. 이런 면에서 모든 사물에 편재해 있는 신과 다르다. 영혼은 본성상 식과 희열을 가지고 있다. 그러나 업의 결과인 물질적 몸과 감각기관의 연계 때문에 고통과 불완전성을 경험한다. 신이 비록 영혼들을 내적으로 지배하지만, 그들은 각기 행위와 지식과 경험의 주체이다.

마드바는 영혼의 인식기관을 증인(sāksin)이라 부른다. 이것을 통해 영혼은 스스로를 의식한다. 이것이 영혼의 개별성의 기반이다. 마드바에 따르면 영혼들은 서로 질적으로 차이가 있다. 영혼들은 각기 그 자체의 특수성을 지녔다는 것이다. 따라서 마드바는 해방된 상태에서도 그들의 식과 희열에는 정도의 차이가 존재한다고 본다.

영혼에는 영구히 자유로운(nitya-mukta) 영혼과 해방된(mukta) 영혼과 속박된(baddha) 영혼, 3종이 있다. 비슈누의 창조적 힘의 인격화로서 그의 아내로 간주되는 락스미(Laksmī)는 다른 신들과 달리 본래부터 영원히 자유로운 존재라고 한다. 속박된 영혼들 가운데는 구원을 받을 수 있는 영혼과 그렇지 못한 영혼의 구별이 있는데, 후자는 영원히 윤회의 세계에서 방황하는 존재들이다. 마드바에 의하면 아무리 순수한 영혼이라 할지라도 신의 완전한 희열은 느끼지 못하고 단지 부분적으로만 느낀다. 신과 영혼의 차이는 엄연히 존재하며, 영혼은 결코 브라만같이(Brahma-prakāra) 될 수 없다.

물질은 신에 의해 형태를 가진 현상 세계로 전개되며 세계가 해체될 때에는 사물들은 다시 원초적 물질로 되돌아간다. 전개 후의 미세한 상태의 물체들은 동질적으로 보이지만 사실은 상이한 원리들로 구성되어 있다. 마드바는 무명(avidyā)을 물질의 한 형태로 간주하는데, 무명에는 영혼의 영적 능력을 은폐하는(jīvācchādika) 것과 신을 영혼으로부터 은폐하는(paramācchādika) 것, 2종이 있다.

마드바에 의하면 도덕적 의무의 집착 없는 순수한 실천은 영혼의 구원에 도움은 되지만, 구원은 무엇보다도 신을 아는 지식에 의하여만 가능하다고 본다. 이러한 지식을 위해서는 베다 공부가 필요하다. 그러나 여자와 슈드라 계급은 베다 대신 푸라나나 전승(smrti)에 속하는 문헌들을 통해 그러한 지식을 얻을 수 있다.

신을 아는 지식이란 우리가 그에게 절대적으로 의존하고 있다는 감정과 그에 대한 사랑을 가져온다. 이것이 곧 신애(bhakti)이며, 신애는 신에 대한 깊은 명상(nididhyāsana)으로 나타난다. 우리는 이러한 명상과 신의 은총(prasāda)을 통해서 그에 대한 직접지(aparoksajnāna)를 얻는다. 이 직접지는 바로 현세에서도 우리를 세계의 속박으로부터 자유롭게 한다. 해방된 영혼들은 사후에 비슈누의 낙원에서 순수 사트바적인 몸을 갖고서 각종 유희와 찬미 속에서 무한한 행복을 누린다.

3. 님바르카의 이이불이론(二而不二論)

님바르카(Nimbārka)는 텔루구(Telugu)어를 사용하는 남인도 출신의 바라문이었다. 그는 크리슈나의 열렬한 숭배자로서 크리슈나의 성지 브린다반이 있는 북인도의 마투라(Mathurā) 지방에서 일생을 보냈다. 그의 연대는 확실치 않으나 12~13세기경의 인물로 추정된다.

님바르카는 『브라마경』 주석서인 『베단타 파리자타 사우라바』(*Vedānta-pārijāta-saurabha*)를 저술했고, 자신의 철학적 입장을 간략하게 개진하는 『십송』(十頌, *Daśaśloki*)을 지었다. 그의 철학은 슈리니바사(Śrīnivāsa, 14세기), 케샤바카슈미린(Keśavakāśmīrin, 16세기) 등에 의해 계승되었다. 케샤바카슈미린은 『바가바드 기타』의 주석인 『진리해명』(*Tattvaprakāśikā*)에서 님바르카의 사상을 옹호했다.

님바르카는 라마누자 철학에서 많은 영향을 받았을 뿐만 아니라 브하르트르프라판차(Bhartṛprapanca, 8세기), 브하스카라(Bhāskara, 10세기), 야다바(Yādava, 12세기) 같은 베단타 사상가들로 대표되는 차별무차별론(差別無差別論, bhedābheda)의 전통을 이어받고 있다. 즉, 신은 세계의 능동인이며 질료인으로서 신과 세계의 관계는 같기도 하고 다르기도 하다는 견해이다. 그러나 그는 라마누자와 달리 물질과 영혼들이 신의 속성이라거나 신의 몸을 이룬다는 설을 인정하지 않는다. 속성이란 어떤 존재를 다른 것으로부터 구별해 주는데, 신 이외에 그로부터 구별될 다른 어떤 것도 존재하지 않기 때문에 속성이란 무의미하다고 본다. 또한 만약 물질과 영혼들이 신의 몸을 이룬다고 하면, 신은 세계의 온갖 불행과 불완전함에 종속될 것이기 때문에 세계를 신의 몸으로 볼 수 없다고 한다. 님바르카에게 영혼과 물질은 신에 의존하고 있으며, 이 의존성(paratantrasattā-bhāva)은 그들과 신의 차별을 의미한다. 그러나 동시에 물질과 영혼은 독립성을 갖고 있지 않기 때문에(svatantrasattā-abhāva) 이 독립성 결여는 그들이 신과 동일함을 의미한다고 한다. 따라서 님바르카는 이이불이론(二而不二論, Dvaitādvaita-vāda)을 주장한다. 마치 태양과 태양빛, 불과 불꽃, 대양과 파도의 관계처럼 신과 세계는 같기도 하고 다르기도 하다는 입장이다.

세계는 신의 본성 안에 이미 미세하게 존재하고 있던 것의 전변(轉變, pariṇāma)이지 가현(假現, vivarta)이나 환술이 아니다. 신은 자기 안에 식과 무의식, 즉 영혼과 물질이라는 힘(śakti)을 가지고 있으며, 이 힘은 창조 때에 전개되어 나온다. 신은 따라서 세계의 질료인이다. 그는 또 창조 때에 영혼들을 각기 그들이 지은 업에 알맞은 업보를 받도록 하는 세계의 능동인이다. 님바르카에게 신은 곧 크리슈나를 가리키며 크리슈나는 신의 화신이 아니라 본질이다. 님바르카는 또한 크리슈나의 연인 라다(Rādhā)를 신의 창조적 힘을 나타내는 원리로 간주했다.

무의식물(acit)에는 3종이 있다. 즉, 시간과 물질과 물질로부터 나오지 않은 순수한 사트바이다. 신의 지체나 거처는 이 순수한 사트바로 되어 있다고 한다. 개인 영혼은 무지의 결과인 업에 의해 가리어진다. 영혼의 해방을 위해서는 지식과 신을 향한 자기포기(prapatti)와 신애 그리고 그의 은총이 필요하다.

4. 발라바의 순정불이론(純淨不二論)

발라바(Vallabha, 1479~1531)는 텔루구 지방 출신의 바라문으로서 바라나시(베나레스)에서 태어났다. 그는 님바르카와 마찬가지로 마투라 부근에서 활약했으며 크리슈나 신앙의 일파를 창시했다. 『브라마경』의 주석 『아누브하시아』(*Anubhāsya*)와 『바가바타 푸라나』의 주석 『바가바타 티카 수보디니』(*Bhāgavata-tīkā-subodhinī*)를 저술했고, 『진리등화해석』(眞理燈火解釋, *Tattvadīpanibandha*)이라는 저서를 비롯해 수많은 작은 저술들을 썼다. 그의 철학은 그의 아들 비탈라나타(Vitthalanātha)와 기리다라 고스바민(Giridhara Gosvāmin), 발라크리스나 브햣타(Bālakrsna Bhatta), 푸루숏타마(Purusottama) 등에 의해 발전되었다. 그의 철학적 입장은 브라만이 세계를 전개한 것은 환술 같은 불순한 원리에 의한 것이 아니라고 해서 순정불이론(Śuddhādvaita)이라고 부른다. 또한 최고의 해탈은 신애를 통한 신의 은총에 의해서만 가능하다고 보기 때문에 은총의 길(Pusti-mārga)

이라고도 부른다.

발라바에게는 브라만은 곧 크리슈나이고, 그의 본질은 존재(sat)와 식(cit)과 희열(ānanda)이다. 세계는 불에서 불꽃이 나오듯 혹은 등불로부터 빛이 발하듯 신으로부터 나온다. 영혼들과 물질은 신의 힘(śakti)의 현현으로서 전체(amśin)와 부분(amśa)의 관계처럼 신과 그들은 동일하다고 한다. 브라만은 그의 의지에 의해서 물질과 영혼들을 현현시키되 그들은 그의 세 가지 성품을 각기 다른 비율로 가지고 있다. 즉, 브라만의 존재로부터는 물질세계가 나오고, 그의 식으로부터는 원자 같은 영혼들, 그의 희열로부터는 영혼을 지배하는 내적 지배자(antaryāmin)가 나온다. 따라서 물질계에는 브라만의 식과 희열은 숨겨져 있고 영혼에는 그의 희열만 숨겨져 있다.

신은 세계의 능동인이고 질료인이며, 세계 속에 보편적으로 내재하고 있는 내재인(samavāyi-kārana)이다. 신은 온 우주의 최고의 내적 지배자이다. 신은 세계의 실체이고 원인이다. 실체는 정말로 속성으로 나타나며 원인은 정말로 결과로 나타나지만, 양자는 동일하다(tādātmya)고 한다. 또한 내재(samavāya)도 발라바에게는 승론 철학에서처럼 관계를 의미하는 것이 아니라 동일성을 뜻한다.

발라바에 의하면 환술이나 무지는 신이 자신을 다양한 세계로 나타내는 그의 힘이며, 이렇게 나타난 세계는 결코 거짓이나 환상이 아니라 참 현현이라고 한다. 발라바는 세계를 브라만의 가현이나 전변으로 보지 않는다. 세계는 신의 참 현현이기 때문에 가현이 아니고, 신의 현현은 신에게 어떤 변화도 초래하지 않기 때문에 전변일 수도 없다는 것이다. 세계는 신의 자연스러운 발생으로서 이것을 발라바는 신의 불변전변(不變轉變, avikrta-parināma)이라고 한다.

발라바는 세계(jagat)와 생사(samsāra)를 구별한다. 세계는 신의 실재적 현현이므로 항시 존속하지만, 생사는 우리가 영혼의 참 본성, 즉 그것이 곧 브라만 자체(희열만 감추어진)임을 모르거나 영혼을 육체와 동일시하는 무지 때문에 단지 상상적으로 존재한다. 따라서 무지가 사라지면 생사의 실재성이나 고통도 사라진다. 세계(물질과 영혼들)는 브라만의 현현으로 실재하지만 우리가 그것을 무지 가운데서 잘못 보면, 다시 말해 브라만과 다른 다양성의 세계로 볼 때는 실재하지 않는 허구이다. 샹카라처럼 세계를 무지의 산물로 보지만, 샹카라와 달리 세계는 신의 현현으로서 실재한다.

무지에 의해 묶인 영혼은 신의 은총 없이는 구원을 얻을 수 없다고 한다. 지식만으로는 낮은 구원만 얻을 수 있을 뿐, 최고의 구원은 지식보다는 신애에 의해 가능하다고 한다. 신애는 모든 죄를 멸하여 주는 신의 은총에 의해서 그에게 모든 것을 맡기는 자에게 주어진다. 발라바는 따라서 구원을 위해서 육체에 대한 고행이나 세상으로부터의 도피를 필요하다고 생각하지 않는다. 신의 은총에 의해 최고의 구원을 얻은 자는 해탈하기보다는 크리슈나와 함께 하늘의 낙원 브린다반에서 그를 섬기며 영원히 그의 유희에 동참한다.

5. 차이타니아 계통의 베단타 사상

발라바와 같은 시대에 동인도 벵골 지방에 차이타니아(Caitanya, 1485~

1533)라는 성자가 나타나 열렬한 크리슈나 신앙 운동을 전개했다. 그의 추종자들은 그를 크리슈나의 화신으로 추앙했다. 차이타니아는 어떤 저술도 남기지 않았으나 그의 사상은 루파(Rūpa)와 사나타나(Sanātana), 그의 조카 지바(Jīva)에 의해 계승 · 발전되었다. 특히 지바는 차이타니아파의 가장 좋은 교리서로 간주되는 『육편』(六篇, *Satsamdarbha*)을 저술했다. 18세기 초에 와서는 발라데바 비다브후사나(Baladeva Vidyābhūsana)라는 철학자가 이 교파를 위한 『브라마경』의 주석서 『고빈다소』(*Govinda-bhāsya*)를 저술하여 철학적 깊이를 제공했다.

차이타니아파에서는 브라만은 곧 세계의 주인 크리슈나이다. 신은 여러 가지 힘을 통해 작용하며 자기 자신을 물질과 영혼들로 나타낸다. 신의 힘 가운데는 우선 그의 내적인 본질적 힘(antaranga svarūpa-śakti) 혹은 그의 식력(cit-śakti)이 있다. 이 힘은 그의 세 가지 성질, 즉 존재 · 식 · 희열에 따라 세 가지 힘으로 작용한다. 자신과 그가 원하는 모든 것을 존재하게 하는 힘(samdhinī-śakti), 자신과 다른 존재들로 하여금 인식을 갖게 하는 힘(samvit-śakti), 자신과 다른 존재들로 하여금 희열을 느끼게 하는 힘(hladīnī-śakti)이다.

신은 또 내적 · 외적의 중간적 힘(tatastha-śakti)으로서 영혼력(jīva-śakti)을 갖고 있다. 그는 이 힘에 의해 자신을 개별적 영혼들로 나타낸다. 이렇게 나타난 영혼들은 자신의 신적 본성을 망각하고 외부 세계에 자신을 잃어버리지만 때로는 신을 추구하기도 한다. 신은 또 그의 외적 힘(bahiranga-śakti) 혹은 환술력(māyā-śakti)에 의해 자신을 물질계(prakrti)로 나타낸다. 이 점에서 신은 세계의 능동인이고 동시에 질료인이다. 뿐만 아니라 이 힘에 의해 신은 자신을 시간, 업 그리고 지와 무지 등을 일으키는 모든 것으로 나타낸다고 한다. 세계는 이러한 능력을 지닌 신의 영원한 유희이다.

이와 같이 물질세계와 개인 영혼들은 모두 신의 힘의 현현이며 실재하지만 동시에 신을 떠나 독립적으로 존재할 수 없다. 따라서 신과 그들의 관계는 같기도 하고 다르기도 한 신비한 관계이다. 이와 같은 차이타니아 계통의 철학적 입장을 '불가사의 차별무차별론(acintya-bhedābheda-vāda)'이라고 부른다. 개별 영혼들과 신의 관계는 태양빛과 태양 혹은 불꽃들과 불의 관계로 간주되며 개인 영혼들은 신에게 절대적으로 의존한다.

해탈이란 이 사실을 깨닫고 신을 믿고 의지하는 신애에 의해서 가능하다. 신애는 신과 하나가 되어 신으로 충만하게 되는 황홀경을 가져오는 사랑(preman)의 극치로 이끈다. 차이타니아파에서는 이러한 사랑의 극치를 『바가바타 푸라나』 등에 그려 있는 목동 크리슈나를 향한 목동들의 아내들, 특히 라다의 열렬한 사랑에 이상적으로 나타나 있다고 본다. 라다는 동시에 크리슈나의 창조력을 나타내는 원리로 이해되며, 크리슈나와 같기도 하고 다르기도 한 불가사의 차별무차별의 관계를 이룬다.

제20장

쉬바파의 철학

1. 쉬바파 철학의 종교적 배경

앞 장에서 라마누자 이후에 전개된 비슈누파 계통의 베단타 사상들을 살펴보았고 그 종교적 배경에 대해서도 언급했다. 비록 쉬바파 철학자들은 우파니샤드나 『브라마경』의 해석을 통한 베단타 철학을 발전시키지는 못했지만, 그들도 자연히 베단타 사상의 영향을 받아 자신들의 신앙적 입장을 철학적으로 정리했다.

이미 6세기경 남인도의 타밀 지방에서 시인 성자들을 중심으로 하여 전개된 쉬바파 신앙 운동에 대해 언급한 바가 있지만, 쉬바 숭배자들이 베다 전통 밖에서 별개의 교파를 형성한 것은 이보다 전의 일이다. 우리는 『마하바라타』나 푸라나 등에서 이미 '파슈파타'(Pāśupatas)라 불리는 쉬바파가 존재했음을 알 수 있다. 파슈파타는 문자 그대로는 '가축의 주를 따르는 자들'이라는 뜻으로, '가축의 주'는 곧 쉬바의 여러 이름 중 하나였다. 이 교파는 인간을 가축(paśu)에, 신을 그 주인(pati)에 비유하면서 인간을 무지한 집착의 끈(索繩, pāśa)에 의해 세계에 묶여 있는 존재로 이해한다. 인생의 목적은 신에 의해서 이 끈으로부터 해방되어 해탈을 얻는 데 있다.

『바유 푸라나』(*Vāyu-purāna*)와 쉬바파에 의해 만들어진 후기 우파니샤드인 『아타르바쉬라스 우파니샤드』(*Atharvaśiras Upanisad*)에 의하면 파슈파타는 몸에 재를 뿌리고 심한 고행을 하며 파슈파타 요가(Pāśupata-yoga) 명상을 했다고 한다. 또 파슈파타 가운데는 쉬바의 화신으로 간주되는 라쿨리(Lakulī)라 불리는 3세기경 인물의 가르침과 수행을 따르는 분파도 있었다. 이들은 라쿨리샤 파슈파타(Lakulīśa Pāśupatas. 또는 '나쿨리샤 파슈파타')라고 불렸다. 파슈파타파와 그 밖의 쉬바파들은 자기들의 종교적 교리와 수행 등을 규정하는 28개의 아가마(āgama)라는 문헌을 산출했고, 이 아가마들은 비슈누파의 삼히타(Samhitā)와 신의 창조적 능력(śakti)을 별도의 여신으로 숭배하는 샥타(Śakta)파의 탄트라(Tantra)와 더불어 중세 인도의 교파 철학의 종교적 배경을 형성하는 문헌들이 되었다.

아가마는 보통 지식부(知識部), 유가부(瑜伽部), 제사부(祭祀部), 행작부(行作部) 4부로 구성되어 있으나 반드시 지켜지는 구분은 아니다. 그중에서 물론 철학적으로 가장 중요한 것은 지식부이지만, 그 내용은 결코 어떤 통일된 체계를 갖추고 있지 않다. 특히 문제의 핵심인 신과 인간의 개별 영혼들과 세계 사이의 관계가 다양하게 이해되고 있다. 쉬바파 학파들은 비슈누파의 베단타 철학에서처럼 결국 이 문제에 대해서 이견을 보이고 있다. 이제 쉬바파의 철학 체계들을 고찰해 보기로 한다.

14세기의 베단타 철학자 마다바(Mādhava)가 쓴 『제철학강요』(諸哲學綱要, *Sarvadarśana-samgraha*)는 당시의 철학 체계를 총 16개로 분류 · 설명하고 있는데, 쉬바파 철학 체계로 네 학파를 다루고 있다. 즉, 나쿨리샤 파슈파타(Nakulīśa Pāśupata) 철학 체계, 샤이바 철학 체계(Śaiva-darśana), 프라티아비즈나(Pratyabhijnā) 혹은 재인식파의 철학 체계, 라세슈바라(Raseśvara)

혹은 수은파(水銀派)의 철학 체계이다.

이 중에서 나쿨리샤 파슈파타파는 이미 언급한 대로 파슈파타파의 한 분파로 고행과 요가 실천을 주로 하는 교파였으며, 철학적으로는 그리 활발했던 것 같지 않다. 이 학파의 학설을 천명하는 저서로서는 10세기 말 브하사르바즈나(Bhāsarvajna)가 쓴 『가나 카리카』(*Gana-kārikā*)가 전해지고 있다. 브하사르바즈나는 정리 철학의 저술들도 해설했기 때문에 이 교파와 정리 철학 사이에 밀접한 관계가 있었던 것으로 추측된다. 6~7세기의 정리 철학자 웃됴타카라(Uddyotakara) 역시 파슈파타파의 지도자로 전해지며, 승론 철학의 프라샤스타파다(Praśastapāda)도 쉬바 숭배자였다. 아마도 쉬바파 학자들이 자신들의 신앙에 철학적 근거를 마련하기 위해 승론 철학과 정리 철학의 이론을 차용했던 것이 아닌가 추측된다. 수은파는 일종의 연금술 학파로서, 최고신과의 합일(parameśvara-tādātmya)을 추구하는 방법으로서 수은으로 만든 연금술 액(elixir)을 마셔서 순수한 신적 몸(divya-tanu)을 얻음으로써 요가를 통한 해탈에 도움이 된다고 믿는다. 이 학파 역시 철학 사상에서 활발한 이론을 전개한 것 같지 않다. 이에 비해 마다바가 언급하고 있는 나머지 두 학파, 즉 샤이바 싯단타와 재인식파는 상당한 체계적 이론을 지닌 학파로서 좀 더 상세히 고찰할 필요가 있다.

2. 샤이바 싯단타의 철학

샤이바 철학 체계는 주로 아가마들의 철학 사상을 지칭하는 것으로,

남인도의 타밀어를 사용하는 샤이바 싯단타(Śaiva-siddhānta)파의 철학에 의해 교리적 체계를 갖춘 파로 성립되었다. 이 교파의 역사적 배경은 우리가 이미 고찰한 바가 있다. '샤이바 싯단타'라는 말은 '쉬바파의 완성된 교리 체계'라는 뜻이며, 이 파에 처음으로 교리적 체계를 제공해 준 사람은 13세기의 메이칸다르(Meykandār)는 슈드라 계급 출신의 철학자였다. 타밀어로 된 그의 저서 『쉬바지(知)의 각성』(*Śivajnāna-bodha*)은 12절(節, kārikā)로 된 간략한 저술로서 『라우라바 아가마』(*Raurava-āgama*)의 일부분에 근거하고 있다. 그의 사상은 아룰난디(Arulnandi, 13세기), 우마파티(Umāpati, 14세기) 등에 의해서 발전되었다. 전자는 『쉬바즈나다 싯디』(*Śivajnāna-siddhi*), 후자는 『쉬바프라카샤』(*Śiva-prakāśa*)라는 저서를 남겼다.

샤이바 싯단타 철학은 세 개의 영원한 실체로 그들의 세계관을 설명한다. 주인(pati)과 가축(paśu)과 색승(pāśa)이다. 여기서 색승(索繩, 끈)은 개인 영혼을 속박하는 비정신물(非精神物, acit)을 가리키는 상징어이다. 신은 여덟 가지 속성을 가지고 있다. 자존, 청정, 지혜, 무한한 지성, 모든 속박으로부터의 자유, 무한한 은총, 권능 그리고 무한한 희열이다. 그는 전지전능하고 무소부재하며 세계를 창조하고, 보호하고, 파괴하며, 영혼들을 혼미하게 하기도 하고, 해방시키기도 하는 다섯 가지 활동을 한다. 그는 또 세계의 능동인으로서 그의 힘(śakti)을 수단인으로 해서 위의 다섯 가지 활동을 한다. 이 힘은 신의 본질적 속성으로서 의식이 있고 불변하고 영원한 에너지이다. 신은 또한 세계의 질료인이 되는 마야(māyā)라 부르는 물질적 힘도 가지고 있다. 그러나 마야는 그의 힘과는 달리 그의 본질을 구성하지는 않는다고 한다.

개인 영혼을 '가축'이라고 부르는데, 가축처럼 무지(avidyā)의 끈에 의해 세계에 묶여 있기 때문이다. 영혼들은 창조되지 않은 영원한 존재들이다. 영혼은 순수한 식(cinmātra)으로서, 비록 세신(細身, subtle body)이나 추신(麁身, gross body)과 연합해 있지만 그들과는 다른 존재이다. 영혼은 욕망과 생각과 행위의 기능을 하며 편재적(遍在的)이다. 영혼의 수는 늘지도 않고 줄지도 않는다고 한다.

영혼을 속박하는 색승과 같은 비정신물 혹은 부정물(mala)에는 3종이 있다. 즉, 무지와 업(karma)과 마야이다. 무지는 시작이 없고 모든 사람들에 공통적이다. 무지는 순수한 식이며 편재적인 영혼을 지식과 힘에서 유한하고 육체에 제한되어 있는 것으로 잘못 생각하게 만든다. 무지는 따라서 아나바말라(ānava-mala), 즉 '미세한 부정물'로 불린다. 영혼의 거짓된 미세성(anutva) 혹은 원자성의 원인이 되기 때문이다. 이러한 무지가 다름 아닌 영혼(paśu)의 속박을 초래하는 것이다. 영혼을 속박하는 두 번째 부정물인 업은 영혼의 행위에 의해서 산출된다. 업은 미세하기 때문에 보이지 않고(adrsta) 영혼과 육체를 결합시키는 원인이 된다. 그러나 업 자체가 자동적으로 결과를 초래하는 것은 아니고 신의 의지에 따라 업보가 이루어진다. 세 번째로 마야라는 부정물은 세계의 질료인으로서 그것으로부터 물질세계가 전개되어 나온다.

이상과 같은 세 가지 부정물 가운데서 어느 것에 의해 묶였는가에 따라 영혼은 세 부류로 나뉜다고 한다. 어떤 영혼은 미세한 부정물만에 의해, 어떤 것은 미세한 부정물과 업의 부정물(kārmana-mala)에 의해, 또 어떤 영혼은 세 가지 부정물 모두에 의해 속박되어 있다. 샤이바 싯단타에 따르면 세 가지 속박의 원리들 자체는 상키야 철학의 프라크르티처럼 영원한 것이다. 그러나 영혼과의 관계는 잠정적이기에 영혼은 그것들로부터 해방될 수 있다.

영혼이 해방을 얻기 위해서는 이 세 가지 부정물을 제거해야 하며, 그러기 위해서는 신의 은총이 절대적으로 필요하다. 신은 모든 영혼이 그를 알기 원하기 때문에 그의 은총은 모든 사람에게 주어질 수 있으며, 우리가 단지 그것을 사용하기만 하면 된다고 한다. 해방된 영혼들은 쉬바와 하나가 되어 그의 영광과 위대함에 참여한다. 영혼의 개체성은 남아 있지만 희열 때문에 의식하지 못한다. 마치 소금이 물에 녹으면 물과 같이 편재하는 것처럼 영혼들도 신과 같이 편재한다. 앞에서 언급한 세계의 창조 활동 등과 같은 신의 다섯 가지 기능은 쉬바만의 것이지만, 영혼들도 신의 위치에 도달한다. 영혼의 본래적 성품(svarūpa-laksana)은 자신을 대상과 동일시하는 것이기 때문에 속박된 영혼은 자신을 물질과 동일시하며 해방된 영혼은 자신을 신과 동일시한다.

샤이바 싯단타 철학은 주로 타밀 시인 성자들의 신앙 전통과 아가마의 사상에 근거해서 형성된 철학이다. 그러나 쉬바파 사상가들 가운데서도 이러한 교파적 전통을 정통 베다 전통에 연결시키고자 하는 노력이 나타나게 되었다. 그 대표적인 철학자는 슈리칸타(Śrīkāntha)이다. 그의 연대는 정확히 알려지지 않았지만 14세기 인물로 추정된다. 그는 쉬바 신앙의 입장에서 『브라마경』의 주석서 『샤이바소』(*Śaiva-bhāsya*)를 썼으며, 그의 주석은 16세기의 아파야 딕쉬타(Appaya Dīksita)에 의해서 또다시 주석되었다. 이들의 베단타 해석은 대체로 샤이바 싯단타 철학에 기초하고 있으며 라마누자의 한정불이론과 매우 흡사하다.

3. 재인식파의 철학

샤이바 싯단타파가 남인도에 근거를 둔 쉬바파임에 반해 재인식파는 북쪽 카슈미르 지방에서 전개된 쉬바파 철학이다. 14세기 초엽부터 카슈미르 지방이 이슬람으로 개종됨에 따라 재인식파도 일찍이 세력을 상실하게 되었다. '재인식'(pratyabhijnā)이라는 이름은 개인 영혼이 자신을 쉬바로 다시 인식함으로써 구원을 얻게 된다는 교리에서 생겨났다.

재인식파의 창시자는 9세기경의 인물로 추정되는 바수굽타(Vasugupta)로서, 전통에 의하면 그는 꿈에 쉬바의 계시를 받아 히말라야의 마하데바 봉에 있는 돌 위에 새겨진 『쉬바경』(*Śiva-sūtra*)을 발견하여 이 교파의 근본 교설로 삼았다고 한다. 그는 『스판다 카리카』(*Spanda-kārikā*)라는 저서를 썼다. 이에 따라 이 학파를 '스판다론'(Spanda-śāstra)이라고도 부른다. 신의 진동(spanda)에 의해 다양한 현상 세계가 나타난다는 이론에 근거한 이름이다. 이 파는 쉬바와 그의 힘 그리고 개인 영혼을 세 원리로 삼는다 하여 삼체론(三體論, Trika)이라고도 부른다. 바수굽타 이후 소마난다(Somānanda, 9세기)의 『쉬바지견』(*Śiva-drsti*), 웃팔라(Utpala, 10세기)의 『재인식경』(*Pratyabhijn-sūtra*), 아비나바굽타(Abhinavagupta, 11세기)의 『최상의 정요』(*Paramārtha-sāra*), 크세마라자(Ksemarāja, 11세기)의 『쉬바경 성찰』(*Śivasūtra-vimarśinī*) 등에 의해 재인식론 철학은 완성되었다.

샤이바 싯단타와 달리 재인식파는 강한 일원론적 형이상학을 전개했다. 그러나 불이론적 베단타와 달리 이 학파는 다양성의 세계를 단지 우리의 무지의 소산으로 보지 않고 신의 사유가 객관화된 것으로 본다. 반복되는 세계의 주기적 변화는 신의 의식일 따름이라는 것이다. 신은 인간과 마찬가지로 깨어남, 깨어 있음, 잠듦, 잠이라는 네 상태를 순차적으로 경험하며, 이것이 다름 아닌 우주의 생성, 지속, 소멸, 휴식으로 나타난다는 것이다. 따라서 신은 세계의 능동인이며 질료인이다. 그의 창조적 활동은 화폭이나 물감 등을 사용하지 않고 단지 머릿속에서 그림을 그리는 화가의 창작 활동과 비슷하다고 한다.

신은 그의 본질적 힘들을 통해 활동한다. 식력(cit-śakti), 희열력(ānanda-śakti), 의지력(icchā-śakti), 지력(jnāna-śakti), 행위력(kriyā-śakti) 같은 힘들이다. 그는 또한 마야라는 힘을 통해서 무한한 정신인 자신을 유한하고 원자적인 개별 정신(purusa)으로 나타나게끔 한다. 이상과 같은 힘들에 의해 개인 영혼들과 다양한 현상 세계, 주관과 객체의 세계가 나타나지만, 사실은 신이 유일한 실재이고 다양성은 신의 사유이며 신을 떠나서 별도로 존재하는 것이 아니다. 마치 사물들이 거울에 나타나는 것처럼 신은 세계를 자신 안에 나타나도록 한다. 재인식파는 다양한 세계의 현현을 설명하기 위해서 상키야 철학의 25원리에다가 11원리를 추가해서 도합 36원리(tattva)를 언급한다. 만물의 근원인 최고신 쉬바를 제 일원리로 해서 36번째 원리인 지(地)까지의 전개를 논한다.

해탈은 개인 영혼으로 하여금 자신을 독립적이고 개체적인 것으로 생각하게 함으로써 신과의 동일성을 은폐하는 무지를 제거해야만 가능하다. 무지의 제거를 위해서는 궁극적으로 신의 특수한 힘이 그의 은총으로서 신자에게 하강(śaktinipāta)하여 그를 사로잡아야만 한다고 말한다. 이러한 힘에 의해서 영혼은 신과 본질적으로 하나 됨을 재인식하여 모든 제한성과 차별성이 사라진다. 재인식을 획득한 사람은 생존 시에 이미 신과 동등해지는(Śivatulya) 해탈을 얻으며, 사후에는 개인성을 영원히 초월하게 된다고 한다.

현대 인도 사상

제21장

현대 인도 사상의 배경

1. 이슬람과 힌두교

굽타 왕조에서 찬란한 꽃을 피웠던 인도의 고전 문화는 굽타 왕조가 정치적으로 몰락한 후에도 여전히 계속적으로 발전했다. 외적으로는 인도 문화가 중국과 티베트 그리고 동남아시아 각 지역으로 퍼져나갔고, 내적으로는 인도의 사회제도와 종교적 전통들이 더 공고하게 자리 잡게 되었다. 그러나 정치적으로는 굽타 왕조의 몰락으로 인해 인도는 남과 북에 많은 지역적인 왕국들로 분립되었으며, 수백 년 동안 끊임없는 대립과 정치적 혼란의 시기로 들어가게 되었다.

이런 상태에서 다시 한번 인도에 정치적 통일과 질서를 가져온 것은 인도의 원주민이 아니라 무슬림이었다. 632년에 무함마드(Muhammad)가 죽은 후 시작된 이슬람의 정치적 · 종교적 팽창은 삽시간에 중동 지역을 점령했을 뿐만 아니라, 그 세력은 동쪽으로 팽창하여 중국 국경에까지 이르게 되었다. 약 10세기 말부터 터키족 무슬림이 아프가니스탄으로부터 인도로 공략해 들어가기 시작했고, 13세기부터 북인도 대부분이 이슬람의 지배를 받게 되었으며, 14세기에 인도 중원 데칸 지방에 이슬람 왕국이 세워졌다. 16세기에는 아크바르(Akbar, 재위 1556~1605)의 정복에 의해 남쪽 끝을 제외한 인도 전역이 이슬람 세력인 무굴(Mughul) 제국의 지배에 들어갔다. 무굴 제국의 정치적 힘은 아우랑제브(Aurangzeb, 재위 1658~1707) 통치기에 극에 달했다. 그러나 아우랑제브가 죽은 후 무굴 제국은 급격히 쇠퇴했고, 이때와 더불어 서유럽 제국의 세력이 인도를 지배하기 시작했다. 18세기 중엽 영국은 이미 인도의 지배적인 세력으로 발판을 굳혔고, 19세기 초에는 인도 전역을 통치하게 되었다. 인도는 결국 13세기부터 1947년 정치적 독립을 되찾을 때까지 700여 년간 외세의 지배하에 들어가게 된 것이다.

이슬람은 성격상 강한 비타협적인 종교였으므로 인도의 토착 종교인 힌두교와 쉽게 동화하지 않았고, 많은 힌두교도가 이슬람으로 개종하기는 했지만, 힌두교 자체는 이슬람의 오랜 정치적 지배에도 불구하고 비교적 큰 변화를 겪지 않았다. 우선 수적으로 무슬림은 열세였고 힌두교의 사회적 기반을 이루고 있는 카스트(caste) 제도는 여전히 흔들림 없이 유지되었다. 심지어 이슬람으로 개종한 힌두들도 여전히 이 제도에 따라 살았다. 그뿐만 아니라 수많은 시인 성자들에 의해 주도된 대중적인 힌두교 신앙(bhakti) 운동은 중세 인도 전역을 휩쓸면서 힌두교도들의 마음을 사로잡았고 정신적 위로와 안정을 제공해 주었다.

그러나 다른 한편으로는 힌두 사상가들 가운데 몇몇은 이슬람의 순수하고 엄격한 유일신 신앙의 영향을 받아 다신교적 힌두교의 개혁과 더불어 이슬람과의 융화를 꾀하는 종교적 운동을 전개하게 되었다. 이러한 운동을 대표하는 사람으로서 가장 영향력 있는 자는 카비르(Kabir, 1380~1460)와 나낙(Nānak, 1469~1538)이었다.

카비르는 바라나시 출신으로 힌두교의 오랜 신앙 전통을 이어받았다. 그는 비슈누의 화신(avatāra)으로 간주되는 라마(Rāma)를 신으로 섬기는 고행자들의 교단을 창시한 라마난다(Rāmānanda)의 제자였다. 카비르는 힌두교의 불이론적 철학과 이슬람의 유일신 신앙의 결합을 꾀했으며 스스로를 라마와 알라(Allah)의 자식이라고 불렀다. 그는 이슬람이나 힌두교의 독단과 배타주의를 배격하면서 신은 오직 한 분뿐이며 그의 많은 이름은 단지 이름에 지나지 않음을 주장했다. 그는 신상 숭배나 신전이나 이슬람의 모스크가 모두 신을 어떤 장소에 제한시키려는 그릇된 것이라고 간주했고, 신은 돌이나 건물에 상관없이 그를 예배하는 사람 누구에게나 스스로를 알린다고 했다. 카비르는 이슬람이나 힌두교의 형식적인 의례주의를 배척하고 성스러움을 지향하는 사람이면 누구든 가까이 했다.

카비르의 사상은 나낙에 의해 계승 · 발전되었다. 나낙은 힌두교나 이슬람과 결별하고 힌두교 신자와 무슬림을 망라해서 하나의 신을 섬기도록 하는 시크(Sikh, '제자'라는 뜻)교라는 새로운 종교 교단을 창설했다. 시크교의 사상은 주로 힌두교의 전통을 따르면서도 이슬람의 엄격한 유일신 신앙을 강조하고 신상 숭배를 배척했다. 나낙의 사후 시크교도들은 찬송들을 수집하여 그란트(Granth, '책'이라는 뜻)라는 성전(聖典)을 만들어 예배의 중심을 삼았다.

한편 무굴 제국이 수립된 이후 이슬람 내에서도 그 강한 비타협성에도 불구하고 힌두교와 융화를 꾀하는 자유로운 사상이 출현했다. 특히 주목할 만한 것은 무굴 왕조의 제4대 왕 샤 자한(Shāh Jahān)의 장남 다라 쉬코(Dārā Shikhōh, 1615~1659)이다. 그는 아크바르 대제 이래 대대로 내려온 무굴 왕들의 종교적 관용성을 이어받아 이슬람과 힌두교의 융합에 적극적인 관심을 보였다. 그는 이슬람의 신비주의 수피즘(Sufism)의 영향 아래 힌두교의 신비주의, 특히 우파니샤드 사상에 심취하여 양자의 일치를 주장하기에 이르렀다. 그는 우파니샤드를 순수 유일신 사상을 가르치는 신의 가장 분명한 계시로 간주했고, 당시의 우파니샤드 문헌 52점을 수집하여 산스크리트어를 페르시아어로 번역할 정도로 우파니샤드를 높이 평가했다.[1] 그러나 다라 쉬코의 융화/융합적 태도는 보수적인 이슬람 지도자들의 반발을 사 결국 그는 배교자로 처형되었다. 그의 뒤를 이은 동생 아우랑제브는 보수적인 수니(Sunni)파 무슬림으로서 아크바르 이래 무굴 왕가가 보였던 다분히 절충주의적 경향에 종지부를 찍었다.

2. 영국의 통치와 힌두교 개혁 운동

이슬람의 지배와는 대조적으로 영국의 인도 지배는 힌두 사회와 문화에 커다란 영향을 끼치게 되었다. 우선 정치적으로 영국의 통치는 오랫동안 이슬람의 지배를 받아 왔던 힌두교도에게 어느 정도 해방감을 안겨 주었다. 그뿐만 아니라 영국의 영향은 이슬람의 경우와 달리 대체적으로 세속적이었기 때문에 비교적 받아들이기 쉬운 편이었다. 예를

---

1 이 번역은 안퀴틸 듀페론(Abraham Hyacinthe Anquetil-Duperron, 1731~1805)이라는 프랑스인에 의해 라틴어로 번역되어 『우프네카트』(*Oupnek'hat*)라는 이름으로 출판되었고, 쇼펜하우어의 사상에 지대한 영향을 끼쳤다.

들어 영국에 의해 도입된 영어를 통한 근대식 교육은 비록 대다수 힌두교도에게 혜택을 주지는 못했다 해도 소수의 인도 지성인들에 의해 적극적으로 수용되면서 힌두교 개혁 운동을 촉발하는 계기가 되었다. 영국식 교육은 처음에는 오히려 이슬람교 신자들 가운데서 더 강한 반발을 샀다.

영국의 인도 지배는 비록 이슬람의 지배보다 시간적으로는 훨씬 더 짧았지만, 인도 사회와 문화에 더 근본적인 변화를 초래했다. 영국에 의해 세워진 법질서 및 근대 서구의 합리주의적 교육은 종래 바라문들의 주도하에 수립되었던 전통적인 사회 질서나 관습과 상충되는 면이 많았고, 인도인에게 새로운 사회 질서와 가치관을 제시했다. 바라문들의 사회적 특권이라든가 노예 계급과 '천민'(outcaste, untouchables)에 대한 차별, 여자아이들의 조혼 제도, 과부의 재혼 금지, 사티(satī, 남편의 죽음과 더불어 부인을 화장하는 것) 제도 같은 것들의 비합리성은 비단 영국인뿐만 아니라 새로운 교육을 받은 소수 힌두 지성인들에 의해서도 자각됨에 따라 사회적 부조리를 개선하려는 힌두교 개혁 운동들을 촉발하게 된 것이다.

더 나아가서 영국의 정치적·경제적 지배와 더불어 들어온 기독교(개신교) 선교사들은 그들의 눈에 보이는 이해하기 어려운 힌두교의 여러 현상을 비판적인 눈으로 보았다. 힌두교의 다신 숭배와 신상 숭배 같은 것은 항시 그들의 비난 대상이 되었고, 이러한 비난은 새로운 교육을 받은 일부 힌두 지성인들에게도 받아들여졌다. 이제 힌두교 내에서 일어난 몇 가지 현대의 대표적 개혁 운동과 사상에 대해 간략히 살펴본다.

1) 브라모 사마쥬(Brāhmo Samāj)

브라모 사마쥬(브라만 협회) 운동은 1828년 람모한 로이(Rāmmohan Roy, 1774~1833)에 의해 시작되었다. 람모한 로이는 영국식 교육을 받은 최초의 힌두 개혁자로 간주되는 인물이다. 그는 힌두교 사회의 개혁뿐만 아니라 서구식 교육의 확립을 위해 힘썼다. 그와 그의 추종자들에 의하면 다신 숭배나 신상 숭배 같은 당시 힌두교의 모습은 힌두교 본래의 가르침과는 다른, 타락한 것이다. 그의 해석에 따르면 우파니샤드는 유일신 사상을 가르치며, 그는 이에 따라 당시 힌두교 개혁을 주창했다. 그는 1815년에서 1819년 사이에 벵골어와 영어로 우파니샤드를 번역했다. 람모한 로이에 의해 시작된 브라모 사마쥬 운동은 그 후 데벤드라나트 타고르(Devendranāth Tagore, 1817~1905)와 케샵 찬드라 센(Keshab Chandra Sen, 1838~1884) 등에 의해 계승 · 발전되었다. 유명한 노벨 문학상 수상자 라빈드라나트 타고르는 데벤드라나트 타고르의 아들이다.

2) 아리아 사마쥬(Ārya Samāj)

아리아 사마쥬(아리안 협회) 운동 역시 힌두교의 종교 · 사회 개혁에 힘썼으나 한편으로는 브라만 협회가 너무 서구 가치와 문화를 숭상한다고 비판하면서 종교 및 사회 개혁의 원리를 베다에서 찾으려는 좀 더 보수주의적인 운동을 전개했다. 이 협회는 다야난다(Dayānanda, 1824~1883)에 의해 창립되었다. 그에 의하면 베다는 어디까지나 유일신 사상을 가르치며, 신상 숭배와 카스트 간의 차별을 가르치지 않는다. 힌두교 개혁은 어디까지나 베다의 원리에 서서 해야지 서유럽 학문이나 가치를 척도로 삼아서는 안 된다고 그는 주장했다. 이 운동은 힌두교 전통에 대한 새로운 자긍심을 심어 주었고 브라만 협회보다 좀 더 대중적인 개혁 운동을 전개했다. 그러나 양자 모두 그 운동에 참여한 소수 지성인들의 범위를 넘어서 힌두 사회 전체에 영향력을 발휘하지는 못했다.

3) 라마크리슈나 선교회(Rāmakrishna Mission)

라마크리슈나(Rāmakrishna, 1836~1886)는 벵골 지방에서 출생했다. 그는 16세기 벵골 지방의 성자 차이타니아와 같이 그 지방의 비슈누-크리슈나 신앙 전통을 이어받은 성자였다. 그는 수많은 종교 체험을 통해 여러 종교가 궁극적으로 하나임을 깨달았고, 샹카라의 불이론적 베단타 사상을 통해서 이에 대한 이론적인 뒷받침도 얻었다. 그는 기독교와 이슬람도 공부했고 심지어 무함마드와 예수의 환상까지 보았다고 한다. 그의 사상은 케샵 찬드라 센, 비베카난다(Vivekānanda, 1863~1902) 같은 유능한 제자들에 의해 널리 전파되었다. 특히 비베카난다는 1893년 시카고에서 열린 세계종교의회(Parliament of The World's Religions)에서 베단타 철학에 입각한 힌두교의 포용적 종교관을 소개해서 큰 호응을 얻었고, 1896년에는 뉴욕 베단타 협회(The Vedānta Society of New York)를 창설했다. 인도에 돌아와서는 라마크리슈나 선교회(Rāmakrishna Mission)를 창설했다. 라마크리슈나 선교회는 인도와 세계 곳곳에 지부를 발족시켜 베단타 사상을 중심으로 한 힌두교의 세계관과 종교관을 서양에 소개하는 데 크게 공헌했다.

4) 타고르

라빈드라나트 타고르(Rabīndranāth Tagore, 1861~1941)는 간디와 더불어 현대 인도의 가장 위대한 인물로 간주되는 시인이자 사상가이다. 그는 1912년에 출판된 시집 『기탄잘리』(*Gītānjali*)로 노벨 문학상을 수상하면서 현대 인도를 대표하는 지성으로 국제적 명성을 떨치게 되었다. 그는 세계 여러 나라를 순방하면서 근대 민족주의의 광란과 물질주의의 악을 강조하면서 전 인류의 정신적 유산의 중요성을 일깨웠다. 그는 특히 인도와 아시아의 자신과 세계를 위한 영적 사명을 강조하면서 서양의 민족주의적 전철을 밟지 않도록 경고했다. 이 점에서 그는 인도의 정치적 독립을 원하면서도 극단의 정치 일변도의 투쟁 방식을 반대했고 인도의 민족주의도 비판했다. 그는 간디에 대한 깊은 존경심에도 불구하고 간디의 자치 운동을 좁은 민족주의 정신에 입각한 것으로 비판하기도 했다.

타고르의 사상은 베단타의 일원론적 사상을 이어받고 있지만, 세계를 단지 환술로 간주하지는 않는다. 신은 세계 속에 자신을 나타내며, 우리는 자연의 신비와 아름다움을 통해서 신의 힘을 인식할 수 있다는 점을 강조한다.

5) 간디

간디(Mohandas K. Gāndhi, 1869~1948)는 인도 민족주의자 정치가로서 영국의 교육을 받은 변호사 출신이다. 그는 자신의 사상적 기반을 예수의 산상보훈이나 톨스토이의 평화주의뿐만 아니라 힌두교 전통에서 찾으려고 노력했으며, 이 점이 그로 하여금 인도의 대중에 지대한 영향력과 호소력을 갖게 만들었다. 그는 마하트마(Mahātma), 즉 '위대한 영혼'이라는 칭호를 얻을 정도로 '성자'로까지 추앙받았다.

간디는 모든 인도인에게 자치(自治, swarāj)라는 이상을 제시했지만, 그의 자치 개념은 단지 인도의 정치적 독립의 차원을 넘어 개인의 정신적인 영적 자기 수련과 완성까지 포함하는 개념이다. 간디는 이러한 정신적인 자기 수련의 지침서로서 『바가바드 기타』를 좋아했고, 거기서 행동주의적 철학, 특히 욕망과 행위의 결과에 대한 집착을 버리고 순수한 마음으로 행위할 것을 가르치는 카르마 요가(Karma-yoga) 사상을 사회와 개인의 생활 속에서 실현하고자 했다.[2] 인도의 자치를 얻기 위한 그의 진리파지(眞理把持, satyāgraha) 운동과 비폭력(ahimsā) 저항 운동은 전 세계의 공감을 불러일으켰다.

간디는 타고르의 비판에 대해 자기가 전개한 외국 상품 거부 등 구체적인 자치 운동들은 수백만의 굶주린 민중의 인간다운 삶을 위한 투쟁이라고 옹호하면서 경제와 윤리, 정치와 종교의 불가분리성을 주장했다. 그는 인도의 민족주의는 배타적이고 침략적인 것이 아니라 인도주의적인 것이며, 인도는 세계를 위해 죽기 전에 자신이 먼저 사는 법을 알아야 한다고 역설했다.

2 M. K. Desai, *The Gītā According to Gandhi*(Ahmedabad: Navjivan Trust, 1956) 참조.

제22장

현대 인도의 철학 사상

1. 오로빈도의 철학

타고르와 간디는 그들의 막대한 사상적 영향에도 불구하고 철학자라기보다는 시인과 정치가 그리고 넓은 의미에서 사상가라고 불러야 적합하다. 우리는 인도의 철학적 전통을 등에 업고서 그것을 현대식으로 재해석하는 본격적인 인도 현대 철학의 대표적 존재로서 오로빈도와 라다크리슈난을 들지 않을 수 없다.

오로빈도 고쉬(Aurobindo Ghosh, 1872~1950)는 간디와 마찬가지로 영국식 교육을 받은 후 귀국하여 인도의 독립을 위해 힘썼다. 그 역시 『바가바드 기타』의 '카르마 요가' 사상에 심취했으나 나중에는 직접적인 정치 활동에서 물러나 요가 수행자로서, 철학자로서 일생을 마쳤다. 그의 사상은 대체로 베단타 철학의 새로운(특히 넓은 의미의 현대 '진화론적' 시각) 해석으로 볼 수 있다. 그는 인도 철학의 주류를 형성하는 샹카라의 불이론적 베단타 철학을 우파니샤드의 사상을 잘못 해석한 것이라고 비판했다.

오르빈도에 의하면 브라만은 만유의 통일적 원리인 일자(一者)이면서도 현상 세계의 다양성을 배제하지 않는다. 브라만은 일(一)이면서도 다(多)이고, 다이면서도 일이다. 불교는 일을 무시하고 다만 보았으며, 샹카라 철학은 다를 무시하고 일만 본 맹점이 있다고 그는 비판한다. 순수존재(sat) · 순수의식(cit) · 순수희열(ānanda)로서의 브라만은 순전한 희열 가운데서 일종의 유희(līlā)로 스스로를 현상 세계로 나타낸다. 이 세계는 그의 마술적인 힘인 마야(māyā) 혹은 샥티(śakti)로서 실재한다.

오로빈도는 브라만이 자기 자신을 제한하여 다양한 현상 세계로 나타내는 힘을 슈퍼마인드(Supermind)라고 부른다. 슈퍼마인드는 삿트 · 칫트 · 아난다로서의 브라만과 다양한 현상 세계를 매개해 주는 브라만의 자기의식(인식)이다. 브라만이 슈퍼마인드를 통해 자기 스스로를 현상 세계로 나타내는 과정을 오로빈도는 하강(descent) 혹은 퇴전(involution)이라고 부른다. 이 하강의 결과로 세계는 브라만을 은폐하는 베일과도 같지만 동시에 세계 안에 브라만이 내재하기 때문에 세계는 끊임없이 영적 진화(evolution), 즉 상승(ascent)이 가능하고 추구하게 된다. 그리하여 물질에서 생명이 진화하고 생명에서 정신이 진화한다.

인간은 이 하강과 상승 과정에서 결정적인 위치를 점하고 있는 존재이다. 왜냐하면 인간은 단지 물질 · 생명 · 정신일 뿐만 아니라 신적 영혼 혹은 자아(ātman)이기 때문이다. 인간은 이러한 진화 과정 속에서 무지를 제거하고 자기 자신에 대한 영적 자각을 통해 물질 · 생명 · 정신으로서의 좁은 자아(ego)를 초월하여 슈퍼마인드의 무한한 힘과 지식에 도달해야 하는 존재이다. 이렇게 인간 정신이 슈퍼마인드에 도달하면 우주에 처음부터 잠재해 있던 브라만의 영적 힘, 즉 삿트 · 칫트 · 아난다가 완전히 드러나고 실현된다. 이것이 곧 인간의 자기실현이고 온 우주의 진화적 자기실현이다.

인간과 우주가 영적으로 실현된 상태를 오로빈도는 신적 삶(Divine Life)이라 부르며, 이러한 변화된 인간을 영지적 존재(Gnostic Being) 혹은 초인(Superman)이라고 부른다. 오로빈도는 인간이 이러한 신적 삶이라는 궁극 목표를 실현하기 위해 자신의 모든 힘을 동원하는 통일적 요가(Integral Yoga)라는 수행 방법을 제시한다. 오로빈도에 의하면 초월적 실재인 신적 삶에 도달한 초인은 또다시 하강해서 슈퍼마인드의 빛과 힘을 이 세계에 퍼지게 하며 모든 존재의 초월화 · 성화를 돕는다고 한다.

오로빈도의 철학은 베단타 전통을 이어받으면서도 현대 서유럽의 진화론적 사고와 사상에 영향을 받아 샹카라의 세계 부정적인 브라만가현설(Brahma-vivartavāda) 대신 브라만전변설(Brahmaparināmavāda)의 입장에서 세계와 인간에 대한 적극적인 영적 해석을 시도하는 철학이다.

2. 라다크리슈난의 종교 철학

라다크리슈난(Sarvepalli Radhakrishnan, 1888~1975)은 현대 인도의 지성을 대표하는 학자이며 사상가이다. 대학의 교수였고 인도 제2대 대통령을 역임하기도 했다. 그는 비베카난다(Vivekānanda)가 일찍이 힌두교 세계관과 종교 사상을 서양에 소개했던 것처럼 베단타 사상에 입각해서 종교의 본질과 의미를 서양 세계에 전하는 역할을 수행하여 세계적으로 공감을 불러일으킨 인물이다. 그는 인도의 철학과 종교 사상을 연구하고 소개하는 데 큰 공헌을 했을 뿐만 아니라, 풍부한 종교적 다양성/다원성을 수용해 온 힌두교의 오랜 포용적 정신에 기초한 종교 사상을 세계에 전파함으로써 종교 간의 대화와 이해에 많은 영향을 끼쳤다.

라다크리슈난은 수많은 저서를 통해 일관성 있게 종교적 독단주의와 세속적 물질주의의 양극을 비판하면서 인류의 영적 공통성과 통일성을 주창했다. 그에 따르면 종교란 궁극적으로 하나이다. 교리, 신학, 제도, 의식 등 종교의 외적 표현은 다양하고 서로 많은 차이를 보이는 것이 사실이지만, 내적인 영적 체험에서는 모든 종교가 근본적으로 일치한다고 본다. 종교의 핵심은 어디까지나 영적 체험에 있지 교리나 신학 같은 외적인 표현에 있는 것이 아님을 그는 끊임없이 강조한다. 종교 경험(experience)은 종교의 영혼이고 표현(expression)은 종교의 육체라고 그는 말한다.

종교적 경험이란 우리의 모든 가치와 경험을 통일시켜 주는 것으로서 영원하고 절대적인 실재에 대한 우리의 전인적 추구를 의미한다. 라다크리슈난은 종교 경험의 특성으로서 주객 분리를 초월한 통일적 의식을 강조한다. 우파니샤드에서 말하는 자아(Ātman) 체험과 같이 이러한 통일적 의식 상태에서는 아는 자(knower)와 알려진 것(known), 의식과 존재, 사상과 실재의 대립이 초월되며, 여러 가지 관념과 감정의 구별도 사라진다고 한다. 좁은 개인적 자아의 테두리가 보편적 자아에 의해 무너진다. 종교적 경험은 그 자체로 충족적이고 완전하여 그 의미와 진리와 타당성에서 다른 어떤 외부적 보충을 필요로 하지 않는다고 한다. 종교적 체험은 자명성과 확실성을 지니고 있다는 것이다.

종교적 경험에는 일상생활의 긴장이 사라지고 내적인 평화와 기쁨이 지배한다. 종교적 체험은 또 모든 언어적 표현과 논리를 초월한다. 단지 상징적 표현이나 암시만 허용될 뿐이다. 이 표현들은 물론 역사적 · 문화적 특수성의 제약을 받기 때문에 문자 그대로 이해되어서는 안 된다. 라다크리슈난은 절대적으로 순수한 종교적 경험이란 있을 수 없다고 말한다. 종교적 경험은 어디까지나 어떤 특정 종교 전통 안에서 발생하고 해석되기 때문이다. 그러나 종교적 경험의 내용, 즉 대상은 우리의 모든 해석을 초월하는 지고의 실재(the Supreme)이다. 우리가 그것을 추상적이고 탈인격적(impersonal) 실재로 체험하고 해석할 때는 절대자(the Absolute)라 부르고, 의식과 희열의 존재로 해석할 때는 신(God)이라 부른다. 그러나 실재(the Real)는 인격과 탈인격 등 모든 해석을 초월하는 어떤 것이라고 한다.

실재의 초월성에도 불구하고 우리가 그것을 어느 정도 알 수 있는 것은 그것이 우리 인간 존재의 가장 깊은 것과 유사성을 갖고 있기 때문이다. 우리의 영혼 혹은 자아(self, spirit)가 이 실재에 참여하고 있기 때문이다. 따라서 실재를 접촉하기 위해서 우리는 자아를 발견하고 실현해야 한다. 그러기 위해서는 지성과 감정과 의지를 닦아서 자아에 부착되어 있는 이질적인 것들을 제거해야만 한다. 라다크리슈난은 특히 명상을 자아 발견의 길로 강조한다. 종교의 목표는 수행을 통해 자아를 변화시키고 온 인류의 삶을 성화(divinize)하는 데 있다. 이것이 구원이다.

부록

1. 인도 철학의 실재관
2. 인도인의 전통적 우주관
3. 인도 철학사 및 정치 · 문화사 연표

부록 1

인도 철학의 실재관

인간의 감각기관을 통해 경험되는 세계의 다양한 모습과 사건들 속에서 자기 자신을 잃지 않고 그것들 상호 간에 어떤 체계나 통일적 법칙을 찾아서 파악해 보려는 것은 인간이 가지고 있는 본래적인 지적 요구이다. 이러한 지적 요구는 동시에 얼핏 보기에 무질서하고 혼돈된 세계 속에서 삶의 방향감각을 잃지 않고 의미 있는 행동을 위한 실천적 요구에 부합한다. 그뿐만 아니라 자신의 존재를 위협하는 듯한 무상하고 유한한 세계 속에서 그 배후에 어떤 불변하고 무한한 참다운 실재를 찾는 것 또한 인류가 추구해 온 공통의 종교적 · 철학적 관심사임에 틀림없다. 이러한 지적 · 실천적 · 종교적 욕구를 충족시키려는 것이 한마디로 말해 형이상학이고 실재관(View of Reality)이다.

우리는 이미 인도 철학의 다양한 실재관을 살펴보았다. 하지만 여기서는 이 다양한 실재관을 각 학파의 전통과 역사적 맥락을 떠나 좀 더 체계적이고 유형적으로 고찰함으로써 인도 철학의 전체적 이해에 도움이 되고자 한다.[1]

---

1 H. v. Glasenapp, *Die Philosophie der Inder*(Stuttgart: Alfred Kröner Verlag, 1974), 370, 374; N. Smart, *Doctrine and Argument in Indian Philosophy*(Atlantic Highlands: Humanities Press, 1964), 181-194 참조.

우선 인도 철학은 다양한 현상 세계의 배후에 있는 궁극적인 실재를 어떻게 보았는가를 먼저 정리해 보자.

① 초기 베다는 대체로 다양한 현상 세계를 그대로 받아들이는 상식적인 세계관과 실재관을 담고 있다. 그러면서도 초기 베다를 산출한 사람들은 세계가 여러 놀라운 힘들에 의해 지배된다고 믿었고 이 힘들을 인격적 신(deva)으로 숭배했다. 그러나 베다는 이 복잡다단한 현상계를 영혼이나 원초적 물질이나 원자와 같은 몇 가지 원리로 환원시켜 이해하려는 노력을 보이지는 않았다.

하지만 베다 후기로 갈수록 신들의 배후에 어떤 하나의 통일적 실재(tad ekam, 一者)를 상정하는 철학적 사고가 엿보인다. 이 항구적이고 궁극적인 실재(sat)에 대한 추구는 우파니샤드에 와서 본격적으로 진행되었다. 우파니샤드는 우주의 궁극적 실재를 브라만(Brahman)이라고 불렀고, 이 브라만을 인간의 깊은 자아인 아트만과 완전히 동일시했다. 이와 동시에 브라만은 인간의 의식 탐구를 통하여 순수존재(sat)일 뿐만 아니라 순수식(cit) · 순수희열(ānanda)로 파악했다.

② 붓다는 단 하나의 영원한 실재를 탐구하는 우파니샤드의 일원론적 형이상학을 거부하고 세계와 인간을 여러 가지 존재 요소들(諸法), 즉 여러 가지 성질, 상태 혹은 사건의 복합적 현상으로 파악하는 일종의 현상주의적이고 다원적인 실재관/세계관을 주장했다. 이러한 존재의 요소들은 결코 독자성(自性性, svabhāva)을 지닌 영원한 실체들이 아니라 존재나 기능에서 상호 의존적이고 조건적으로 발생하는 현상들로 이해했다.

하지만 붓다도 이러한 상대적이고 무상한 존재 요소들만을 존재하는 것의 전부로 생각하지는 않았다. 첫째, 그는 이러한 존재 요소들이 완전히 소멸된 적정한 상태로서 열반(nirvāna)이라는 어떤 피안의 세계, 절대적인 실재(無爲法), 우리의 언어로 규정하기 어려운 초월적 실재를 말했다. 둘째, 그는 존재 요소들 간의 상호 작용과 생멸에는 어떤 일정한 법칙성이 있음을 가르쳤다. 십이지연기설(十二支緣起說)이 대표적이다. 이 연기설 자체는 어떤 항구적 진리인 것이다.

③ 정리 철학과 승론 철학은 소승불교와 같이 다원적 세계관을 대표하면서도 불교와는 달리 다원적 요소들을 무상한 것으로 보지 않고 영원한 원자들과 그 결합에 의해 이루어진 지 · 수 · 화 · 풍(四大)으로 구성된 것으로 보았다. 뿐만 아니라 시간, 공간, 의근, 개인아(자아, self, jivātman)도 실체로 간주했다. 이러한 실체들 외에도 성질, 행위 혹은 운동, 보편성, 특수성 그리고 사물에 내재하는 여러 범주들을 실재하는 것으로 간주하여 그것들을 통해 세계의 모습을 객관적으로 파악하고자 했다.

자이나교는 존재를 다섯 가지 연장적 실체(astikāya)로 파악했다. 즉, 공간, 운동, 정지, 물질, 영혼이다. 차르바카의 유물론적 철학은 지 · 수 · 화 · 풍의 네 요소만을 영원한 실체로 간주했다. 다른 한편 상키야 철학은 존재하는 모든 것을 물질(prakrti)과 정신(purusa)이라는 두 원리 내지 실재로 파악해서 그 후로 다른 학파들의 세계 이해에도 지대한 영향을 미쳤다. 가령 라마누자의 한정불이론이나 마드바의 이원론적 베단타 철학은 신과 영혼들과 원초적 물질을 모두 영원한 실체로 보았다.

④ 이상과 같이 세계를 이원적으로 혹은 다원적으로 보는 견해에 비해 샹카라의 불이론적 베단타 철학은 일체의 다원성과 현상 세계의 다양성을 무지(avidyā)로 인해 나타난 환술(māyā)로 보면서 존재하는 모든 것(인간의 영혼/개인아나 인격신들까지도)에서 영원불변의 실재인 브라만/

아트만을 유일한 궁극적 실재로 간주하는 순수 일원론적 실재관을 전개했다. 이러한 관점은 우파니샤드에서 이미 찾아볼 수 있지만, 본격적인 이론으로 전개된 것은 대승불교 사상(중관 철학이나 유식 사상, 불성 사상 등)의 영향이 컸다.

우선 중관 철학에서는 모든 세계의 차별상은 의타적 세계이기 때문에 실체성이 결여된 공(空)의 진리로써 부정된다. 공이 곧 실재이고 열반이다. 눈에 보이는 세계의 종종 차별상은 무지의 소산인 환술이고 오직 속제(俗諦)의 차원에서만 가명으로 인정될 뿐이다. 여기에 이미 샹카라의 철저한 일원론적 형이상학의 토대가 발견된다. 다만 공과 정반대로 모든 차별성 현상의 배후에 있는 보이지 않는 절대적 실재만을 인정한다는 점에서 중관 철학과 정반대의 결론을 냈다.

유식 철학은 공을 말하면서도 식(vijnāna, citta)의 전변을 통해 가명의 세계를 설명하는 정교한 이론을 제시했다. 하지만 무아설을 주장하는 불교도 대승불교 말기에 와서는 결국 공을 아는 지혜 자체는 부정할 수 없는 항구적이고 절대적인 실재임을 인정할 수밖에 없었고, 망식/망심의 배후에 진심/불성을 인정하게 되었다. 여래장 사상 내지 불성 사상은 인도나 중국 불교에서 대승의 최고 진리로 인정받게 되었고, 실제상 베단타 사상에 접근한 셈이다.

이상과 같은 실재관에 따라 궁극적 실재와 현상 세계의 인과 관계 내지 존재론적 관계를 살펴보면 다음과 같은 네 가지 이론을 구별할 수 있다.

① 시기설(始起說, ārambhavavāda): 이 설은 정리 학파와 승론 학파에서 주장하는 것으로서, 세계 사물은 영원한 원자들의 결합으로 이루어진다

는 견해이다. 원자들의 결합에 의해 원자들과는 다른 새로운 것들이 비로소 생기한다는 이론이다. 이것은 결과가 원인 속에 포함되어 있지 않다는 인중무과론(因中無果論, asatkāryavāda)이다.

② 전변설(parināmavāda): 이것은 수론 철학의 실재관에서 가장 먼저 제시된 설로서, 다양한 현상 세계를 어떤 통일적인 근본적 실재의 전변으로 보는 견해이다. 즉, 과는 인의 변화나 변형에 지나지 않고 인 속에 이미 가능적으로 잠재해 있다는 인중유과론(因中有果論, satkāryavāda)이다. 하지만 수론 철학의 전변설은 정신(purusa)을 제외한다는 점에서 제한적이다.

위의 두 입장은 인중유과론과 인중무과론이라는 근본적 차이는 있지만 그럼에도 불구하고 변하는 현상 세계의 원인이 어떤 변하지 않는 영원한 실체라는 데에는 일치하고 있다. 그러나 불교와 불이론적 베단타는 이러한 인과론을 배격한다. 왜냐하면 원인이 영원한 것이라면 결과도 영원해야 한다는 것이 그들의 공통된 반론이다. 하지만 불교와 불이론적 베단타 철학은 이러한 비판으로부터 두 개의 상반된 결론을 이끌어 낸다. 불교에 따르면 결과가 무상하므로 원인도 무상한 것일 수밖에 없다고 하면서 영원불변한 원인의 실재성을 부정하는 반면 불이론적 베단타는 무상하고 다양한 결과는 환술/환상에 지나지 않을 뿐이라고 주장하면서 브라만이 유일한 실재라고 주장한다. 그리하여 우리는 다음과 같은 두 가지 인과론을 더 추가하게 된다.

③ 중합설(衆合說, samghātavāda): 이것은 붓다의 가르침에 근거하여 모든 사물은 무상한 제법의 협력과 화합에 의해 조건적으로 발생한다는 설로서, 영원한 실체란 없다는 견해이다. 승론 철학의 원자설과 같이 세

계에 대한 다원적 견해이고 인중무과론을 주장하지만, 승론 철학과는 달리 원인의 영원성이나 실체성은 부정한다. 승론 철학은 사물의 원인으로 영원한 원자적인 실체(atomic substance)를 주장하지만, 불교는 무상한 원자적 현상 내지 사건(atomic event)들만 원인으로 본다. 영원한 실체를 부정하고 일체의 무상한 제법의 중합과 연속을 보는 불교의 입장은 인격의 연속성이나 업보 현상을 설명하기 어렵다는 비판을 받았다. 이에 설일체유부에서는 '삼세실유 법체항유'를 주장하면서 법을 실체화하는 경향을 나타냈다.

반야 경전의 공 사상이나 용수의 중관 철학은 이러한 경향을 배척하고 제법의 무자성과 '일체법이 모두 공'(一切皆空)이라는 진리를 강조하게 되었다. 이에 따라 공이라는 '실재'의 세계에서는 인과와 생멸이란 본래부터 성립되지 않고 단지 속제의 관점에서만 인정되는 방편적 진리(俗諦)에 지나지 않는다. 유가행 철학은 실재를 공으로 보되 다른 한편으로는 식(망식, 망심)전변설(vijnāna-parināma)을 주장함으로써 수론의 전변설과 유사성을 보이고 있다. 그러나 물론 식과 물질은 물론 전혀 다른 존재론적 원리이다.

④ 가현설(vivartavāda): 이것은 현상 세계의 모든 차별성과 다양성을 무지 때문에 나타나는 환술로 보며 브라만 혹은 아트만만이 실재임을 주장하는 견해로서 불이론적 베단타의 입장이다. 중관 철학에서와 마찬가지로 여기서도 인과론이란 가현인 현상 세계에서만 타당한 이론이고 일상적인(vyāvahārika) 진리(俗諦)의 차원에서는 인정할 수 있지만, 궁극적인 진리(眞諦)의 관점에서는 허망한 세계와 더불어 사라진다. 절대유일의 실재인 브라만은 모든 인과 관계를 초월하는 실재이기 때문이

다. 그러나 일상적 진리의 차원에서 보면 현상 세계는 어디까지나 브라만, 특히 인격신(여전히 무지에 의한 '환상'이지만)을 토대로 해서 나타나기 때문에 브라만을 세계의 원인으로 간주할 수 있다. 이런 점에서 불이론적 베단타도 브라만가현설(Brahma-vivartavāda)의 '인과론'을 주장한다고 볼 수 있다. 한편 라마누자를 위시한 신앙적 베단타의 가현설을 피하고 일종의 전변설에 접근하고 있다.

부록 2

인도인의 전통적 우주관

1. 힌두교의 '우주형상지'(cosmography)

베다에 나타난 우주관에 의하면 우주는 삼층 구조를 가진 것으로 간주된다. 위로는 해와 달과 별과 신들이 움직이고 활동하는 하늘(svarga)이 있고, 그 밑에는 새와 구름과 공중의 신들이 활동하는 공중권(antarīksa)이 있으며, 그 아래는 우리가 살고 있는 납작하고 둥근 땅이 있다. 그러나 나중에 형성된 전통적 우주관에 의하면 우주는 이보다 더 복잡한 양상을 띠게 된다. 우주는 주기적 창조(srsti, 방출)와 해체(pralaya) 과정을 끝없이 되풀이하는 영원하고 방대한 체계이며, 우리가 살고 있는 세계는 무수히 많은 세계들 가운데 하나에 지나지 않는다.

세계는 브라마 신의 난(卵, Brahmānda)처럼 달걀 모양을 한 것으로 여겨졌으며, 모두 21개의 대(帶, zone)로 구성되어 있다고 본다. 지구는 그 중에서 위로부터 일곱 번째 대에 위치하고 있다. 지구의 위로는 올라갈수록 점점 더 아름다운 여섯 개의 천계가 있는데 주로 신들이 거하고 있으며, 지구 밑으로는 파탈라(Pātāla)라 부르는 7층의 지하 세계가 있어 나가(nāga, 인면수신의 동물) 등 신화적 존재들이 살고 있다. 이 파탈라 밑에는 또 7층으로 된 지옥(naraka)이 있어서 아래로 갈수록 점점 더 고통스러운 곳이다. 이러한 구조를 가진 세계는 빈 공간 속에 떠 있으며 다른 세계들로부터 격리되어 있다.

지구의 크기와 모양에 관해 인도 천문학자들은 지구가 구형이라고 생각했고 크기까지도 거의 오늘날과 비슷하게 계산했지만, 종교적 세계관은 베다 이래로 내려오는 전통을 좇아 세계를 하나의 거대하고 납작한 원반으로 생각했다. 지구의 중심에는 수미산(Sumeru)이 있어 해와 달과 별들이 그 주위를 돌고 있다. 이 수미산 사방으로 바다를 사이에 둔 네 개의 대륙(dvīpa)이 있고, 그 가운데 남쪽에 위치한 것이 소위 염부제(閻浮提, Jambudvīpa)로서 우리 인간이 사는 곳이며, 이 대륙 남쪽에는 히말라야산으로 격리된 '바라타족의 자손들'이 사는 땅(Bhāratavarsa), 즉 인도가 위치해 있다고 믿었다.

푸라나들에 나타난 우주형상지는 이보다 더 상상적인 비약을 한다. 그리하여 염부제는 수미산을 둘러싸고 있는 환형으로 간주되었고, 염부제 또한 플라크사디아(Plaksadīpa)라 불리는 또 다른 대륙에 의해 환형으로 둘러싸여 있다. 이런 식으로 해서 지구는 수미산을 중심으로 모두 7종의 환형 모양의 대륙으로 둘러싸여 있고 대륙과 대륙 사이에는 각각 소금, 당, 술, 버터유(ghee), 밀크, 응유(凝乳), 물로 된 바다가 있다고 생각했다.

2. 불교의 우주관

불교의 우주관에 의하면 온 우주는 욕계(kāma-dhātu), 색계(rūpa-dhātu), 무색계(arūpa-dhātu)의 삼계로 되어 있다. 이 삼계는 물론 생사윤회의 세계로서 열반을 얻기까지 중생이 태어나는 곳이다. 속계는 색 · 성 · 향 · 미 · 촉 · 법을 지각하는 여섯 가지 감각기관을 지닌 존재들이 살고 있고, 그들이 업에 따라 태어나게 되는 다섯 가지의 존재 범주(五趣, gati)로 구성되어 있다.

가장 낮은 욕계는 지옥(naraka)에서 시작하여 아귀(preta), 축생(tiryagyoni), 인간(manusya)이 살고 있는 영역이 있고, 맨 위는 욕계의 신(kāma-deva)들이 거하는 영역이 있다. 지옥은 지하에 있으며 어두운 곳, 추운 곳, 더러운 곳의 3종이 있는데, 그 가운데는 여덟 가지 정도의 차이가 존재한다고 한다. 축생과 인간은 지구 표면에 거하며 신들은 수미산 정상 위에 있는 천계(devaloka)에 거한다. 삼십삼천(Trāyatrimśat), 야마천(Yāma), 도솔천(Tusita) 등을 포함한 여섯 개의 천계가 있다.

욕계 위에는 미세한 물질로 된 색계가 있다. 거기에는 미 · 향 · 촉의 세 감각은 없지만 거기 거하는 자들은 아직도 형상(rūpa)은 있다고 한다. 이 색계는 네 단계의 선정(dhyāna)으로 얻는 곳으로서 17개(『구사론』에 의하면 상좌부에서는 18개, 유가행 철학에서는 16개) 천(天)으로 구성되어 있다.

색계 위에는 무색계가 있다. 비물질적 세계이며 색과 성도 존재하지 않는다. 오로지 정신적 자취만 남아 있을 뿐이다. 이 무색계 역시 선정을 통해 들어갈 수 있는 세계로서 사무색정의 등급이 있다. 즉, 공무변처(空無邊處, ākāśānantya), 식무변처(識無邊處, vijnānānantya), 무소유처(無所有處, akimcanya), 비상비비상처(非想非非想處, naivasamjnānāsamjnā)이다. 색계와 무색계를 합쳐 범계(Brahmaloka) 혹은 범천(梵天)이라고 부른다.

부록 3

인도 철학사 및 정치·문화사 연표

	구분 / 연대	정치 · 문화사	철학사
기원전	2500~1500	모헨조다로 · 하라파의 고대 문명	
	1500~1000	아리아인의 인도 침입	베다 본집 형성
	1000~700	부족 국가들의 형성	브라마나의 형성
	700~600	아리아인들이 갠지스강 유역 개간, 정착함	초기 우파니샤드의 형성
	600~500	군주 국가(마가다, 코살라 등)와 도시 문화의 발달	고타마 붓다 탄생(566), 육사외도, 마하비라 화동
	500~400		고타마 붓다 입멸(486), 제1결집회의
	400~300	파니니의 산스크리트어 문법 정리 알렉산드로스 대왕의 인도 침입(326) 찬드라굽타의 마우리아 왕조(320년경) 카우틸랴	상좌부 · 대중부의 근본 분열 중기 우파니샤드의 형성 카필라
	300~200	아쇼카 왕 즉위(269)	불교의 확장과 스리랑카 전파 후기 우파니샤드 설일체유부
	200~0	슝가 왕조의 성립(186) 서북부의 그리스 왕국들 『마누 법전』 편찬 『마하바라타』 형성 사타바하나 왕조 (기원전 1세기)	부파 불교의 발달 『바가바드 기타』 정통 철학파들의 원조들 파탄잘리 카나다 가우타마 자이미니 바다라야나

1~200	쿠사나 왕조, 카니슈카 왕	대승불교의 흥기와 초기 대승 경전들 『미맘사경』, 『발지론』
100~200		『승론경』, 『정리경』 성립 『대비바사론』 경량부 성립, 용수, 아슈바고샤 자이나교의 분열
200~300	『마하바라타』 · 『라마야나』 완결 『야즈나발키아 법전』	『해심밀경』, 제바 『성실론』, 미륵(Maitreya)
300~400	굽타 왕조(318) 칼리다사, 『비슈누 푸라나』 법현의 인도 방문	무착, 세친 『브라마경』, 『요가경』 『수론송』, 『능가경』
400~500	흉노족의 인도 침입	바치야야나, 샤바라스바민, 쿤다쿤다 진나, 덕혜, 불음 자이나교의 바이샬리 결집
500~600	굽타 왕조의 붕괴 알바르, 나야나르	불호, 청변, 호법, 안혜 프라샤스타파다, 우마스바티 웃됴타카라, 뱌사
600~700	하르샤 왕 즉위(606) 현장 · 의정의 인도 방문	계현, 지광, 월칭, 법칭 프라브하카라 미슈라
700~800	팔라 왕조	샨타락시타, 카말라쉴라 가우다파다, 쿠마릴라 브핫타 샹카라
800~900		수레슈바라, 만다나미슈라 바차스파티미슈라, 바수굽타 파드마파다, 소마난다
900~1000	『바가바타 푸라나』 나타무니	브하사르바즈나, 사르바즈나트만 브하스카라 슈리다라
1000~1100	무슬림의 인도 침입	쉬바아디티야, 야무나 우다야나, 아비나바굽다 프라카샤트만
1100~1200		슈리하르사, 아난다즈나나, 라마누자

1200~1300	이슬람의 북인도 지배	님바르크카, 마드바, 로카차리야, 메이칸다르
1300~1400	비자야나가르 왕국	마다바, 간게샤, 자야티르타, 벤카타나타
1400~1500	카비르, 나나크 라마난다, 차이타니아	『수론경』, 슈리칸타 발라바
1500~1600	무굴 제국, 아크바르	아파야 딕쉬타 비즈나나빅수
1600~1700	동인도회사 설립 다라 쉬코, 아우랑제브	
1700~1800	영국의 프랑스 세력 제거	발라데바 비댜브후사나
1800~1900	영국 통치	람모한 로이, 다야난다 케샵 찬드라 센, 라마크리슈나
1900 이후	간디, 타고르 인도 독립(1947)	비베카난다, 오르빈도 라다크리슈난

참고문헌

제1장 인도 철학의 성격

I. 힌두교 및 인도 문화 전반에 관한 책

Basham, A. L., *The Wonder that was India*. New York, 1954. 이슬람 지배 이전의 인도 문화 전반에 관한 정평 있는 개설서.

de Bary, W. T. ed., *Sources of Indian Tradition*. New York, 1958. 인도의 문화, 종교 전통에 관한 영역 자료집.

Bechert, H. und von Simson, G., *Einführung in die Indologie, Stand, Methoden, Aufgaben*. Darmstadt, 1979. 인도학 전반에 관한 연구방법, 문헌 등의 소개.

Embree, A. T. ed., *The Hindu Tradition*. New York, 1966. *Sources of Indian Tradition*과 유사한 성격의 책.

Eliot, C., *Hinduism and Buddhism*, 3 vols. London, 1922. 힌두교와 불교에 대한 개설서.

Farquhar, J. N., *An Outline of the Religious Literature of India*. Oxford, 1920. 인도 종교 문헌에 대한 해설서.

Hopkins, T. J., *The Hindu Religious Tradition*. California, 1971. 힌두교에 대한 간략한 역사적 개설서.

Heimann, B., *Facets of Indian Thought*. London, 1964. 인도의 사상적 특징들에 관한 통찰력 있는 연구서.

Majumdar, R. C., H. C. Raychaudhuri, and K. Datta, *An Advanced History of India*. London, 1950. 선사시대부터 독립에 이르기까지 인도의 정치, 경제, 사회, 종교사.

Renou, L., *Religions of Ancient India*. London, 1953. 고전 힌두교 전통에 대한 간략한 입문서.

_____, *La Civilisation de l'Inde Ancienne*. Paris, 1950. 인도학 대가가 쓴 인도 고전문화에 대한 프랑스어 개설서.

Thapar, R. A., *History of India*, Vol. I. Baltimore, 1966. 16세기 초 무굴제국 이전까지의 인도사 개설.

Winternitz, M., *Geschichte der indischen Literatur*, 3 vols. Leipzig, 1909-1920. 인도문화종교사의 권위 있는 저서. S. Ketkar, trans., *History of Indian Literature*, 2 vols. Calcutta, 1927-1933.

II. 인도 철학 전반에 관한 종합적인 책들

Bhattacharyya, H., ed., *The Cultural Heritage of India, Vol. III: The Philosophies*. Calcutta, 1953. 인도 학자들에 의한 각 철학 학파들에 대한 개설서.

Chatterjee, S. and D. Datta, *An Introduction to Indian Philosophy*. Calcutta, 1984. 인도 철학에 관한 명쾌한 입문서.

Cowell, E. B. and A. E. Gough, trans., *The Sarva-Darsana-Samgraha*. London, 1914. 14세기 인도 철학자 마다바의 『제철학강요』의 영역.

Deussen, P., *Allgemeine Geschichte der Philosophie*, Vol. I. 1-3. Leipzig, 1894. 유명한 베단타 철학 연구가에 의한 세계 철학사의 일부로 본 인도 철학사.

Dasgupta, S., *A History of Indian Philosophy*, 5 vols. 인도 철학에 관한 종합적 안내서로서 가장 상세한 책.

Frauwallner, E., *Geschichte der indischen Philosophie*. Salzburg, 1953. V. M. Bedekar의 영역, *History of Indian Philosophy*, 2 vols. Delhi, 1973. 미완성 인도 철학사.

_____, *Die Philosophie der Inder*. Stuttgart, 1974. 인도 철학의 간략한 역사와 학파별 개설.

Hiriyanna, M., *Outlines of Indian Philosophy*. London, 1932. 널리 읽히는 인도 철학 개설서.

Potter, K., *Presuppositions of Indian's Philosophies*. Englewood Cliffs, 1963. 인도 철학의 이해를 위한 근본 전제들에 대한 새로운 고찰.

_____ ed., *Bibliography of Indian Philosophies*. 인도 철학 연구를 위한 거의 완벽한 참고문헌들의 분류와 열거.

Nakamura, H., *Religions and Philosophies of India: A Survey with Bibliographical Notes*, 3 vols. Tokyo, 1973. 일본의 인도학 대가에 의한 인도 종교 · 철학 연구 지침서.

Radhakrishnan, S., *Indian Philosophy*, 2 vols. London, 1923, 1927. 현대 인도 지성의 대표자 중 한 사람에 의한 인도 철학에 대한 상세한 해설서.

Radhakrishnan, S. and C. A. Moore eds., *A Sourcebook in Indian Philosophy*. Princeton, 1957. 인도 철학에 대한 영역 자료집.

Ruben, W., *Geschichte der indischen Philosophie*. Berlin, 1954. 유물론적 관점에서 쓴 인도 철학사.

Sharma, C., *A Critical Survey of Indian Philosophy*. New York, 1962. 인도 철학 학파들에 대한 명쾌한 해설서.

Zimmer, H., *Philosophies of India*. Princeton, 1951. 인도 철학 전반에 관한 심오한 해설서.

宇井伯壽, 『印度哲學史』. 岩波書店, 1932.

金倉圓照, 『インド哲學史』. 弘文堂, 1948.

中村元, 『インド思想史』. 岩波書店, 1968.

제2장 베다의 철학 사상

Bergaigne, A., *La religion védique d'après les Hymnes du Rig-Veda*, 3 vols. Paris, 1878.

Bloomfield, M., *The Religion of the Veda*. New York, 1908.

_____, trans., *Hymns of the Atharva Veda. Sacred Books of the East*(SBE), XLII. Oxford, 1897.

Eggeling, J., trans., *Śatapatha Brāhmana. Sacred Books of the East*(SBE), XII · XXVI · XLI · XLIII · XLIV. Oxford, 1882-1900.

Geldner, K. F., trans., *Der Rig-Veda*. Harvard Oriental Series, Vols. 33, 34, 35. Cambridge, Mass., 1951.

Griffith, R. T. H., trans., *The Rig Veda*, 2nd ed. 2 vols. Benares, 1896-1897.

Keith, A. B., *The Religion and Philosophy of the Vedas and Upanishads*. Cambredge, Mass., 1925.

_____, trans., *Rig Veda Brāhmanas: The Aitareya and Kausītaki Brāhmanas of the Rigveda*. Cambridge, Mass., 1920.

Levi, S., *La doctrine du sacrifice dans les Brāhmanas*. Paris, 1898.

Macdonell, A. A., *Vedic Mythology*. Strassburg, 1897.

Müller, M. and H. Oldenberg, trans., *Vedic Hymns*, 2 vols. SBE, XXXII · XLVI. Oxford, 1981-1897.

O'Flaherty, W., trans., *The Rig Veda: An Anthology*. Harmonds-worth, England, 1981.

Oldenberg, H., *Die Religion des Veda*, 3rd edition. Berlin, 1923.

_____, *Die Weltanschauung der Brāhmana-Texte*. Göttingen, 1919.

Renou, L., *Religions of Ancient India*. London, 1953.

Whitney, W. D., trans., *The Atharva Veda*. Cambridge, Mass., 1905.

제3장 우파니샤드의 철학

Deussen, P., *The Philosophy of the Upanishads*. Trans. by A. S. Geden from German, London, 1906.

_____, trans., *Sechzig Upanisads des Veda*. Leipzig, 1897.

Hume, R. E., trans., *Thirteen Principal Upanishads*. London, 1931.

Keith, A. B., *The Religion and Philosophy of the Veda and Upanishads*. Cambridge, Mass., 1925.

Müller, M., trans., *The Upanishads*. SBE, I · XV. Oxford, 1879, 1884.

Oldenberg, H., *Die Lehre der Upanishaden und die Anfänge der Buddhismus*. Göttingen, 1915.

Radhakrishnan, S., trans., *The Principal Upanisads*. London, 1953.

Ranade, R. D., *A Constructive Survey of Upanishadic Philosophy*. Poona, 1926.

Ruben, W., *Die Philosophen der Upanishaden*. Bern, 1947.

제4장 비바라문계 철학의 발흥

I. 육사외도 및 차르바카 철학

Basham, A. L., *History and Doctrine of Ājīvika: A Vanished Indian Religion*. London, 1951.

Chattopadhyaya, D., *Lokāyata: A Study in Ancient Indian Materialism*. Delhi, 1959.

Dakshinaranjan, S., *A Short History of Indian Materialism*. Calcutta, 1930.

Hoernle, A. F. R., "Ajivikas," *Encyclopedia of Religion and Ethics*, Vol. I. Edin- burgh, 1911.

Jayatilleke, K. N., *Early Buddhist Theory of Knowledge*. London, 1963.

Kalupahana, D. J., *Causality: The Central Philosophy of Buddhism*. Honolulu, 1975.

Riepe, D., *The Naturalistic Tradition in Indian Thought*. Delhi, 1964.

宇井伯壽, 「六師外道硏究」, 『印度哲學硏究』 第二卷. 岩波書店, 1965.

II. 자이나교의 철학 사상

Glasenapp, H. v., *Der Jainismus: Eine Indische Erlösungsreligion*. Berlin, 1925.

Jacobi, H., trans., *Jaina Sūtras*. SBE, XXII · XLV. Oxford, 1884-1895.

Jaini, J., *Outlines of Jainism*. Cambridge, 1916.

Mehta, M. L., *Outlines of Jaina Philosophy*. Bangalore, 1954.

Schubring, W., *Die Lehre der Jainas*. Berlin, 1935.

Stevenson, S. T. (Mrs.), *The Heart of Jainism*. London, 1915.

III. 원시불교의 철학 사상

Conze, E., *Buddhism, its Essence and Development*, 2nd. ed. Oxford, 1953.

_____, *Buddhist Thought in India*. London, 1962.

_____, ed., *Buddhist Texts Through the Ages*. New York, 1954.

Davids, C. A. F. Rhys, *Buddhism: Its Birth and Dispersal*. London, 1934.

Davids, T. W. Rhys, *Buddhist India*. New York, 1903.

_____, *Buddhism, Its History and Literature*, 2nd ed. London, 1926.

_____, trans, *Buddhist Suttas*. SBE, XI. Oxford, 1881.

Kalupahana, D., *Buddhist Philosophy: A Historical Analysis*. Honolulu, 1976.

_____, *Causality: The Central Philosophy of Buddhism*. Honolulu, 1975.

Keith, A. B., *Buddhist Philosophy in India and Ceylon*. Oxford, 1923.

Lamotte, E., *Histoire du Bouddhisme Indien*. Louvain, 1958.
Oldenberg, H., *Buddha, sein Leben, seine Lehre, sein Gemeinde*. Stuttgart, 1914.
_____, *Die Lehre der Upanishaden und die Anfänge des Buddhismus*. Göttingen, 1915.
Pande, G. C., *Studies in the Origins of Buddhism*. Allahabad, 1957.
Rahula, W., *What the Buddha Taught*, 2nd ed. New York, 1974.
Thomas, E. J., *History of Buddhist Thought*. London, 1933.
_____, trans., *Early Buddhist Scriptures*. London, 1935.
Warren, H. C., *Buddhism in Translations*. Cambridge, Mass., 1915.
中村元,『原始佛教の成立』. 春秋社, 1992.
_____,『原始佛教: その思想と生活』. NHKブックス、1970.
水野弘元,『원시불교』, 동봉 옮김. 관음출판사, 1993.
고익진 편,『한글 아함경』. 담마아카데미, 2014.

제5장 소승 부파 불교 철학의 발전

Bareau, A., *Les sectes bouddhique deu Petit Véhicle*. Saigon, 1955.
Conze, E., *Buddhist Thought in India*. London, 1962.
Guenther, P. H. V., *Philosophy and Psychology in the Abhidharma*. Lucknow, 1957.
Lamotte, E., *Histoire du Bouddhisme Indien*. Louvain, 1958.
La Vallée Poussin, L. de, *Le dogme et la philosophie du Bouddhisme*. Paris, 1930.
_____, trans., *L'abhidharmakośa de Vasubandhu*. Paris, 1923-1931.
Mookerjee, S., *Buddhist Philosophy of Universal Flux*. Calcutta, 1935.
Nyanatiloka Mahathera, *A Guide Through the Abhidhamma Pitaka*. Colombo, 1949.
Rosenberg, O., *Die Probleme der buddhistischen Philosophie*. Heidelberg, 1924.
Stcherbatsky, Th., *The Central Conception of Buddhism*. London, 1923.
Thomas, E. J., *The History of Buddhist Thought*. London, 1933.
Yamakami, Sogen, *Systems of Buddhistic Thought*. Calcutta, 1934.
塚本啓祥,『初期佛教教團史の研究』. 山喜房佛書林, 1966.
水野弘元,「佛教的分派とその系統」,『講座佛教』通号 3, 1967.
福原亮嚴,『有部阿毘達磨論書の發達』. 永田文昌堂, 1965.
木村泰賢,『阿毘達磨論の研究』. 大法輪閣, 1968.

_____, 『小乘佛教思想論』. 釋演培, 1957.

제6장 바라문교의 재정비

Apte, V. M., *Social and Religious Life in the Grihya Sūtras.* Bombay, 1954.

Banerjee, S. C., *Dharma Sūtras: A Study in Their Origin and Development.* Calcutta, 1962.

Bühler, G., trans., *The Laws of Manu.* SBE, XXV. Oxford, 1886.

Coomaraswamy, A. K. and The Sister Nivedita trans., *Myths of the Hindus and Buddhists.* New York, 1967.

Deussen, P. and O. Strauss trans., *Vier Philosophische Texte des Mahābhārata.* Leipzig, 1906.

Dutt, R. C., trans., *The Mahābhārata and Rāmāyana*(abridged edition). London, 1917.

Edgerton, F., trans., *The Beginnings of Indian Philosophy.* Cambridge, Mass., 1965.

_____, trans., *The Bhagavad Gītā*, 2 vols. Cambridge, Mass., 1944.

Hopkins, E. W., "Yoga-technique in the Great Epic," *Journal of the American Oriental Society*, XXII. 1901.

_____, *The Great Epic of India.* New Heaven, 1928.

Johnston, E. H., *Early Samkhya: An Essay on its Historical Development according to the Texts.* London, 1937.

Kane, P. V., *History of Dharmaśāstra*, 5 vols. Poona, 1930-1962.

Nikam, N. A. and R. McKeon ed. and trans., *The Edicts of Asoka.* Chicago, 1959.

Radhakrishnan, S. trans., *The Bhagavadgītā.* New York, 1948.

van Buitenen. J. A. B., trans., *The Mahābhārata.* Chicago, 1973.

Zaehner, R. C., trans., *The Bhagavad Gītā.* London, 1969.

길희성 역주, 『(범한대역)바가바드기타』. 서울대학교출판부, 2010.

제7장 상키야 철학과 요가 철학

Colebrook, H. T., trans., *The Sānkhya Kārikā*; and H. H. Wilson trans., *The Bhāsya or Commentray of Gaudapada.* Bombay, 1887.

Daniélou, A., *Yoga: The Method of Re-integration.* London, 1949.

Dasgupta, S., *The Study of Patanjali.* Calcutta, 1920.

_____, *Yoga as Philosophy and Religion.* London, 1924.

______, *Yoga Philosophy in Relation to Other Systems of Indian Thought*. Calcutta, 1930.

Eliade, M., *Yoga: Immortality and Freedom*. Princeton, 1958.

Garbe, R., *Die Samkhya-Philosophie*. Leipzig, 1917.

______, trans., *Mondschein der Samkhya Wahrheit*(바차스파티미슈라의 *Sānkhya-tattvakaumudī*의 독역).

Hauer, J. W., *Der Yoga als Heilweg*. Stuttgart, 1932.

Jha, G., trans., *The Yogasārasamgraha of Vijnāna Bhikshu*. Bombay, 1894.

Johnston, E. H., *Early Sāmkhya: An Essay in Its Historical Development According the Texts*. London, 1937.

Keith, A. B., *The Samkhya System*. London, 1918.

Sharma, V. H. D., trans., *The Tattvakaumudī*(Vācaspatimiśra's Commentary on the *Sāmkhya-kārikā*) 2nd ed. Poona, 1934.

Wood E., *Yoga*. Harmondsworth, England, 1959.

Woods, J. H., *The Yoga System of Patanjali, or the Ancient Hindu Doctrine of Concentration of Mind*. Harvard Oriental Series, Vol. 17, 1914(*Yoga-Sūtra*, *Yoga-Bhāsya*, *Tattva-Vaiśaradī*의 영역).

제8장 승론 학파의 철학

Bhaduri, S., *Studies in Nyāya-Vaiśesika Metaphysics*. Poona, 1947.

Faddegon, B., *The Vaiçesika System*. Amsterdam, 1918.

Keith, A. B., *Indian Logic and Atomism*. Oxford, 1921.

Mishra, U., *Conception of Matter according to Nyāya-Vaiśesika*. Allahabad, 1936.

Patti, G., *Der Samavāya*. Roma, 1953.

Potter, K, H., ed., *Indian Metaphysics and Epistemology: The Tradition of Nyāya- Vaiśeṣika up to Gangeśa*. Prinection, 1977.

Sinha, J., *Indian Realism*. London, 1938.

Ui, H. trans., and F. W. Thomas ed., *The Vaiśeṣika Philosophy according to the Daśopadārtha-śāstra*. Chinese Text with Introduction, Translation, and Notes. London, 1917.

宇井伯壽,『印度哲學硏究』. 第1卷 · 第3卷, 岩波書店, 1965.

제9장 정리 학파의 철학

Bhattacharya, G., *Studies in Nyāya-Vaiśeṣika Theism*.

Bulcke, C., *The Theism of Nyāya-Vaiśeṣika*. Calcutta, 1947.

Chatterjee, S. C., *Nyāya Theory of Knowledge*, 2nd ed. Calcutta, 1950.

Chemparathy, G., *An Indian Rational Theology: Introduction to Udayana's Nyāya- kusumāñjali*. Vienna, 1972.

Ingalls, D. H. H., *Materials for the Study of Navya-Nyāya*. Harvard Oriental Series, Vol. 40. Cambridge, 1951.

Jha, G., trans., *The Nyāya-Sūtras of Gautama with Vātsyayana's Bhāṣya and Uddyotakara's Vārttika*. Indian Thought Series 7, 9, 12. Poona, 1939.

_____, trans., *The Tarkabhāsā (by Keśavamiśra), or Exposition of Reasoning*. Poona, 1924.

Keith, A. B., *Indian Logic and Atomism*. Oxford, 1921.

Matilal, B. K., *Nyāya-Vaiśeṣika*. Wiesbaden, 1977.

Matilal, B. K., *Epistemology, Logic, and Grammar in Indian Philosophical Analysis*. The Hague, Paris, 1971.

Potter, K. H. ed., *Indian Metaphysics and Epistemology*. Princeton, 1977.

Randle, H. N., *Indian Logic in the Early Schools*. Oxford, 1930.

Ruben, W., *Zur Indischen Erkenntnis Theorie: Die Lehre von der Wahrnehmung nach den Nyāya-Sūtras*. Leipzig, 1926.

_____, trans., *Die Nyāya-Sūtras*. Leipzig, 1928.

Sastri, S. K., *A Primer of Indian Logic according to Annambhatta's Tarkasamgraha*. Madras, 1932.

Spitzer, M., *Begriffsuntersuchungen zum Nyāya-bhāṣya*. Kiel, 1926.

Vidhyabhusana, S. C., *A History of Indian Logic*. Calcutta, 1921.

_____, trans., *The Nyāya Sūtras of Gotama*. Allahabad, 1930.

제10장 대승불교 철학의 전개

Conze, E., trans., *The Perfection of Wisdom in Eight Thousand Lines and Its Verse Summary*. Bolinas, 1973.

_____, *Buddhist Wisdom Books: The Diamond Sūtra and the Heart Sūtra*. London, 1958.

Cowell, E. B., M. Müller & J. Takakusu, trans., *Buddhist Mahāyāna Texts*. SBE, XLIX. Oxford, 1894.

Dutt, M. N., *Aspects of the Mahāayāna Buddhism and Its Relation to Hīnayāna*. London, 1930.

Kern, H., trans., *The Saddharmapundarīka or the Lotus of th True Law*. SBE, XXI. Oxford, 1884.

Lamotte, E., trans., *L'Enseignement de Vimalakīrt*. Louvain, 1962.

Thurman, R. A. F., trans., *The Holy Teaching of Vimalakīrti*. University Park and London, 1976.

Walleser, M., *Prajñāpāramitā: Die Vollkommenheit der Erkenntnis*. Göttingen, 1914.

宇井伯壽,『大乘佛典の硏究』. 岩波書店, 1953.

_____,『佛敎經典史』, 宇井佰壽 著作選集 7. 大東出版社, 1968.

平天彰,『初期大乘佛敎の硏究』. 春秋社, 1989.

靜谷正雄,『初期大乘經典の成立過程』. 百華苑, 1974.

中村元 編,『華嚴思想』. 法藏館, 1960.

望月信亨,『淨土敎の起原及發達』. 山喜房佛書林, 1972.

坂本幸男 編,『法華經の思想と文化』. 平樂寺書店, 1965.

제11장 중관 철학

de Jong, J. W., trans., *Cinq Chapitres de la Prasannapadā*. Paris, 1949.

La Vallée-Poussin, L. de, trans, "Mādhyamakāvatāra," *Muséon* 8-12, 1907ff.

Lamotte, E., trans., *Le Traité de la grande vertue de sagesse*, 2 vols. Louvain, 1944, 1949.

May, J., trans., *Prasammapadā Madhyamakavrtti*. Paris, 1959.

Murti, T. R. V., *Central Philosophy of Buddhism*. London, 1955.

Ramanan, K. V., *Nāgārjuna's Philosophy as presented in the Mahā-Prajñāpāramitā- śāstra*. Vermont & Tokyo, 1966.

Robinson, R., *Early Mādhyamika in India and China*. Madison, Wisconsin, 1968.

Sprung, M., trans., *Lucid Exposition of the Middle Way: The Essential Chapters from the Prasannapadā of Candrakīrti*. Boulder, 1979.

_____ ed., *The Problem of Two Truths in Buddhism and Vedānta*. Dortrecht, Holland, 1973.

Streng, F., *Emptiness: A Study in Religious Meaning*. Nashville, Tennessee, 1967.

Stcherbatsky. Th., *The Conception of Buddhist Nirvāṇa*. Leningrad, 1927.

山口 益,『中觀佛敎論考』. 山喜房佛書林, 1944.

_____,『般若思想史』. 法藏館, 1951.

_____ 譯註,『月稱造梵文中論釋』I · II. 淸水弘文堂, 1968.

宇井伯壽,『印度哲學硏究』第1卷. 岩波書店, 1965.

용수,『중론』, 김성철 역주. 경서원, 1993.

제12장 후기 대승 경전들의 사상

Hakeda, Y. S., trans., *The Awakening of Faith*. New York, 1967.

King, Sallie B., *Buddha Nature*. State University of New York Press, 1991.

Lamotte, E., trans., *Sandhinirmocanasūtra, L'Explication des mystères*. Louvain and Paris, 1935.

Ruegg, D. S., *La theorie du tathāgatagarbha et du gotra*. Paris, 1969.

Suzuki, D. T., *Studies in the Lankāvatāra Sūtra*. London, 1930.

_____, trans., *The Lnkāvatāra Sūtra*. London, 1932.

Wayman, Alex & Hideko, trans., *The Lion's Roar of Queen Śrīmālā: A Buddhist Scripture on the Tathāgatagarbha Theory*. New York, 1974.

Williams, P., *Buddhist Thought*. London and New York, 2000.

_____, *Mahayana Buddhism*. London and New York, 1989.

平川彰·梶山雄一·高崎直道 編,『講座·大乘佛教 6: 如來藏思想』. 春秋社, 1982.

_____,『講座·大乘佛教 8: 唯識思想』. 春秋社, 1982.

宇井伯壽,『大乘佛典の研究』. 岩波書店, 1953.

_____,『佛教經典史』, 宇井佰壽 著作選集 7. 大東出版社, 1968.

_____,『寶性論研究』. 山喜房佛書林, 1960.

_____ · 高崎直道 譯注,『大乘起信論』. 岩波書店, 1994.

高崎直道,『如來藏思想の形成』. 春秋社, 1975.

_____,『如來藏思想 · 佛性論』II, 高崎直道著作集 第7卷. 春秋社, 2010.

平川彰,『大乘起信論』佛典講座 22. 大蔵出版, 2004.

견혜보살,『보성론』, 안성두 역. 소명출판, 2011.

제13장 유가행 철학

Jacobi, H., trans., *Triṃśikāvijñapti des Vasubandhu mit Bhāṣya des Ācārya Sthiramati*. Stuttgart, 1932.

La Vallée-Poussin, L. de, trans., *Vijñaptimātratāsiddhi, La Siddhi de Hiuan-Tsang*. Paris, 1928-1929.

Lamotte, E., trans., *La Somme du grands véhicule d'Asanga (Mahāyāna-saṃgraha)*. Louvain, 1939.

Levi, S., trans., *Mahāyāna-Sūtrālaṃkāra, expose de la doctrine du Grand Vehicule selon le systeme Yogācāra*. Paris, 1907-1911.

_____, trans., *Materiaux pour l'étude du système Vijñaptimātra*. Paris, 1932.

Masuda, J., *Der individualistische Idealismus der Yogācāra-Schule: Versuch einer genetischen Darstellung*. Heidelberg, 1926.

Schott, M., *Sein als Bewusstsein: ein Beitrag zur Mahāyāna-Philosophie*. Heidelberg, 1935.

Wolff, E., *Lehre vom Bewusstsein*. Heidelberg, 1930.

水野弘元,『パーリ佛教を中心とした佛教の心識論』. 山喜房佛書林, 1964.

勝又俊教,『佛教における心識說の硏究』. 山喜房佛書林, 1969.

鈴木宗忠,『唯識哲學槪說』. 明治書院, 1957.

_____,『唯識哲學硏究』. 明治書院, 1957.

宇井伯壽,『瑜伽論硏究』. 岩波書店, 1953.

_____,『攝大乘論硏究』. 岩波書店, 1953.

_____,『大乘莊嚴經論硏究』. 岩波書店, 1953.

_____,『四譯對照唯識二十論硏究』. 岩波書店, 1953.

_____,『安慧.護法 唯識三十論釋論』. 岩波書店, 1953.

_____,『寶性論硏究』. 岩波書店, 1953.

山口益 譯註,『中邊分別論釋疏』. 鈴木學術財團, 1966.

結城令聞,『世親唯識の硏究』. 青山書院, 1956.

다케무라 마키오,『유식의 구조』, 정승석 옮김. 민족사, 1989.

이만 역주,『성유식론 주해』. 씨아이알, 2016.

한자경,『유식무경』. 예문서원, 2000.

제14장 세친 이후의 유식 철학

Frauwallner, E., "Dignāga, Sein Werk und seine Entwicklung," *Wiener Zeitschrift für die Kunde des Morgenlandes* III, 1959.

Hattori, M., trans., *Dignāga, on Perception*. Harvard Oriental Series, Vol. 47. Cam- bridge, Mass., 1968.

Ingalls, D. H. H., trans., *Materials for the Study of Navya-Nyāya Logic*. Harvard Oriental Series, Vol. 40. Cambridge, Mass., 1951.

Masaaki Hattori, trans., *Dignāga, On Perception*. Harvard University Press, 1968.

Matilal, B. K., *Epistemology, Logic, and Grammar in Indian Philosophical Analysis*. The Hague, Paris, 1971.

Mookerjee, S., *The Buddhist Philosophy of Universal Flux*. Calcutta, 1935.

Randle, H. N., *Fragments from Dinnāga*. London, 1926.

_____, *Indian Logic in the Early Schools*. London, 1930.

Tucci, G., trans., *Nyāyamukha of Dignāga: the Oldest Buddhist Text on Logic*. Materialen zur Kunde des Buddhismus, Heft 15. Heidelberg, 1930.

_____, trans., *Pre-Dinnāga Buddhist Texts on Logic from Chinese Sources*. Gaekwad's Oriental Series, Vol. 49. Baroda, 1929.

Vidyabhusana, S. C., *A History of Indian Logic*. Calcutta, 1921.

宇井伯壽,『佛教論理學』. 大東出版社, 1966.

_____,『陳那著作の硏究』. 岩波書店, 1958.

_____,『印度哲學硏究』第5卷. 岩波書店, 1965.

제15장 자이나 철학의 체계

Faddegon, B., trans., *Pravacanasāra*. Cambridge, 1935.

Glasenapp, H. v., *Der Jainismus*. Berlin, 1925.

Jaini, J. L., trans., *Umāswāmi's Tattvārthādhigama-sūtra*. Arrah, 1928.

_____, *Outlines of Jainism*. Cambridge, 1916.

Jacobi, H., trans., "Eine Jaina Dogmatik"(Umāsvāti's Tattvārtha-adhigama-sūtra), *Zeitschrift der Deutschen Morgenländischen Gesellschaft* Vol. 60, 1906.

Kohl, J. F., *Das physikalische und biologische Weltvild der Jaina*. Aliganj, 1956.

Mehta, M. L., *Outlines of Jaina Philosophy*. Bangalore, 1954.

Mookerjee, S., *The Jaina Philosophy of Non-absolutism: A Critical Study of Anekāntavāda*. Calcutta, 1944.

제16장 미맘사 학파의 철학

Edgerton, F., trans., *The Mīmāmsā Nyāya of Apadevi: a Treatise of Apadevi: a Treatise on the Mīmāmsā System by Apadeva*. New Haven, 1929.

Jha, G., *Prabhākara School of Pūrva Mīmāmsā*. Benares, 1918.

_____, *Pūrva Mīmāmsā in its Sources: with a critical bibliography by Umesha Mishra*. Benares, 1942.

_____, trans., *The Pūrva Mīmāmsā Sūtras of Jaimini*. Allahabad, 1916.

_____, trans., *Śabarabhāsya*. Baroda, 1939.

_____, trans., *Śloka-vārttika*. Calcutta, 1924.

Keith, A. B., *The Karma Mīmāmsā*. London, 1921.

Sandal, M. L., trans., *The Mīmāmsā Sūtras of Jaimini*. Allahabad, 1923-1925.

Shastri, P., *Introduction to the Pūrva-Mīmāmsā*. Calcutta, 1923.

Strauβ, O., "Die älteste Philosophie der Karma Mīmāmsā," *Sitzungs-berichte der Preuβischen Akademie der Wissenschaft*, 1932.

Thadani, N. V., *The Mīmāmsā: the Sect of the Sacred Doctrines of the Hindus*. Delhi, 1952.

제17장 불이론적 베단타 철학

Alston, A. J., trans., *The Naiskarmasiddhi of Srī Sureśvara*. London, 1959.

Bhattacharya, A., *Studies in Post- Śankara Dialectics*. Calcutta, 1936.

Bhattacharyya, K., *An Introduction to Advaita Philosophy*. Calcutta, 1924.

Bhattacharyya, V., trans., *The Āgamaśāstra of Gaudapāda*. Calcutta, 1943.

Chatterjee, M. M., trans., *Viveka-cūdāmani, or Crest-Jewel of Wisdom of Śrī Śankarācārya*. Adyar, Madras, 1932.

Date, V. H., trans., *Vedānta Explained: Sankara's Commentary on the Brahma-sūtras*, 2 vols. Bombay, 1954.

Datta, D. M., *The Six Ways of Knowing: A Critical Study of the Vedānta Theory of Knowledge*. Calcutta, 1960.

Deussen, P., *The System of the Vedanta, According to Bādarāyana's Brahmasūtras and Śankara's Commentary*. Chicago, 1912.

Deutsch, E., *Advaita Vedānta: A Philosophical Reconstruction*. Honolulu, 1969.

Deutsch, E. and Van Buitenen, J. A. B. eds., *A Source Book of Advaita Vedānta*. Honolulu, 1972.

Devaraja, N. K., *An Introduction to Śankara's Theory of Knowledge*. Delhi, 1962.

Dvidevi, M. N., trans., *The Mandukyopanishad with Gaudapada's Kārikas*. Bombay, 1894.

Glasenapp, H. v., *Der Stufenweg zum Göttichen*. Baden-Baden, 1948.

Guénon, R., *Man and His Becoming according to the Vedānta*. London, 1945.

Hacker, P., "Eigentümlichkeiten der Lehre und Terminologie Śan-kara's," *Zeitschrift der deutschen Morgenländischen Gesellschaft*, 100, 1950.

_____, *Untersuchungen über Texte des frühen Advaitavāda*, 1. *Die Schüler Śankaras*. Mainz, 1950.

_____, *Vivarta: Studien zur Geschichte der illusionistischer Kosmologie und Erkenntnis- theorie der*

Inder. Wiesbaden, 1953.

_____, *Kleine Schriften*(B. Indische Philosophie, insbes. Advaita-Vedānta). Wies- baden, 1978.

_____, trans., *Upadeśasāhaśrī*. Bonn, 1949.

Hiriyanna, M., trans., *Vedantasāra by Sadānanda: a work on Vedānta Philosophy*. Poona, 1929.

Jagadananda, Swami, trans., *A Thousand Teachings of Śrī Śankarācharya*(Śankaraś Upadeśasāhaśrī). Madras, 1949.

Jha, G., trans., *Khandana-khanda-khadya*. Indian Thought, Vol. 1-7, 1907-1915.

_____, trans., *The Chāndogyopanisad with Śankaraś Commentary*. Poona, 1942.

Lacombe, O., *L'Absolu selon le Védānta*. Paris, 1937.

Levy, J., *The Nature of Man According to the Vedānta*. London, 1956.

Madhavananda, Swami., trans., *Brhadranyaka Upanisad*. Text with Translation of Śankara's Commentary. Calcutta, 1934.

Mahadevan, T. M. P., *Gaudapāda: A Study in Early Advaita*. Madras, 1954.

_____, *The Philosophy of Advaita, with Special Reference to Bhāratītīrtha-vidyārānya*. London, 1938.

_____, trans., *The Sambandha-Vārtika of Sureśvara*. Madras, 1958.

Mukharji, N. S., *A Study of Śankara*. Calcutta, 1942.

Murty, K. S., *Revelation and Reason in Advaita Vedānta*. New York, 1961.

Nikhilananda, Swami., trans., *The Māndukyopanisad with Gaudapāda's Kārikā and Śankara's Commentary*. Mysore, 1955.

_____, trans., *Self-Knowledge: an English Translation of Śankarācharya's Ātmabodha*. Madras, 1947.

Otto, R., *Mysticism East and West*. trans. by. B. L. Bracey and R. C. Payne, London, 1932.

Potter, K. H. ed., *Advaita Vedānta, Encyclopedia of Indian Philosophies*, Vol. III. Delhi, 1981.

Sastri, K., *An Introduction to Advaita Philosophy*. Calcutta, 1926.

Sastri, S. S. S. and Raja, C. Kunhan, trans., *The Bhāmatī of Vācaspati: on Śankara's Brahmasūtrabhāsya*(Catussūtrī). Madras, 1933.

Sastri, S. S. S. and S. Sen, trans., *Vivaranaprameyasangraha of Vidyāranya*. Madras, 1941.

Sastry, A. M., trans., *The Bhagavad-Gītā: with the Commentary of Sri Sankaracharya*. Madras, 1961.

Sengupta, B. K., *A Critique on the Vivarana School*. Calcutta, 1959.

Staal, J. F., *Advaita and Neoplatonism: A Critical Study in Comparative Philosophy*. Madras, 1961.

Thibaut, G., trans., *The Vedānta-sūtras with the Commentary of Śankarācārya*. SBE, XXXIV ·

XXXVIII. Oxford, 1890, 1896.

Urquhart, W. S., *The Vedanta and Modern Thought.* London, 1928.

Venkararamiah, D., trans., *The Pancapādikā of Padmapāda.* Baroda, 1948.

中村元,『ヴェーダーンタ思想の展開』. 春秋社, 1996.

_____,『シャンカラの哲學: ブラフマ・スートラ釋論の全譯』(上・下). 春秋社, 1980- 1984.

사다난다,『베단따의 정수』, 박효엽 옮김. 지식산업사, 2006.

샹까라,『브라흐마 수뜨라 주석』, 박효엽 옮김. 지식산업사, 2016.

제18장 한정불이론적 베단타 철학

Bhatt, S. R., *Studies in Rāmānuja Vedānta.* New Delhi, 1975.

Carman, J., *The Theology of Rāmānuja: An Essay in Interreligious Understanding.* New Haven, 1974.

Dimmit, C. and J. A. B. van Buitenen, trans., *Classical Hindu Mythology: A Reader in the Sanskrit Purānas.* Philadephia, 1978.

Ghate, V. S., *The Vedanta: A Study of the Brahma-Sutras with the Bhasyas of Sankara, Ramanuja, Nimbarka, Madhva and Vallabha.* Poona, 1926.

Kumarappa, B., *The Hindu Conception of the Deity as culminating in Rāmānuja.* London, 1934.

Lacombe, O., *L'Absolu selon le Vedānta: Les notions de Brahma et d'Atman dans les systèmes de Çankara et Rāmānuja.* Paris, 1937.

_____, trans., *Grands Thèses de Rāmānuja.* Paris, 1938.

_____, trans., *La Doctrine Morale et Metaphysique de Rāmānuja.* Paris, 1938.

Lott, E., *God and the Universe in the Vedānta Theology of Rāmānuja: a study his use of the Self-Body Analogy.* Madras, 1976.

_____, *Vedantic Approaches to God.* London, 1980.

Narasimha-Ayyangar, M. B., trans., *Vedānta-Sāra of Bhagavad-Rāmānuja.* Madras, 1953.

Otto, R., trans., *Siddhānta des Rāmānuja.* Jena, 1917, Tübingen, 1923.

_____, *Vishnu-Nārāyana.* Jena, 1917.

Raghavachar, S. S., *Śrī Rāmānuja on the Upanishads.* Madras, 1972.

Rangacharya, M. and M. B. Varadaraja Aiyangar, trans., *Vedānta Sūtras with Śrī Bhāsya of Rāmānujāchārya*, 3 vols. Madras, 1965.

Srinivasachari, P. N., *The Philosophy of Bhedābheda.* Madras, 1934.

_____, *The Philosophy of Viśistādvaita*. Madras, 1943.

_____, *Rāmānuja's Idea of the Finite Self*. Calcutta, 1928.

Sampatkumaran, M. R., trans., *The Gītā-Bhāṣya of Rāmānuja*. Madras, 1969.

Thibaut, G., trans., *The Vedāntasūtras with the Commentary of Rāmānuja*. Part III. SBE, XLVIII, Oxford, 1904.

Varadachari, K. C., *Sri Rāmānuja's Theory of Knowledge*. Tirupati, 1943.

Van Buitenen, J. A. B., trans., *Rāmānuja on the Bhagavadgītā*. The Hague, 1953.

_____, trans., *Rāmānuja's Vedārtha-Samgraha*. Poona, 1965.

Wilson, H. N., trans., *The Viṣṇu Purāna*. New York, 1969. Reprint of the 1840 edition.

Zimmer, H., *Myths and Symbols in Indian Art and Civilization*. New York, 1946.

C. S. 차테르지, D. M. 다타 , 『학파로 보는 인도 사상』, 김형준 옮김. 예문서원, 1999.

제19장 비슈누파의 베단타 철학

Bose, R., trans., *Vedānta-Pārijātā-Saurabha of Nimbrka and Vedānta-Kaustubha of Srimivasa: Commentaris and the Brahma-sūtras*, 3 vols. Calcutta, 1940-1943.

Ghate, V. S., *The Vedānta: A Study of the Brahma-Sūtras with the Bhāsyas of Sankara, Rāmānuja, Nimbarka, Madhva and Vallabha*. Poona, 1926.

Glasenapp, H. v., *Madhvas Philosophie des Vishnu Glaubens, mit einer Einleitung über Madhva und seine Schule*. Bonn, 1923.

_____, "Die Lehre Vallabhācāryas," *Zeitschrift für Indologie und Iranistik* 9, 1934.

Gonda, J., *Visnuism and Śivaism: A Comparison*. London, 1970.

Kapoor, O. B. L., *The Philosophy and Religion of Śrī Caitanya*. Delhi, 1971.

Kennedy, M. T., *The Caitanya Movement*. Oxford, 1925.

Lott, E., *Vedantic Approaches to God*. London, 1980.

Maitra, S. K., *Madhva Logic*. Calcutta, 1936.

Marfatia, M. I., *The Philosophy of Vallabhācārya*. Delhi, 1967.

Mishra, U., *Nimbārka school of Vedānta*. Allahabad, 1940.

Raghavendrachar, H. N., *Dvaita Philosophy and its Place in the Vedānta*. Mysore, 1941.

Rao, P. N., *Epistemology of Dvaita Vedānta*. Wheaton, 1972.

Rao, S. S., trans., *The Bhagavad-Gītā with Śri-Madhvācārya's Bhāsyas*. Madras, 1906.

_____, trans., *The Vedānta-Sūtras with the Commentary of Śrī-Madhvāchārya*. Madras, 1904.
Sarma, N., *The Reign of Realism in Indian Philosophy: Exposition of Ten Works by Madhva*. Madras, 1937.
Sharma, B. N. K., *The Philosophy of Srī Madhvācārya*. Bombay, 1962.
_____, *A History of Dvaita School of Vedānta and Its Literature*, 2 vols. Bombay, 1960-1961.
_____, *The Brahma-Sūtras and their Principal Commentaries*, 3 vols. Bombay, 1971- 1977.
Siauve, S., *La Doctrine de Madhva: Dvaita Vedānta*. Pondicherry, 1968.
Vaidya, C. M., *Shri Vallabhacarya and His Teachings*. Kapadwanj, 1959.

제20장 쉬바파의 철학

Baer, E., trans., *Geheimnis des Wiedererkenntnis*. Zürich, 1926.
Bhatt, N. R., *Rauravāgama Vol. 1. Introduction: Les āgama çivaites*. J. Filliozat Pondichérry, 1961.
Chatterji, J. C., *Kashmir Shaivism*. Srinagar, 1914.
Mahadevan, T. M. P., *The Idea of God in Saiva-Siddhānta*. Annamalai University, 1955.
Matthews, G., *Sivajnanabodham of Meykanda*. 1948.
Pandey, K. C., *Abhinavagupta, an Historical and Philosophical Study*. Benares, 1935.
Paranjoti, V., *Saiva Siddhānta. Theory of Knowledge*. Annamalainagar, 1952.
Pillai, G. S., *Introduction and History of Shaiva Siddhānta*. Annamalai, 1948.
Ponniah, V., *The Saiva Siddhanta Theory of Knowledge*. Annamalainagar, 1952.
Sastri, S. S. S., *The Saiva Siddhanta of Srikantha*. Madras, 1930.
Sastir, S. S. S., trans., *The Śivādvaita of Śrīkantha*. Madras, 1930.
Schomerus, H. W., *Der Shaiva-Siddhānta*. Leipzig, 1912.

제21장 현대 인도 사상의 배경 | 제22장 현대 인도의 철학 사상

Śrī Aurobindo, *Essays on the Gītā*. Calcutta, 1926-1944, 1950.
_____, *The Life Divine* 3rd ed, 2 vols. Calcutta, 1947.
_____, *The Synthesis of Yoga*. Madras, 1948.
_____, *The Ideal of Human Unity*. Pondicherry, 1950.
_____, *The Mind of Light*. New York, 1971.
Bruteau, B., *Worthy is the World: The Hindu Philosophy of Sri Aurobindo*. Rutherford, N. J., 1971.

Chaudhuri, H., *Sri Aurobindo: The Prophet of Life Divine*. Calcutta, 1951.

_____, *The Philosophy of Integralism, or, the Metaphysical Synthesis Inherent in the Teaching of Sri Aurobindo*. Calcutta, 1954.

Chaudhuri, H. and F. Spiegelberg, ed., *The Integral Philosophy of Sri Aurobindo*. Lodon, 1960.

Desai, M. K., *The Gītā Accrding to Gāndhi*. Ahmedabad, 1956.

Devaraga, N. K., ed., *Indian Philosophy Today*. Delhi, 1975.

Farquhar, J. N., *Modern Religious Movements in India*. New Delhi, 1977 Indian edition(1st ed., 1914).

Gandhi, M. K., *An Autobiography: The Story of My Experiments with Truth*. Boston, 1957(Beacon Paperback).

Joad, C. E. M., *Counter Attack From the East, the Philosophy of Radhakrishnan*. London, 1933.

Maitra, S. K., *An Introduction to the Philosophy of Sri Aurobindo*, 2nd ed. Benares, 1945.

_____, *Studies in Sri Aurobindo's Philosophy*. Benares, 1945.

_____, *The Meeting of East and West in Sri Aurobindo's Philosophy*. Pondicherry, 1956.

Müller, F. M., *Ramakrishna: His Life and Sayings*, 2nd ed. London, 1923.

Muirhead, J. H. and S. Radhakrishnan, ed., *Contemporary Indian Thought*. London, 1936.

Nikhilananda, S., trans., *The Gospel of Sri Ramakrishna*. New York, 1952.

Radhakrishnan, S., *East and West in Religion*. London, 1949.

_____, *Eastern Religions and Western Thought*. London, 1940.

_____, *The Hindu View of Life*. London, 1927.

_____, *The Reign of Religion in Contemporary Philosophy*. London, 1920.

_____, *The Ethics of Vedānta and its Metaphysical Presuppositions*. Madras, 1908.

_____, *The Philosophy of Rabindranath Tagore*. London, 1918.

_____, ed., *Introduction to Mahatma Gandhi*. London, 1939.

Rishabhchand, *The Integral Yoga of Sri Aurobindo*. Pondicherry, 1959.

Schilipp, P. A., *The Philosophy of Sarvepalli Radhakrishnan*. New York, 1952.

Sharma, D. S., *Studies in the Renaissance of Hinduism in the Nineteenth and Twentieth Centuries*. Benares, 1944.

Srivastava, R. S., *Contemporary Indian Philosophy*. Delhi, 1965.

Tagore, R., *Greater India*. Madras, 1921.

_____, *Nationalism*. New York, 1917.

찾아보기

ㅅ

ㅈ

ㅎ